迭代

社区产品设计和商业模式的七步策略

PMTalk产品社区发起人
张晋壹◎著

中国铁道出版社有限公司
CHINA RAILWAY PUBLISHING HOUSE CO., LTD.

图书在版编目（CIP）数据

迭代：社区产品设计和商业模式的七步策略 / 张晋壹著. —北京：中国铁道出版社有限公司，2020.8

ISBN 978-7-113-26837-4

Ⅰ. ①迭… Ⅱ. ①张… Ⅲ. ①创业－研究 Ⅳ. ① F241.4

中国版本图书馆 CIP 数据核字 (2020) 第 067834 号

书　　名：迭代：社区产品设计和商业模式的七步策略

DIEDAI：SHEQU CHANPIN SHEJI HE SHANGYE MOSHI DE QIBU CELÜE

作　　者：张晋壹

责任编辑：马慧君　　**编辑部电话：**（010）51873005　　**电子邮箱：**zzmhj1030@163.com

装帧设计：刘　莎　黄凌冰

责任校对：王　杰

责任印制：赵星辰

出版发行：中国铁道出版社有限公司（100054，北京市西城区右安门西街 8 号）

网　　址：http://www.tdpress.com/

印　　刷：中煤（北京）印务有限公司

版　　次：2020 年 8 月第 1 版　2020 年 8 月第 1 次印刷

开　　本：700 mm×1 000 mm　1/16　**印张：**18　**字数：**267 千

书　　号：ISBN 978-7-113-26837-4

定　　价：58.00 元

推荐者的话

每个行业都讲究一个底层逻辑，我一直认为对于任何行业和新人来说，有途径学习到前辈们积累的经验是非常幸福的一件事。本书以迭代为主题，向我们介绍了一个互联网社区产品的诞生历程，行文流畅，娓娓道来；书中不仅有增长的案例和产品的迭代技巧，还有从 1.0 到 7.0 精益求精的迭代。对产品经理新人来说，这是一本快速了解产品从零到有，再到迸发过程的入门级书籍。

——彭辰　小雨伞保险联合创始人

Kevin（张晋壹）身上一直有种产品经理的那道光芒，而这本书也是他对于互联网产品经理和产品多年来的心得打磨。

这本书不仅有增长成功的案例，也有增长失败的案例，从产品到好产品是每位互联网产品经理所追求的，这本书值得每位产品经理和即将步入互联网行业的人研读！

——老胡　国内新生代商业作家

互联网产品的设计与开发并非一次性完成，会随着用户需求、市场环境、技术更新的变化而变化。掌握迭代的思维和技巧，对每一位从事产品工作的从业者来说，都是必备能力。

——唐韧　畅销书《产品经理必懂的技术那点事儿》作者，
公众号“唐韧”主理人

新的互联网时代，传统的产品策划和增长方法逐步的标准化和机器化，产品和运营之间的边界更加模糊，更加灵活和具备创造力的产品策划方法论正在崛起。常年在互联网一线战斗的 Kevin，一直保持着对互联网产品行业的高度敏感、热情和专业度。所以这是一本符合当下产品策划最新趋势的，帮助你跟上时代的好教材。

——SKY# 沙铉皓　《全能活动运营》作者

PMTalk 是行业里活跃的产品经理社区，这都得益于 Kevin 自身有多年的产品经理实战经验。现在他将自己的产品实战经验、运营 PMTalk 社区的观察集结成书，相信这会给更多相信「产品改变世界」的产品经理以力量，帮助到更多的产品人。

——黄海均　职业社交平台「职人社」创始人 &CEO

前　言

PREFACE

这是我撰写的第二本书。在第一本《产品之光》上市前，其实我就已经行走在 PMTalk 产品经理社区创业的路上了。在创业过程中，我们把产品迭代了数十个版本，用户从 1 000 发展到 10 000，再发展到 10 万。通过不断运营迭代，截至本书出版，PMTalk 产品经理社区已经累积了 10 万用户。

2014 年，我是一个普普通通的产品经理，在深圳上班，带着改变世界的梦想与许多产品经理一样忙碌着。那年夏天我参加了一次产品经理的线下沙龙，发现了以产品经理为代表的互联网人其实是一个要终生学习的群体。最终我选择放弃在“高大上”的互联网大厂工作，开始了创业之路。

因为喜欢这个行业、喜欢这个圈子，我召集了 4 个互联网创业者、2 个设计师、1 个开发伙伴，在工作之余，从 0 到 1 搭建了一个新的社区——PMTalk 产品经理社区。

从开始写工作案例记录到建立产品经理社群，再到创立产品经理社区，都离不开自我的“迭代”。从一个爱好到一个团队再到一个互联网产品，我们总共走了七步迭代。本书提及的七步迭代策略，其实是我们摸着石头过河之后，回头看总结出来的。

第一步，构建互联网产品。

这一步提出什么是互联网产品以及在产品工作中应具备的技能，包括原型、文档、用户需求。相信你在阅读完后会知晓互联网产品的基础，也能具备基本的产品化能力。

第二步，MVP1.0 产品。

构建产品后，容易走进想法太多、想要的太多的误区，难以把产品落地。在第二步策略里你能学会“入口”的设计、最小化产品模型和验证商业化模型。

有了最小化的 MVP 和流量入口，就算初步搭建了一个互联网社区产品。

第三步，迭代 2.0 由内到外。

产品上线后会产生迭代，在迭代过程中，处理好产品迭代方向、团队和资本的关系尤为重要。其实资本是一把双刃剑，如何保持资本、用户的平衡？是我们在这一步骤重点讲解的，而 PMTalk 在资本中的故事和产品设计迭代的案例会帮助你更好地理解从内到外的迭代。

第四步，产品 3.0 版本的商业化。

3.0 版本是产品较为稳定的初始化版本，也是用户高速增长的版本。产品难的不是吸引用户，难的是商业变现——可持续、低成本、可复购的商业模式才能健康的流转产品，因为只有增长没有变现的产品是无法活下去的。这一步我们以每日拼拼的商业化冷启动为例，介绍了常见的商业化设计。

第五步，走进微信社交生态。

国内互联网社区产品几乎都要依附的流量入口是微信。我们花了两年的时间，在微信生态中学会了增长玩法和几乎没有研发成本的用户拉新，希望这些技巧帮助你构建产品研发前的商业模式探索和冷启动的种子用户寻找。

第六步，产品的迭代 MVP。

随着产品业务的扩展和用户增加，产品的版本从 1.0 跨越了好几个版本甚至好几十个版本，每次版本的目的是什么、指标是什么？在这一步我们都要了解。我们以 PMTalk 产品经理社区来介绍自己在特有功能上的产品迭代——每个功能、每个界面的迭代，都属于版本迭代。

第七步，产品商业化策略迭代。

随着产品迭代的还有产品商业化策略的迭代，因为产品的迭代和产品商业化策略的迭代互相依附才有一个好的版本上线。

这本书以迭代为基本思想，融汇了一个产品经理和互联网创业者在创业过程中的若干增长案例和产品迭代技巧。希望通过这本书，你能知道我们创业的故事、需求挖掘的来由和踩过的那些坑；也希望通过读这本书，你能有一些创业的感悟，对做好“人”“企业”“产品”迭代更有信心。

张晋壹

2020 年 3 月

目 录

CONTENTS

第 2 章　用 MVP 做 1.0 产品 /40

第 3 章　迭代 2.0 由内到外 / 71

◎第 1 章

构建互联网产品 1.0

1.1　产品研发的基础知识

1.1.1　产品研发的资源整合

产品创业的关键在于高效利用资源，而互联网创业能够走多远的决定因素也是高效利用资源。比如需求资源要做好取舍，但又要注意，舍弃过多可能会导致业务不准确、产品不对路等严重问题。

创业者从项目的起点到终点一直要注意整合资源。这里的资源包含多个类型，比如初期的人力资源、资金资源，后期的市场资源、用户资源等，创业者需要一边迭代一边整合资源。

优秀的互联网创业者也是优秀的资源整合者。

谈到资源整合，就必须要提到产品经理。因为互联网创业从严格意义上说，其实也是产品经理从 0 到 1 打磨一个产品的过程。当然由于产品需求不同，处在不同的城市，对产品经理的资源整合能力要求也是有区别的。

因为企业无法认知互联网的重要性，也使得与互联网对应的垂直工作——互联网产品经理受到了企业的忽视。当然相应职业定位与薪资也好不到哪里去，这样就会造成恶性循环。但是大部分创业者必须要做商务、运营合作，可能还有政府洽谈，这就需要有一个系统的互联网产品设计。

1. 资源准备——创业者应具备的素质

优秀的创业者一定不是为了产品而去设计产品，他们考虑更多的是可行的商业模式。只有可行的商业模式成了固定的业务模式，创业者才要开始考虑产品承载，以及如何才能提供更好的服务、更好的体验，让用户留存，流量变现。

优秀的创业者，我认为有如下五个基本点是要具备的。

◎设计美感：能够辨别美的、出众的产品设计。

◎流量思维：从流量的来源到流量的分发，最后流量变现。

◎运营能力：基本的运营说话方式、基本的运营策略。

◎产品结构化：产品模块、信息结构拆解。

◎创业者第一要素：逻辑思维。

在这里我只详细说一下逻辑思维。

逻辑能力，许多读者会认为是非常空洞的。因为不知道“逻辑能力强与弱”的具体表现特征，也不知道判断依据是什么。

下面是百度百科对逻辑思维的解释：

逻辑思维能力是指正确、合理思考的能力，即对事物观察、比较、分析、综合、抽象、概括、判断、推理的能力，采用科学的逻辑方法，准确而有条理地表达自己思维过程的能力。它与形象思维能力截然不同。

逻辑能力强可以体现在思维上，也可以体现在行为上，还可以体现在言语上。产品的需求能否满足用户、是否符合用户操作习惯、产品流程是否合理高效是评判创业者优秀与否的重要标准。创业产品如果能做到满足用户需求、符合用户操作习惯、流程合理高效这三点，说明该创业者“逻辑思维”非常强。

但在环境复杂、竞争激烈的市场中，仅仅靠逻辑思维是不够的。严格遵循产品当前的生命周期，小步快跑迭代，随时整合当前资源才可能胜出。

这里举一个案例。

在腾讯工作期间，我曾经遇到一个突发情况，同时两种不同的处理方式，最终在团队中获得的收益与认可度截然不同。

同事 A，在需求资源被抢占的场景下，通过数据调研、需求来源方推进，努力提高需求优先级，及时论证自己产品方案的可行性，最终实现了自己产品的功能上线，通过上线后的用户数据再推动后续运营工作。整个项目中所跨越与连接的有横向部门也有纵向资源。

同事 B，遇到了团队开发或设计资源紧张的情况，虽然在初期也会争取，但是资源被其他创业者论证夺走后，就选择放弃现有的工作，结果自己的产品迭代反复延期。一个季度下来，自己的产品或功能没有上线。长时间下来，因为没有带来直接的用户增长和营收，B 面临的便是绩效降低与团队的不认可。

最终，A 成了部门的核心成员，扛起了 KPI（Key Performance Indicator，关键绩效指标）大旗，B 选择了离职。

看到这个案例，你也许会说这是团队的问题。

比如：

第一团队没有资源为什么不招聘?

第二团队遇到资源互相竞争，为什么部门领导没有做好需求优先管理?

可是我们回到前面说的优秀的创业者第五点：逻辑思维。

你会发现一个互联网产品必须依靠逻辑思维，否则就算把产品设计的再好没有办法上线也是做无用功。

整合资源的能力，推动自己的产品上线，获取用户才是第一要素。这样的资源整合不限于团队的资源整合，对于创业者来说，更多是整合社会上的投资、行业资源，当然这些最终聚焦在项目的增长上。整合资源也是优秀创业者应具备的能力之一。

2. 发现资源——风口和机会

雷军说：“站在风口上，猪都会飞。”

创业者除了具备基本的素质，还要善于发现风口和机会。好的商业模式离不开机遇，选择什么样的赛道决定了你能走多远。

从 2018 年的小程序，到现在的 5G。优秀的创业者已经抓住了风口，早早铺垫了在未来的风口商业模式，等着浪潮袭来就能推动产品用户迅速增长。

就像我创业过程中建立的 PMTalk 互联网创业者社区。和其他创业者一样，我也有做自己的产品，也在等待风口和机会，希望实现让这个世界更美好的愿景。

即使加班、熬夜，我仍然坚持复盘输出产品案例，周末也会与同行或跨行的朋友线下交流。这一点一滴的积累，逐渐让我走出一个互联网创业者：文档、原型甚至是逻辑思维的局限，逐渐对互联网创业有了全局的思考。

3. 整合资源——迭代产品

当然，只善于发现可能的互联网风口还远远不够，更多的是要尝试去做，坚持下去，不断地迭代产品。

经历了产品 1.0，随着产品投入使用和用户建议反馈的增加，迭代能保证用户的需求继续满足。无论迭代多少，离不开下面九个步骤：

◎业务调研；

◎需求方案讨论；

◎产品原型设计；

◎文档撰写；

◎ UI（User Interface，用户界面）视觉设计；

◎开发；

◎测试；

◎灰度发布；

◎上线。

通常一周或两周形成一个版本迭代，反复循环下去和用户一起成长。

1.1.2 互联网产品的“前端”与“后台”

任何一个产品的设计，都需要考虑面向用户界面的前端和后台操作。什么是前端、什么是后台？

一个科普的说法：产品要面向用户，用户能看到、使用到的，属于前端；而用户看不到的就属于后台。

以滴滴为例，我们使用的打车、拼车、支付、我的订单……就属于前端，车辆的订单派送、支付结算逻辑就属于后台。

图 1.1 PMTalk 信息流

图 1.1 所示为 PMTalk 互联网创业者社区中的界面内容信息流，这个信息流是需要后台配置管理的，面向用户的我们称之为前端，面向管理者的我们叫业务后端（后台）。

有的互联网创业者会将一个 App 区分为前端、后台两个方向，根据前端和后台选择两个产品研发团队，这样产生需求决策由两个团队决定。两个团队因为出发点和了解的用户需求点不同，比如前端团队聚焦在用户的操作体验、界面路径上，后台团队聚集在订单管理、数据管理上等，不同的方向，但最终落地同一个 App，不可避免的会产生沟通成本的增加和开发资源的浪费。

按这个分类设计创业 App 的互联网团队是错误的。

创业者应该将一个产品线交给一个团队或某一个产品经理来负责，从头到尾形成闭环，以实现真正的高效设计。互联网产品因为用户人群不同，前端和后台的侧重点也会不同，比如有的 App 产品会在前端聚焦，把前端产品的用户体验、交互设计、数据分析工作单独分割出来，甚至组成 UE（User Experience，简称 UE 或 UX，用户体验）部门，专注在用户体验和界面流程上。图 1.2 就是一个典型 UED (User Experience Design，用户体验设计) 部门的案例。

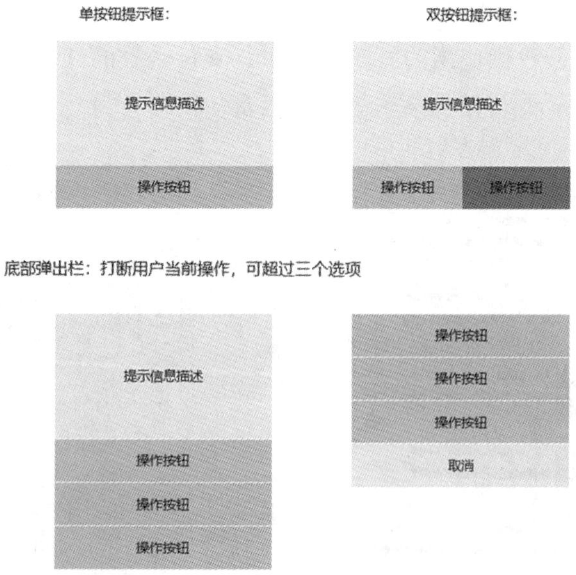

图 1.2　交互设计稿

因为产品的用户人群和侧重点不同，该交互设计稿专注于做这样的体验工作，把功能性业务和交互割裂出来。

当然，创业者如果过于聚焦前端也会有问题，很多时候一个产品的交互最容易被抄袭，也容易被竞品拆解。如果过于聚焦在“交互”“UI”上，却忽视了产品中最核心的商业模式，是一定会出问题的。

创业者要清楚知道做产品是为了“解决问题”，而不是做“交互设计”。如图 1.3 交互设计，虽然有绚丽的交互效果，但其实这个效果不是产品的本质。

图 1.3 交互设计

图 1.3 交互设计图是天气与日期的页面，需求是展现日期、天气信息。对于用户来说，显然“信息的获取”才是使用产品的原因。

我和产品经理在线下交流讨论关于 PMTalk 产品经理社区的未来优化建议时，也会遇到类似的反馈：“发帖这样的交互很不错”“消息通知的提醒交互很不错”等交互设计上的评判。可是如果仅靠前端的交互留住用户，那产品是没有实际价值的。

和设计师、开发人员不一样，互联网的产品创业者应该要注意思考用户的需求以及自己的产品所附带的价值。举个电商 App 的例子，订单、物流、支付、个人中心是用户使用的四大必备的前后台模块，但要知道电商 App 的核心绝不是前台的订单交互效果、支付过程中绚丽的文案。

张小龙说：执行力很重要，但思辨胜于执行。

我对这句话的理解是：想清楚问题比解决问题更重要。对于互联网创业者，最该想清楚的就是用户需要什么。

创业者要注意避免去影响和干扰交互设计师的工作内容。许多互联网企业创业者过度干预前端工作，这个前端工作包括原型设计的样式、交互设计页面路径、UI设计的美白等，就是没有想清楚用户需要什么。

对于一个创业者或产品场景来说，不会交互，很难做出好产品，但“交互”并不是必须的前置条件，后台的业务流转合理性、商业价值才是最重要的。

只有产品解决了用户的“痛点”，给用户带来“痒点”“爽点”，用户才会坚持使用。以微信为例，语音、图文消息、视频，解决了用户的社交需求。因为人与人在线下沟通，就是通过耳朵、眼睛、嘴巴做社交的。

微信靠提供给用户图文、语音、视频，符合了“人类”的交流习惯，迭代后延展了支付，满足了如购物、打车等需求，成了一个经济体。图 1.4 是微信迭代记录，除了每次大版本增加新功能外，前端的交互与 UI 也在不断迭代，但你一定清楚你使用微信的主要原因一定是它提供的信息交流功能，而不是 UI。

图 1.4　微信版本迭代

1. 偏向于前端的产品设计：数据可视化

数据可视化不仅需要前端复杂动画效果的展示项目，还需要后台提供数据类型的接口。比如社交信息数据可视化项目，在开始对数据可视化时，需要产品经理提供现成的数据类型，包括但不限于：文本消息、语音消息、图文消息，这些数据类型配合后台提供接口才可以在前端展示。

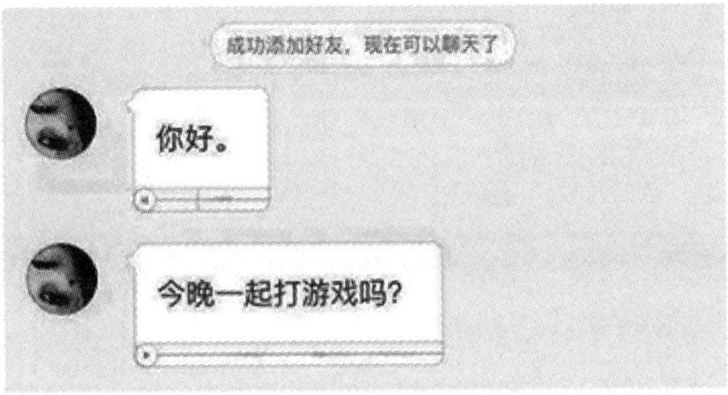

图 1.5 聊天界面

图 1.5 聊天界面其实也是一种数据可视化方式，用聊天页面来展示所包含的数据类型：文本、语音消息、账户头像、时间戳。更换数据可视化实现效果，可以理解成游戏里的“换皮肤”。图 1.6 是一个全球新闻热点实时显示的可视化，每个新闻产生的时间点、地区、用户名称，用后台提供的接口即可展示，再加上展示的时间逻辑、先后顺序就可以组成可视化动效。

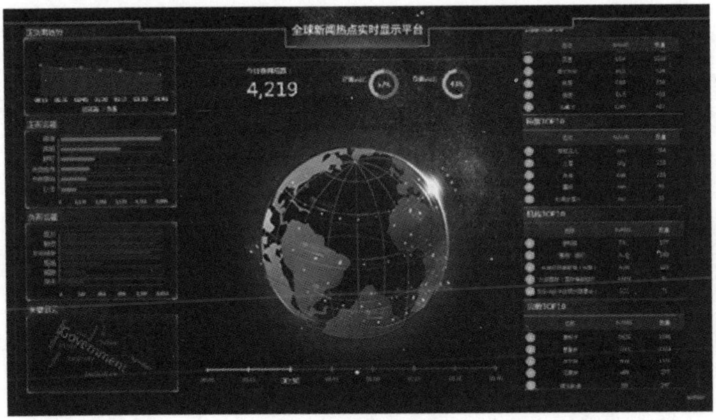

图 1.6 可视化新闻热点

类似图 1.6 可视化新闻热点这样的数据可视化，需要大量的前端工作。而在前端开发前需要提前搞清楚数据背后的计算逻辑。数据可视化需求在产品团队资源少的情况下，可以选择用通用模板的方式来解决。

2. 后台产品：CRM 和订单报表

例如订单系统、电商系统、CRM（Customer Relationship Management，客户关系管理）系统，看似一张简单的管理页面却包含了十几个接口或几十个接口。图 1.7CRM 图是客户管理系统合同管理，包含了用户信息、订单类型、合同编号等字段，每个字段都可能要求考虑扩展为一个数据库表单存储。

图 1.7　CRM 图

如图 1.8 数据库表单，这个表单可能需要后台人员去支持不同的表单与接口设计。

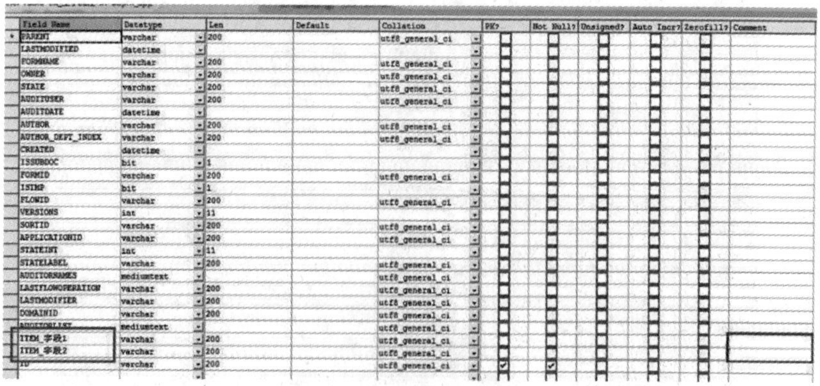

图 1.8　数据库表单

上面的两个案例展示了偏向于前端和偏向于后台项目的不同，从这两个例子就可以看出要想做好需求评估，首先要搞清楚前端和后台占用资源的问题，再来切换优先级会更准确。

1.1.3 人类的“马斯洛”需求

产品要基于解决用户的“痛点”，给用户带来“痒点”“爽点”，但任何一个产品不能一次到位，即便是基于一个兴趣做起来的需求，也要考虑团队能够接受的 MVP（ Minimum Viable Product, 最小可行产品）形态，所以我们要理解互联网的“马斯洛”理论，图 1.9。

我们奋斗的目的是什么呢？其实按照马斯洛需求层次理论，人类的奋斗是为了满足从低到高五个不同层次的需求。

图 1.9 马斯洛需求层次

如今已经进入了一个满足生理需求不是那么难的时代，我们现在大多数工作其实是为了满足生理需求以上的需求层次。

工作除了让我们有了收入外，还会带来好的成绩，这个成绩也是可以给予团队和企业的。最终大家在一条船上一起迈向成功，选择好的工作与机会也会让我们实现自我需求（自我价值）。

现实生活中，吃、穿、住是人类的三大刚性需求。马斯洛需求层次理论应用到互联网世界，信息的收集、生产资料的获取、与他人沟通则是三大刚性需求。刚性需求产品的市场赛道虽然是比较宽大的，但竞争异常激烈。现在许多互联网创业者都选择非刚性需求作为切入点，这样可以更好地活下来，虽然可能存在市场天花板低的风险，但是能有一条自己擅长的路，逐渐单点突破，进到核心业务领域，才能再扩展其他业务线。

图 1.10　另类的马斯洛理论

MVP 产品要求去掉单点个性化需求，满足普通用户使用问题，同时操作流程要通畅；MVP 还要考虑产品的兼容性、未来的维护问题。

当你发现了用户的“痛点”“痒点”“爽点”，即使只有一个点子，也可以通过 PPT、视频、问卷调研验证用户是否愿意付费购买使用这一“点子”。有足够多的用户意愿数据，你就可以启动产品设计了，这样的流程会大大提高产品的成功率。有了冷启动的粉丝认可，有了流量做背后支撑，产品成长的可能性更大。

1.1.4　产品的优先级

在互联网研发团队管理中，常用的是阿米巴经营管理模式。阿米巴经营模式就是以阿米巴的领导为核心，让成员自行制定各自的计划，并依靠全体成员的智慧和努力来完成目标。

12 个人为团队的最多人数，主要是以小团队的方式快速迭代。比如，根据不同的业务，我们把 PMTalk 的零壹新课堂、PMTalk 城市分会、Hotmind 三条业务线组成三个阿米巴团队，每个团队组成人员架构和公司部门没有区别，依然是由产品、研发、设计、运营组成。

阿米巴团队建好后，我们开始把任务拆分到零壹新课堂、城市分会、HotMind 三个阿米巴团队。

任务以需求的方式输入给上面的团队，同时会有一个优先级排期表。比如是先做零壹新课堂的课程报名系统，还是先做 PMTalk 城市分会的活动报名系统？是先做两周一个的小版本，还先做一个月的大版本？确定优先级较高的需求任务非常重要，团队如果在错误的优先级安排下工作，不仅会影响公司业务发展，还浪费了资源成本。以人均 1 万元的成本，每一个月都是数十万元的开销，这对一家创业公司或小型公司来说是非常大的损耗。

所以指定优先级就显得非常重要了，不管在大公司、创业公司还是小团队，需要优先考虑公司的战略规划也就是商业模式。资深的创业者在设计产品优先级时都严格依据商业模式。90% 的互联网产品团队最困难的工作是对功能清单优先级的沟通，互联网创业者要通过商业模式的选优去让团队聚焦在产品最需要的地方。如图 1.11 显示了需求四种类型：期望需求、兴奋需求、反向需求、无差异需求，哪一种需求是你的产品最需要的？要认真考虑。

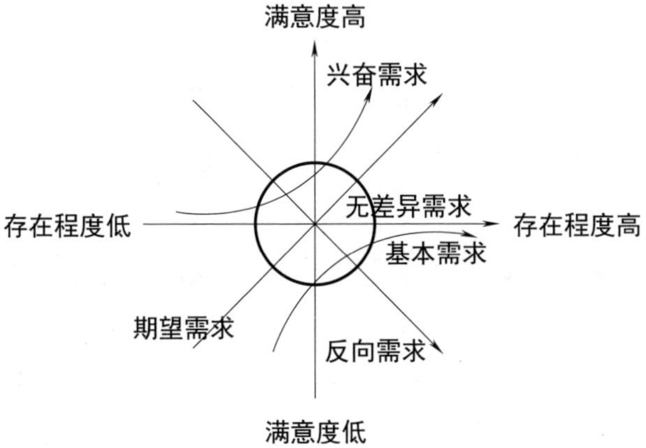

图 1.11 需求满意度

当然如果团队能够依靠数据做论证，这样需求优先级是可以往前提的，如若不能，则商业模式的思考点是决定需求优先级的基础。

迭代不止起步于产品，也可以起步于一个想法。当我们产生一个好点子，在脑海里也会经过下面的步骤。

图 1.12　想法的迭代

如果你是创业者或产品经理，从突然的天马行空到“迭代”为完整可落地的想法，需要在思考过程中收集对点子中涉及的不同方向的需求、素材和案例，并确定好优先级，才能迭代。而这时最需要的就是产品系统模块化能力、信息收集能力以及确定产品优先级的能力。

1.2　1.0 背后的用户路径

1.2.1　信息收集与用户路径

1. 信息收集

一切产品的开始大都来自一个好的点子，而我们要做的是产品迭代，仅停留在点子和想法上显然是不够的，需要把点子发展到需求收集。

在产品设计上，信息收集指的是需求收集或需求调研。我们在产品工作中常遇到下面两个需求场景。

◎需求调研不清晰，导致开发人员自己不按需求做。

◎需求被上级或甲方调整，导致开发任务增加。

对于这两种情况，创业者应尽可能地避免第一种，产品经理应尽可能地避免第二种。如果你打算做一款互联网社区产品，一定要清楚地知道，只有尽可能地把需求的场景、需求的细节描述、需求的交互说明、用户路径等都列举清楚，才可以落地做产品。

对需求收集，我比较推荐 5W 产品经理思考法，可以全面对待需求。

5W 指的是：What\Who\Where\When\Why。

创业者养成用 5W 拆解法对待需求的习惯后，对需求的描述会越来越准确，对需求描述的功底也会逐渐扎实起来。

如果你仍然在担心自己的需求描述不够详细，除了用 5W 方法，还可以吸收用户的意见和团队内部人员的建议，这些能帮助你在需求收集上更加立体。因为一个产品从出生到增长，本来就需要依靠团队对行业竞品进行调研、依靠公司业务来做推广。

这样的信息收集方法也是我最常用的方法。

我们前面说过，创业者要避免需求调研不清晰。因为需求会影响项目进度，会使项目推迟或延期。社区产品能不能准时上线最直接的问题，都是需求影响带来的，只是这个需求有运营需求和功能性需求之分。

我曾经跟过一个项目团队，根据前期的设计，上线时间定在周五。临到上线前夕就出现了上面所说的需求不清晰以及上级临时加任务的情况。虽然可以用更多的加班去实现上线，但团队的斗志瞬间变得十分低落，毕竟要用一个通宵、一个周末，甚至可能牺牲第二个周一去调整和更改。

这样的临时蛮干，还会出现许多影响团队稳定的问题。团队内部会出现：“这个产品设计就有问题”“这个产品估计很难做好”“这个公司靠谱吗”……这类言论。这些言论也会让团队产生负面情绪。

可见需求收集非常重要，不仅会关系到产品，还会影响到创业者团队的运营。

2. 用户路径

互联网产品中最常提的一个关键词——用户路径，这个词也是产品经理耳熟能详的。可往往就是这样一些浅显常用的问题却常常在产品策划中被遗漏。

什么是用户路径？图 1.13 就是一个典型的用户路径图。

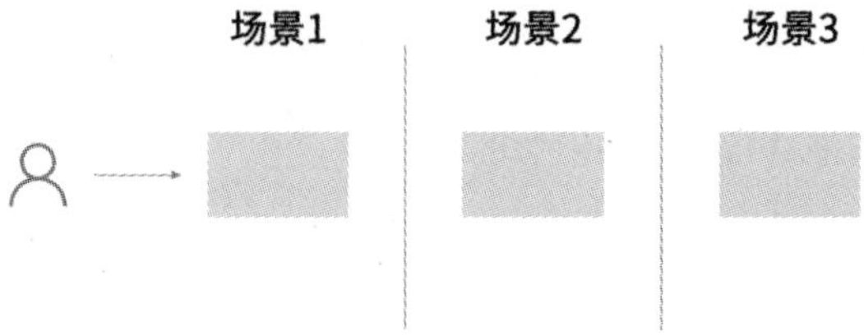

图 1.13　用户路径

用户路径指的是用户在产品功能上的访问前后顺序。每个页面都有入口与出口，二者之间形成了小路，而用户从入口点击到跳出，再到下个入口如此反复循环，就组成了“用户路径”。

如图 1.14 是用户路径来表示的页面路径。

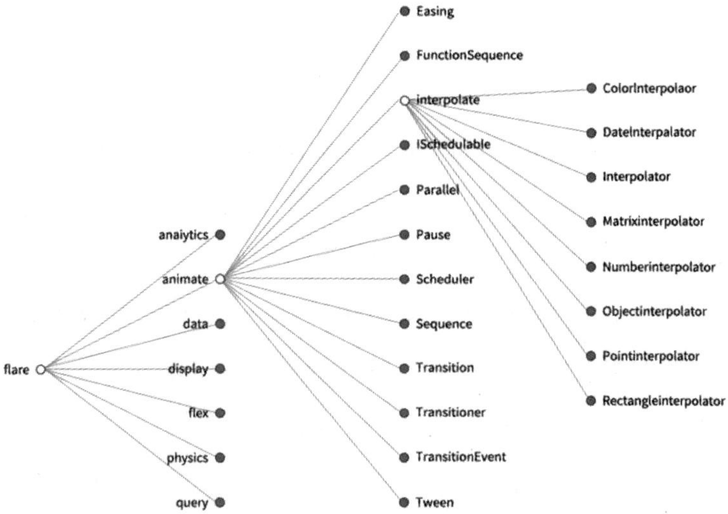

图 1.14　用户路径表示的页面路径

比如，PMTalk 开始设计时，由于没有考虑新用户路径，新用户的话题关注为 0，导致“新用户”内容为空。如图 1.15 显示的是用户关注内容为空。而根据需求设计用户路径能避免用户路径的遗漏。

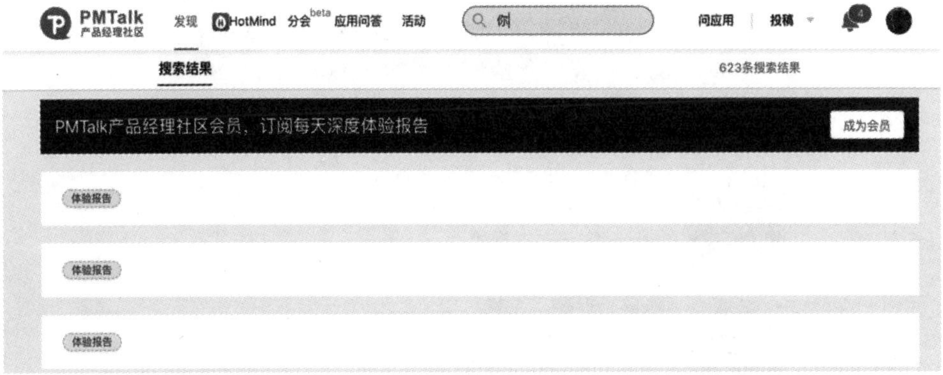

图 1.15 关注内容为空

3. 用户的全生命周期

创业者或产品经理要收集问题建立产品需求，那就要知道自己产品的用户路径、可以帮助建立需求的“场景”、贯穿于用户的全生命周期。如按照图 1.16 用户生命周期层级，做对应的功能引导。

图 1.16 用户生命周期层级

用户的全生命周期中新用户获取是最难的一个环节。

因为创业者或产品经理本身是一个自家产品的资深用户，新用户的路径是什么？新用户需求有什么？对这类问题是很难感同身受的。

新用户刚进入产品，存在账户信息不全的情况，创业者除了要帮助新用户快速了解产品、了解产品的使用方法外，还要尽快让用户养成使用习惯，再让用户在产品中产生归属感。

如图 1.17 是新用户进入微博，微博给了推荐关注话题或用户。

图 1.17　用户进入微博

2019 年，许多互联网产品采用了登录无感的设计，这里举两个案例说明一下。

案例 1

社区的文章或新闻资讯信息，用户主要是阅读，这是不需要强制用户登录或注册的。如图 1.18 的新闻文章的阅读界面。

图 1.18　新闻文章阅读界面

游客身份用户支持新用户，也支持老用户，新老用户不用注册、不用登录就可以阅读相关的新闻和资讯。

案例 2

如图 1.19 是某产品要求游客用户选择加入圈子或自己创建一个圈子，才可以进入产品主页，这种方式是为了保证新用户在产品中有内容产生。

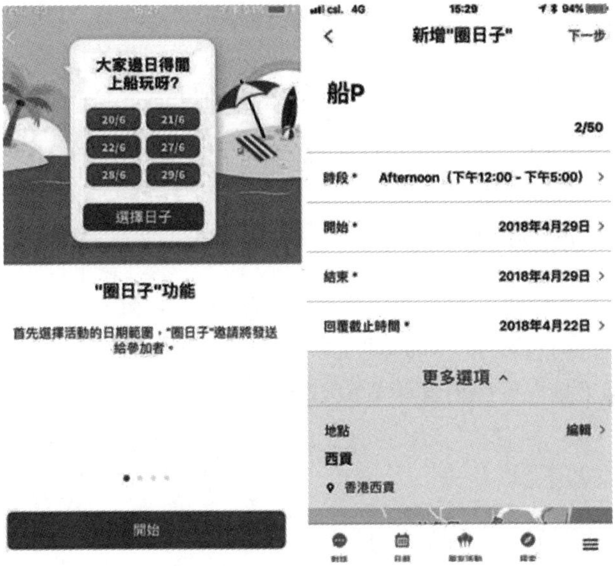

图 1.19 选择圈子界面

创业者或产品经理一定要从用户全生命周期出发，而选择模拟用户路径思考方式则是一种考虑用户全生命周期的技巧。

1.2.2 需求池管理

立足于创业者视角，产品研发中我们还把产品的需求分为主动需求与被动需求。

◎主动需求：数据优化、BUG（漏洞）修复、遗留问题的解决、上线后发现问题的处理。

◎被动需求：业务方、老板、团队成员给的需求点。

两个不同方向的需求，我们都用需求管理池汇总。图 1.20 的需求池管理。

图 1.20　需求池管理

在需求池中我们要标明需求的来源方，如图 1.20 需求池管理中我们标记了需求来源的部门：产品部、设计部、运营部。

1.3　产品的原型工具

收到需求后，创业者或产品经理就要开始对需求做优先级的对比，然后根据需求进行产品方案策划。产品方案策划最直接的表达就是画原型，选择原型工具绘制出产品原型。

1.3.1　原型工具

原型，可以说是互联网产品需求收集的关键部分。互联网产品离不开产品经理。产品经理入行初期就要首先掌握一些“硬技能”，所谓的“硬技能”主要是三个内容版块：“原型”“文档”“案例”。

在产品研发中，产品经理在以下场景应用原型：

◎方案展示；

◎业务流程表达；

◎ PRD 文档；

◎ PPT；

◎会议记录；

……

在我工作期间，有接触过个别团队要求产品经理以几乎与 UI 一致的高保真做原型；在腾讯，我也接触过用线框组成的原型落地需求。图 1.21 是市面上可以用的原型工具。

图 1.21 原型工具

1.Axure 工具

AxureRP 是一款专业的快速原型设计工具。Axure，代表美国 Axure 公司。工具中可以表达交互事件、中继器、动态面板、条件判断、移动距离等，满足使用者的各项交互事件的运用。图 1.22 是 Axure 中继器。

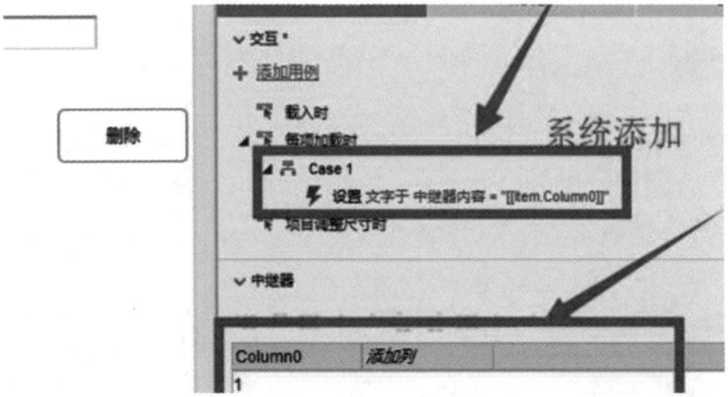

图 1.22 Axure 中继器

Axure 因为快速拖拽和高度灵活性，拥有大量组件模板，是国内互联网创业者原型工具线框图的利器。

2.Sketch 工具

Sketch 是一款为视觉设计师打造的专业矢量图形处理应用。Sketch 工具要求硬件配置是苹果电脑。Sketch 的操作也和 Axure 类似 ,Sketch 是交互设计师和高保真原型的利器。

1.3.2 原型工具的选择

不同的原型工具也会影响效率。市面上各家的原型工具有不同的侧重点，比如移动端的选择墨刀、xiaopiu；做 PC 和后台的，选择使用 Axure；做交互设计的常用 Sketch 工具。因为我出身产品经理，所以喜欢用 Axure。

因为工具在定位上是面向不同场景的，对应的使用人也会区分后台、移动端两个方向。

◎做后台创业者更关注于业务流转。

◎做移动端的创业者更关注于用户交互和体验。

◎做交互的同学更关注于颜色与层级表达。

实际在互联网产品研发中，“产品原型设计”所占的比重是非常小的。当然，无论线框图还是高保真原型，都是帮助产品落地的一个工具，就如以前最原始的项目研发团队，他们没有原型工具，那时候手绘方式是高效的。图 1.23 展示的手绘原型。

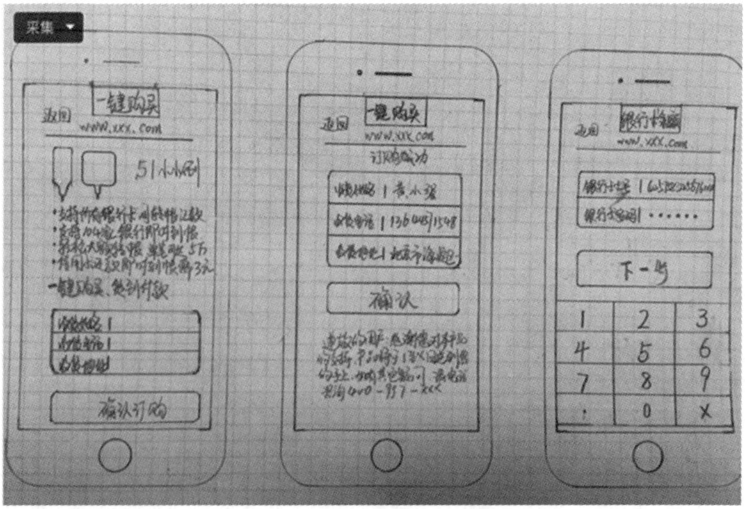

图 1.23 手绘原型

承载着合理的需求，让开发或设计能知道怎么做才是好的原型。

我在做产品经理期间中整理了关于原型的四点建议。

1. 从临摹开始画原型

很多创业者画原型都是从临摹开始的，就是借鉴竞品来画原型，而不是从 0 到 1 全部由自己的团队做。作为一个小团队，很难做到原型的规范，原型方案的实现是需要不断积累的，而临摹是最好的案例积累。

2.Axure 工具高保真原型背后的中继器、动态面板、交互动画

Axure 工具高保真原型背后的中继器、动态面板、交互动画，容易遗漏需求。有的团队为了得到更好的产品方案效果、为了让需求评审更加直观，就会要求输出高保真原型。Axure 的高保真原型要求使用复杂的控件，比如：中继器、动态面板，可能导致的结果是控件组成的高保真动画效果不能让开发人员快速浏览需求页面。在原型工具里应该让页面以路径的方式模拟用户跳转，这样既可以高效地表达需求，更能减少需求的遗漏。如图 1.24 原型工具。

图 1.24 原型工具

3. 不要让原型超过四个颜色

原型设计得好，在很大程度上可以降低 UI 设计的难度。创业者或产品经理要专注于需求，交互设计部分则专注于用户体验 , 要区分这两点，原型色彩的控制是极其重要的。一般说来，原型用三个颜色就可以很快地表现出功能的层级、权重。超过四个颜色后，就会影响设计师在视觉上的发挥。图 1.25 是原型按钮颜色展示（灰度不同）。

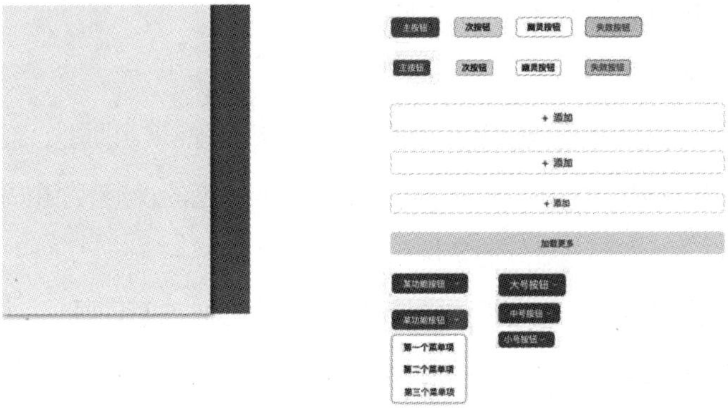

图 1.25　原型按钮（灰度）颜色

4. 原型中的功能由页面组成

一个功能可能由多个页面组成，比如支付功能，就有支付前、支付后的页面路径。以页维度做页面的排列，所以原型设计对不同的功能模块要大分类，以树状结构展示页面，让设计、开发的同学查看到功能下页面的上下级，如图 1.26 所示。

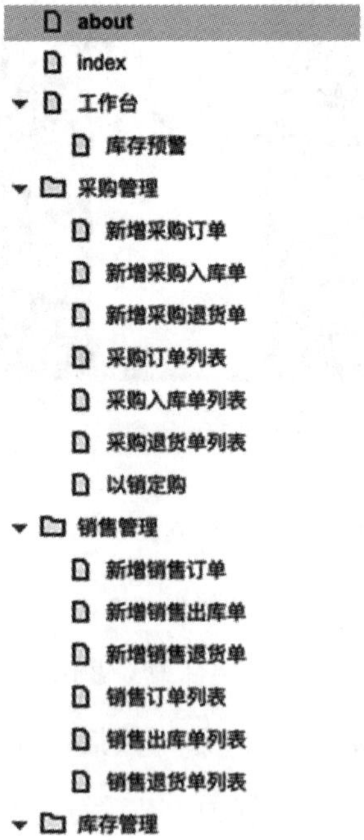

图 1.26　模块分级

功能模块组成的页面一定要分清楚，不要把不同功能的相同页面放在同一个原型树状图上，因为放在一起可能会使得维护和更新成本过高。

1.3.3　原型迭代产品

因为使用场景固定、使用时间短，所以 PC 端用户拉新和增长不能用社交关系的方式。用 PC 端创业可以选择 App、小程序、H5，再互相打通，实现各自的优势。

以 PMTalk 互联网产品经理社区为例，因为知道这是内容社区产品、是面向用户 C 端的产品，所以创业期间我们非常重视产品的交互体验问题。

社区产品最重要的是打造一个“爽”感。同时社区产品以广告营收为最主要的变现方式，广告营收占收入的大部分，有的社区甚至占 70% 以上。因此既要考虑广告的转化数据，又要考虑复杂的广告是否影响用户的产品使用体验等问题。

PMTalk 的北极星指标之一是用户页面停留时间。为了提高这个指标数据，我们花了时间思考内容详情页，把整个详情页的布局拆解如图 1.27。

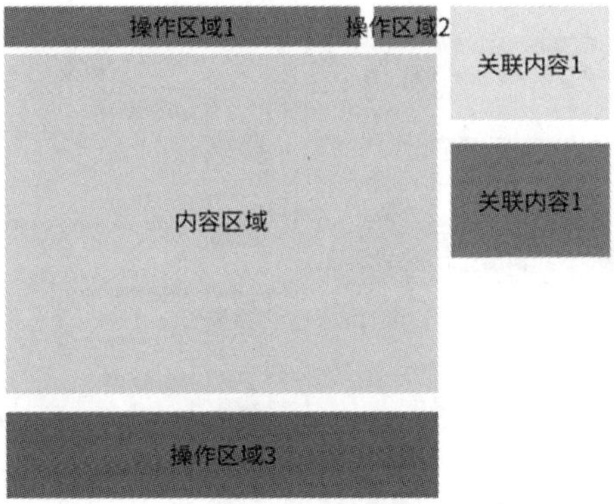

图 1.27　详情页布局

内容区域是内容详情页的用户聚焦目标，也是用户对社区产品认知的核心区。不同位置的操作区域代表了不同的目的。比如底部通常是评论、回答等内容输入口，上面的操作区域 1、操作区域 2 是本次内容的操作区域。

上面的关联内容 1、关联内容 2 在设计的时候需要注意避免影响用户的主视觉。

当用户对内容的产生感兴趣后，自然会去浏览关联内容，用户路径就停留在【内容区域】中。

从产品方案到开发上线，高保真原型和线框图原型本身都没有问题。抛开结果，我们看一下二者的研发过程就会发现一些不同。

图 1.28 是一个高保真原型。

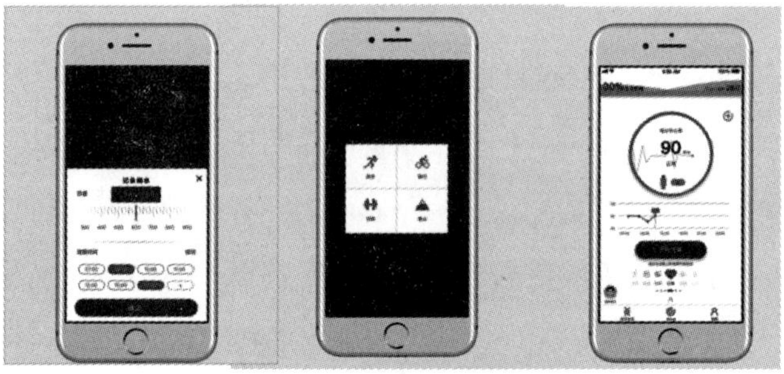

图 1.28　高保真原型

图 1.29 是一个线框图原型。

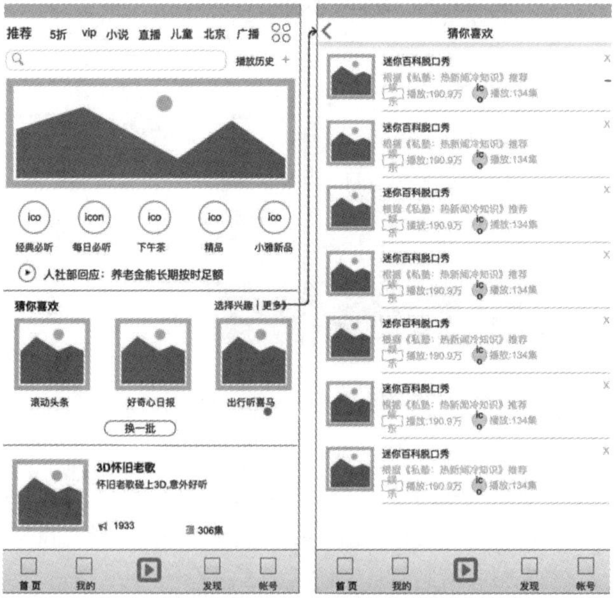

图 1.29　零散的原型图

无论原型怎么变，始终要从三层考虑，我把《用户设计体验要素》中指出的三层归纳为：

◎战略层；

◎框架结构；

◎表现层。

特别说明，有时候战略不是做盈利而是为了资本需求。

三个点的思考方向分别是从展现层 < 框架结构 < 战略层，从浅到深影响着一款互联网社区产品。

原型的三个层次，贯穿在从产品方案设计到开发上线的过程中，所以无论是选择高保真原型，还是选择线框图原型都是可以的。但我们看一下二者的研发过程就会发现二者在诸如资源使用、时间周期上是完全不同的。

以喜马拉雅 App 的原型线框图（图 1.30）为例说明一下。

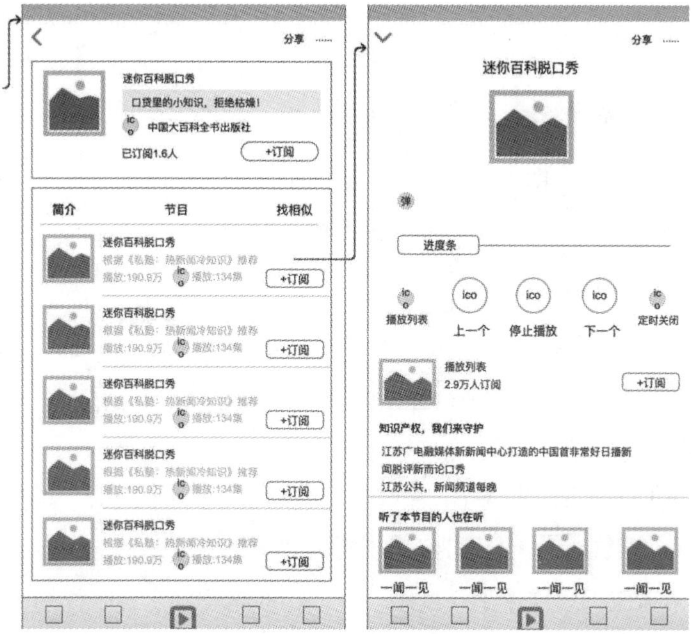

1.30 喜马拉雅原型图

◎按钮的位置与文案，是组件。

◎部件之间的结构关系，是框架。

◎组件之间的流程跳转，是框架。

对比高保真原型我们看一下有什么不同？图 1.31 瑞安图是高保真原型。

图 1.31　高保真原型

相比线框图，使用高保真原型在框架结构这一层中，会有三个问题。

（1）设计者会更多地思考产品样式的表达。

（2）因为花时较多，阻止了新方案被采纳的可能。

（3）影响了 UI 设计师的表达。

高保真原型花了较多的心思在 UI 工作上，这也就催生了某些公司专门招募一个产品设计师，更使不少创业者成了一个“专注于”原型的 UI 设计师。

1. 战略层

许多创业者认为自己懂战略，可他们的战略大多停留在实体产品层面，实际上互联网产品设计同样离不开产品的迭代战略。

无论是用高保真原型还是线框图，它们在战略层其实是一样的——服务或承载公司商业模式，战略层不会影响展现层，也不会影响结构层，各层级都是独立的。

《用户体验的要素》一书中提出，战略层一方面要时刻分析市场环境的变化，另一方面也要利用自身的资源和实力形成自己的核心竞争力。所以用户体验设计的战略层回答了两个问题：

（1）企业通过这个产品得到什么？

（2）用户通过这个产品得到什么？

第一个问题是产品目标，第二个问题是用户需求。战略层一定要明确这两个问题，越清楚知道我们需要什么，用户需要什么，就越能开发设计出精确地满足双方需求的产品。

战略层下不会有具体的产品功能，甚至没有产品的具体形态，但会有清晰的用户人群和资源供给需求。

下面是战略层描述话语。

Q1（第一季度）达到多少用户数、营收额、GMV（Gross Merchandise Volume，成交总额）达到……

Q1 承载某个业务，某个功能上线……

Q1 达到多少个门店铺开……

Q1 医疗行业里面，完成第一个人体数据检测……

2. 框架结构

《用户体验的要素》一书中把框架结构拆分为：框架 + 结构。框架 + 结构包含：矩形框架、线性框架、自然框架、层级式结构等。

在结构层中，要考虑组件与框架的关系，而 99.99% 的创业者把产品的框架和组件混合在一起，导致了产品设计和用户体验区分不开。作为产品创业者一定要区分框架和组件，比如导航、信息、界面就是框架；按钮、下拉列表、日期筛选器就是组件。

大部分的公司是没有专门的 UED，是把用户体验工作交给产品部门。但创业者还是要记住用户体验是独立的，需要单独的部门来完成。需求和用户体验结合，就组成了一张基础的线框图。

3. 展现层（表现层）

展现层指的是界面、元素和色彩的表达。展现层主要考虑两点：

（1）给用户的色彩影响权重；

（2）部件与组件之间的交互效果。

满足上面两点，“高保真的原型”会比“线框图”有优势。比如前面提到的喜马拉雅原型线框图就无法在表现层上展示，整个色彩就十分单一。

1.3.4 原型设计的 10 条建议

作为创业者或产品经理如果你还在纠结产品的小样或原型，可以看看下面的建议。我总结了 10 条建议，方便你快速落地你的互联网社区产品。

（1）关注用户流向。

（2）关注关键点交互。

（3）功能流程厘清。

（4）不要琢磨字体字号。

（5）不要研究配色。

（6）不要为了原型而去学某个工具。

（7）先做信息框架，再开始做原型。

（8）不做没有可行性的原型。

（9）不要每个需求都新做原型。

（10）保持更新原型版本的习惯。

1.4 产品化能力

1.4.1 以开发为单位的功能模块

在互联网社区产品研发中，产品经理的主要职责是利用原型工具把需求整理成具体的产品的功能模块或界面。

我以前在公司工作时，曾经担任过客服系统的负责人，当时客服部门提出意见，希望能有一个知识库的功能以汇总公司问答表单，还要有可支持知识库更新的“功能”。但业务方的表达让开发人员搞不清楚这个功能是什么，他们的表达是：“我希望系统可以支持让客服同学不要去找问题的答案，直接给客服答案，会快速解决问题。”

站在技术的视角上，提供给用户常见的产品问题，必须要有一个地方存储。同时随着产品迭代，这个知识库又需要不停地更新。所以对于该需求产品经理应表述为：“FAQ（Frequently Asked Questions，经常问到的问题）表单和知识库功能”来解决问题汇总和更新。这就是一个从需求收集到策划功能的流程。图 1.32 展示了知识库功能。

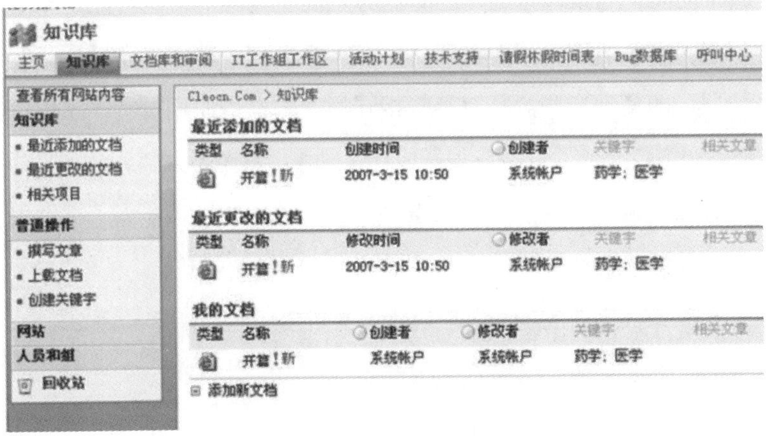

图 1.32 知识库功能

知识库、FAQ 功能模块做系统归属，属于同类业务系统——客服系统的功能模块。

另外，由于在需求收集过程中发现内容发布的也是客服部门的业务，所以客服系统还需要融合 CMS（Content Management System，内容管理系统）。若干个标准化模块其实在同一个系统中存在，所以在设计之初，如果你能提前了解客服系统，就会提升产品设计的完善度，也能避免出现未来迭代系统过于臃肿的情况。

当然，这只是一个公司的业务需求，产品设计者要不要花时间跨界调研客服系统，通常看时间成本与需求紧急程度。实际上绝大部分互联网社区产品创业者完成了基本的模块设计，就不会再考虑其他跨界类系统调研，而是选择去做更多的功能扩展迭代。

因为时间就是生命，快速上线验证商业模式是首要需求。有时间就思考得全面一些，没有时间就先满足能用的业务需求。

互联网还有个说法体现了迭代思维的价值——“产品的成功是建立在巨人的肩膀上”，即通过了解竞品的功能结构与业务模型，帮助解决自己产品的迭代问题，绕过别人踩过的坑。

这里要区分两个场景：

◎从 0 到 1 的产品；

◎产品从 1 到 10 的迭代。

从 0 到 1 期间，如果你看到自己的业务是没有竞品的，这可能是新的商业模式和机会，但也可能是有很大问题的业务；在产品 0 到 1 期间，还处于商业模式的探索和验证阶段，即使现在和竞品有某些相同的业务，可他们没有产品化你独有的业务，你还是不知道自己的新业务应该做成什么功能，甚至不知道新业务是什么框架。所以创业者应该具备自己业务的产品模块化能力或功能设计能力。在这里首先讲一个用模块化组合新产品的思维方式。

图 1.33 是将市面上有的功能以模块化单元拼凑后组成新产品的案例。

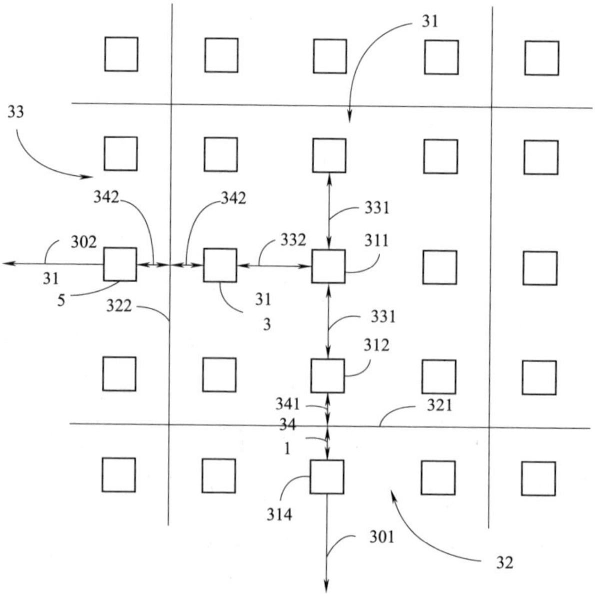

图 1.33　模块化复用

一个一个的模块单元拼成了一个全新的系统产品，但每个单元其实都是可以借鉴的。这里的模块单元有：输入框、聊天功能、消息通知、个人中心、举报投诉、日历……

这些单元功能组合成的新产品可以用于不同的行业。比如医疗行业的预约功能、电商行业的订单功能，都可以由上面若干个单元组合而成，我们要做的是把单元中服务的用户改为特定行业即可。

1.4.2　产品测试

我们通过在原型线框图加上标注是可以把大量的时间节省下来做前面所说的需求管理和产品测试的。比如产品的页面跳转，图 1.34 展示的是页面跳转。

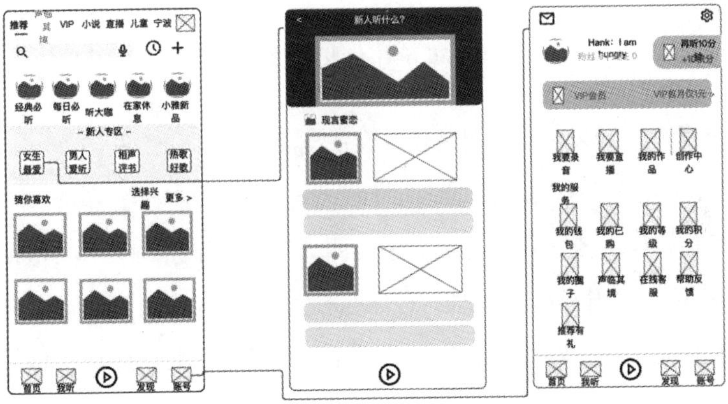

图 1.34　页面跳转

以连接线的起点和终点对应页面的前后顺序，圆点代表起点和终点。有部分交互是有前置条件的，我们在连接线表达条件。

箭头代表页面跳转方向，以图 1.34 页面跳转为例，用户点击账户后，页面跳转去右侧第三个页面：个人中心。在前面我们提到过产品的三层，图 1.34 就是表现层。除了要提供原型顺序外，还要用功能组件表达需求的权重。

就原型来说，线框图与高保真图在设计中都比不上真机测试。互联网社区产品验证不可小看，因为验证可以模拟用户的真实使用感受，得到接近真实的用户反馈建议。验证测试可以从下面两点开始。

第一，验证测试数据的增删改查。

比如，产品存在发布信息的入口，一定也要有删除的入口；有跳转的入口，就要有返回的出口；有警告提示，就要有保护数据规则。

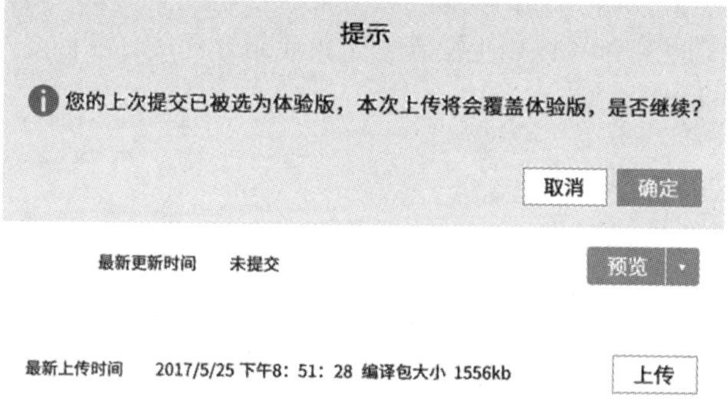

图 1.35　微信开发者平台

图 1.35 就是微信开发者平台对上传的文件覆盖提醒。

第二，四个维度做产品 1.0 测试。

产品上线前，研发流程要求对产品进行测试，同时提供线上环境和测试环境两套独立的测试环境。测试环境的数据可以随便造，线上环境因为面向用户所以需要谨慎对待，有真实用户在产品上，你随便产生的信息可能会让用户反感，进而会影响公司形象。

测试环境就是给测试人员提供验证产品是否合格的土壤，但我们会遇见测试环境没有出现的 BUG，在线上环境却出现了。

如图 1.36，PMTalk 的加载状态，类似这样的数据加载页面，我们在测试环境中打开是可以正常加载和使用的。

图 1.36　PMTalk 创业者社区的加载

上线后，页面加载后却出现了图 1.37 加载失败的显示。

图 1.37 加载失败

测试环境中显示正常，在线上环境测试时用户打开页面却出现了无数据的问题，所以我们要选择好测试的方法。

互联网公司通常有四种测试方法。

（1）回归测试：修改了旧代码后，重新测试以确认修改没有引入新的错误或导致其他代码错误产生。回归测试的难点在于问题的迁移变化和代码结构导致的关联性问题并发；上线前还可能有需求的变动。

（2）可用性测试：不仅能适应不同的用户，而且可以找出遗漏的产品要求，从而进一步确认产品最初的需求是否是必须的。当然，从目标用户获取测试反馈，也是非常科学的。

（3）可行性测试：通过让设计师和工程师介入技术的可行性调查和探索，可以尽早解决一些不太“现实”的问题，避免后期花费时间和精力再调整。

（4）概念测试：对用户是否有价值以及产生购买欲望的测试，可以结合一些优质快速的原型工具，比如 Mockplus，将产品的预览版本呈现出来，之后在实际目标顾客中测试，从而得到有质量的反馈。

在测试过程中我们通常是基于确定的原型做产品验证，但如果进入测试流程还发现了产品需求问题，我们就要调整原型。

在这里要注意，高保真原型和线框图原型的修复成本也是不同的。比如当文章发布少了删除按钮，线框图可以马上添加按钮和文案说明；高保真原型则需要添加交互时间、按钮的点击状态以做判别，还可能会影响之前的交互面板设计。

就好像在一幅成品画上（高保真原型），让你再加内容，你会考虑画的设计者的表达、层级结构等多维度的内容，为了不破坏画的整体，你一定会谨慎下笔，而在一张草稿上（线框图）增加内容，你只会考虑该需求是不是必须的，而不会去考虑有问题的画的本质，能很快下手更改。另外，必须要知道高保真原型所要求的工具技能比线框图高许多。

1.4.3　撰写产品体验报告

模块化能力，可以用体验报告的方式来做铺垫、产品设计的基本准则做规范、上线做验证。

图 1.38 是一份体验报告，这应该是互联网产品经理必会的内容之一。

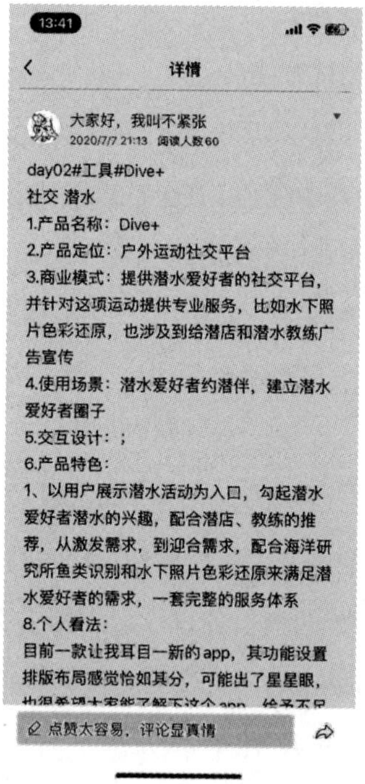

图 1.38　体验报告

体验报告虽然没有固定的行业模板，但报告的核心是围绕“产品功能”“目标用户”“交互设计”“商业模式”“优化 & 建议”五个维度展开的，如图 1.39 电商类的烹饪 App 体验报告。

【产品定位】优质下厨学习工具与内容分享社区
【目标用户与需求分析】
用户:一线到三线城市的用户，以25-45岁女性家庭主妇为主
需求:学习烹饪出色香味俱全的精美的菜肴并分享
【核心功能】
烹饪教学：OGC内容，由平台自己生产，专业性强，内容质量高。
1)菜谱：每道菜都附上视频
2)烹饪技巧：视频指导处理食材技巧与通用烹饪技巧
社区：UGC社区，用户生产内容，类似于小红书的笔记
【外延功能】电商
【看法】
1.作为一个做菜工具，所有菜谱全部由官方生产，内容优质，专业性强，图片、视频质量

图 1.39　烹饪类 App 体验报告

用体验报告的撰写方式去思考迭代自己的产品，显然是一个产品经理或创业者的基础能力。如果你连产品的目标用户、商业模式、主要功能都不思考，怎么做产品呢？

1.5　好产品要做文档 1.0

创业者要想上线一个合格的互联网产品，会经历各种各样的文档包括：PRD (Product Requirement Document， 产品需求文档)、BRD（Business Requirement Document，商业需求文档）、MRD（Market Requirement Document，市场需求文档）、FSD（Functional Specifications Document，功能设计文档），在项目评审、申请立项、团队汇报过程，最常用的是 PRD 文档。

1.5.1　PRD 文档的作用

PRD 文档存在于产品研发的过程中，在这里以文档所涉及的角色人员描述文档的意义入手，介绍 PRD 文档。

1. 面向研发

这个产品要解决什么问题、产品逻辑是什么、业务流程怎么走、改动点是什么、资源分工合作的安排如何？在这时 PRD 文档是一个研发计划。

2. 面向老板

PRD 文档包含了目标、计划、投入产出比和上线时间，是一个项目汇报白皮书。

3. 面向运营

产品怎么用、功能如何配置？此时 PRD 文档是一个操作说明文档。

4. 面向产品经理

产品中的功能逻辑是什么，条件是什么？ PRD 文档是一份公司产品业务文档。

1.5.2　产品需求文档的撰写方法

撰写产品文档要遵守七个维度规则。

（1）产品背景：需求从哪里来，为什么要做产品。

（2）产品逻辑：每个流程怎么走，用流程图表示。

（3）风险评估：需要迭代才解决的事项，可能给其他部门带来的问题。

（4）可量化目标：要达到目标，有哪些指标说明了问题。

（5）产品页面交互：页面之间的交互、页面与内容的交互。

（6）性能指标：响应速度、并发（同时进行）。

（7）数据需求：比如需要记录列表、记录产品的点击次数和统计通过签证渠道的订单数。

1.5.3　需求文档的非功能性需求说明

功能性需求指的是提供给用户主要交互的功能模块，非功能需求指的是保证支撑和服务于产品的需求能力。非功能需求往往容易被创业者忽略。下面以购票为例，介绍四个非功能性需求。

1. 统计需求

项目上线后需要考查 KPI 是否达标、运营情况如何，是否有办法提取出相应的数据。

2. 性能需求

查询效率，创单时间长短，接口调用秒并发等。

3. 安全需求

是否需要一些校验以防止数据被篡改，是否需要验舱验价以防止升舱或变价亏损等。

4. 异常需求

如果出票失败了怎么办，是给用户退款，还是继续检票?

这里我列出携程的购买页面（图 1.40 购买支付页）。

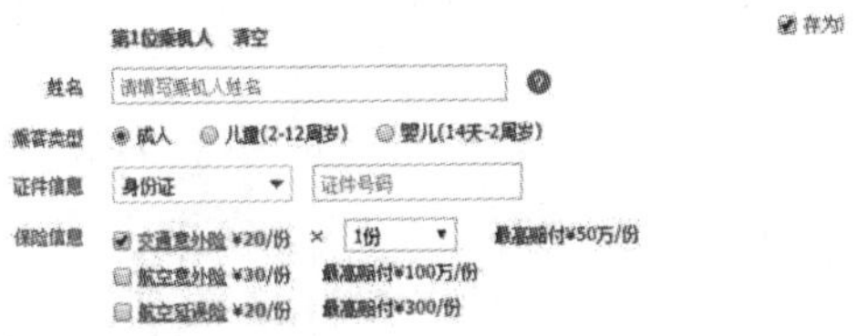

图 1.40　购买支付页

如下是分功能性需求描述。

案例 1: 航班信息查询

多航班查询 : 呈现航线 (多机场城市精确到场)、日期及起飞时间段。

案例 2: 购票须知 (须知)

在购买退改签的位置 , 由关键词查询替换成文章查询。

案例 3：异常场景

（1）舱位当前无位置 , 不保证 100% 预约成功 ;

（2）需要先支付再约 , 预约成功后自动出票 ;

（3）可自行停止，航班起飞前 1.5 小时 , 自动停止 , 停止时，未完成订单的预付款将全额退回。

案例 4: 乘机人选项

提示 : “仅支持单人添加乘机人模块 , 单选”。

原因 : 抢票单均为单人 , 系统排优先级，逻辑简单，也不考虑儿童的场景 , 全部都是成人场景。

非功能性需求是产品背后的关键逻辑，缺失后虽然不会造成用户主功能遗漏，但用户体验差。

◎第 2 章

用 MVP 做 1.0 产品

2.1 做“用户”1.0产品

互联网社区产品的设计思维都是围绕“用户”产生的，找到目标用户和用户的核心诉求，然后使用户需求上升到产品设计格局，再去落地实践。

用户需求：一切策略和措施都要从满足用户的实际需求出发，严禁自嗨。

核心诉求：用户使用产品的核心诉求是唯一的，但是在每个生命周期阶段所关注的侧重点各不相同，我们既要从始至终坚持核心诉求，又要时刻满足新需求。

上升格局：产品策划一定要站在提高自己、服务企业的格局上，因为产品背后所包含的生命周期管理工作绝不是某个部门或个人的事情，牵扯到运营、品牌、市场、客服等业务的多个部门，协调内部资源形成组合拳才会更有成效。

2.1.1 互联网的“用户”商业模型方法

创业者对待自己的产品都会有一种类似父母对子女的感情。创业者就像父母一样，拉着运营、市场、业务各方，在“孩子”未降世时就着手产品推广工作。新产品版本上线代表“宝宝”出生，激动的创业者等待产品宝宝带来的用户使用的反馈，期待着这个产品覆盖某个行业或改变世界。

但在产品生产过程中，少有创业者思考以下两个问题。

（1）是用户需求还是上级需求？

（2）自己产品的壁垒是什么？

抛开资本的运作外，无数的互联网社区产品要想获得海量的用户，一定要有足够的自身价值，能够帮助用户解决问题，才有存在的必要。

如滴滴打车、O2O（线上线下）美团点评这样的产品，产品本身是生活中人的需求工具：打车、点外卖。图 2.1 是滴滴出行的产品。

图 2.1 滴滴出行

通过观察各式各样的用户需求，创业者可预估这样的用户需求会有多大的市场价值，进而反推这个企业可以做到多大。

比如教育行业、医疗行业，这些是每个人都需要的行业。而类似垂直教育如日语、法语等，则是细分人群需要的。

除了寻找好的市场机会做一款解决用户需要的产品外，资本的介入在互联网创业中也是十分重要的。我在高校时曾经负责过一个类似美团点评的点餐 App 工具，但因为 O2O 牵涉的用户习惯养成需要补贴等福利刺激，团队没有资本，导致难以推动。

App 尤其是 O2O 类的产品，需要不断地补贴，刺激用户传播，才能吸引新用户的加入。互联网社区产品入行门槛低，就要通过补贴活动，使用户得到收益，才能促进用户的大量扩展。

O2O 产品要求用户把线下习惯过渡到线上，习惯的养成本身是一件被动的事情，没有资本的介入，是很难有足够的推动力的。

仔细研究互联网产品，你会发现 App Store 中排名在前的，除了游戏类产品，其他产品都是解决了用户的核心需求。

图 2.2　App Store 排名榜

如图 2.2 是 App Store 排名榜。

2013 年，移动互联网快速发展，创业者只要抓住用户核心需求去孵化互联网产品，很容易得到流量和增长。而如今互联网创业不再像早期，只要抓住核心需求就能成功。现在，你发现了一个传统的需求后，做一个 App 虽然可以吸引第一批种子用户，然而想要进一步获得更多的用户就很难了。

移动互联网早期，做一个跑步软件就能获取到快速增长的新用户。因为手机提供的 GPS 与重力感应，让 App 可以快速记录用户跑步、走路等数据。Keep 就是这样的产品。

同样，免费的语音通话吸引了更大的用户群体，用户只需要下载一个 App 即可在不花电话费的情况下与对方保持实时联系。微信就是这样的产品。

头部流量瓜分后，垂直行业、垂直内容、垂直用户的产品成了第二批互联网流量红利。既然这个需求不是所有人都需要的，创业就要选择做一个“特定”人群需要的产品。

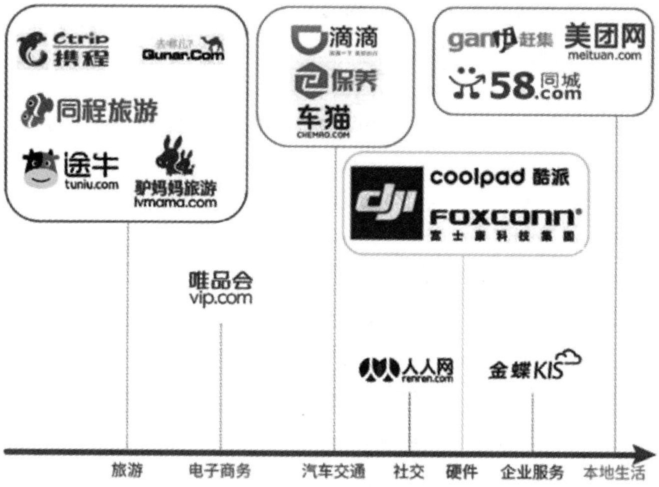

图 2.3　行业走势图

图 2.3 显示的产品，这些都是垂直行业的翘楚。只要你的目标用户人群足够大、有足够的付费能力，你的产品就可能是下一个“独角兽”。

但也有一些小而美的产品，它们的用户群并不大，商业变现能力天花板也相对较低，它们却做得不错。比如掘金（一个前端开发者社区）、站酷（设计师社区）、开源中国（开发者社区）等都是针对特定用户搭建的社区型产品。而我做的 PMTalk 也属于这一板块。

未来，垂直细分领域是持续增长、持续消费的增长型市场，垂直市场的创业者更看重的是背后的增长力。

对比你自己的产品，你的产品切入的是上面哪一种场景？是选择针对核心需求的产品，如吃喝动睡，这作为马斯洛理论中的基本需求，是每个人都需要的；还是选择聚焦于垂直人群，比如产品经理、舞者、医疗从业者，看重长远的需求场景，把握市场做增长？当然现在仍然有许多披着互联网公司的“非产品化公司”，这类公司可以不用做上面的选择。

公司的商业变现更像是一种交易，有进有出。资金来得快，但要确保稳定性与天花板足够高。这里有两个案例，它们的问题也是在这类公司的需求和项目管理上经常出现的。

案例 1

公司做外包类服务，一旦需求调研时间过了，双方就会确定一个上线计划，这基本是无法变更的。除了整个项目的价格变动外，产品研发计划很难有变动，而上线时间成了合同的死命令。

案例 2

公司业务类的产品，上线时间因热点事件、竞品竞争、政策原因等，一般都会要求在类似 10 月 1 日等具体的时间上线，这样的上线要求对于产品研发的时间却不是合理的，因为创业者做需求的时间必须要考虑产品本身的迭代需求和上面列举的需求。

上面两个案例，出现了只能依据具体的项目任务时间，倒推需求的实现方案，有可能会出现如图 2.4 所展示的时间不够的上线效果。

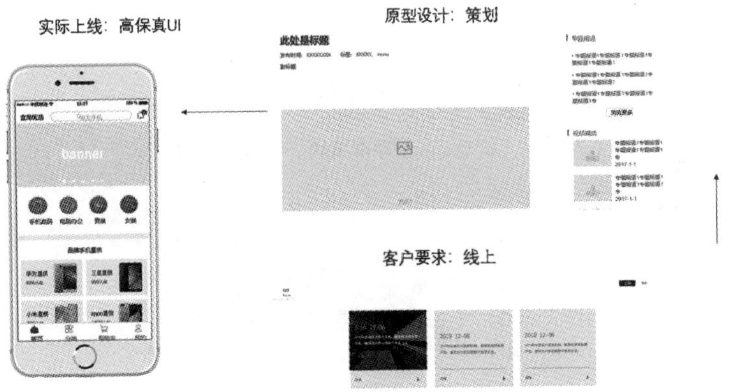

图 2.4 时间不够的上线

2.1.2 MVP（最小化）产品

这一章要提一个关键词——MVP。在互联网产品设计中，MVP 贯穿在产品、业务中。

百度对 MVP 的定义如下：

MVP 的概念是 Eric Ries《精益创业》里提出的概念。简单地说，就是指开发团队通过提供最小化可行产品获取用户反馈，并在这个最小化可行产品上持续快速迭代，直到产品到达一个相对稳定的阶段。MVP 对于创业团队来说是很重要的，可以快速验证团队的目标，快速试错。

我曾经负责过一个项目的运营，从 0 到 1，MVP 思想贯穿了 1.0 产品的设计工作。我结合产品的战略层，选择了社群、公众号、H5、小程序等产品形态去打磨产品，实现产品的商业化。

下面是有声明信片利用 MVP 方法在业务和产品上落地的案例。这个案例包括产品的前端和后台设计，还有业务模型在用户反馈上的调整。

案例 1：MVP 产品验证商业化

明信片小程序是面向用户提供声音内容服务的产品，音频内容包含 UGC（User Generated Content，用户生成内容）与 PGC（Professional Generated Content，专业生产内容），在 1.0 小程序推出提供给用户的明信片内容以及发送电子明信片。

不同的明信片主题包含了不同的音频和文案，把音频附属在明信片上，组成一种内容性聚合产品，刚上线时团队也是希望能够验证业务——用户会不会去用这种玩法派发明信片？

图 2.5 明信片首页

图 2.5 是明信片首页，首先 tab“发布”“首页”“我的”背后的 UV(Unique Visitor，独立访客)\Click(点击) 数据，生成转化漏斗模型；其次增加用户问题反馈入口，直接在反馈口加入内容，下面的体验小客服说明（图 2.6 小客服截图），尝试使用用户的反馈、用户的主路径功能。

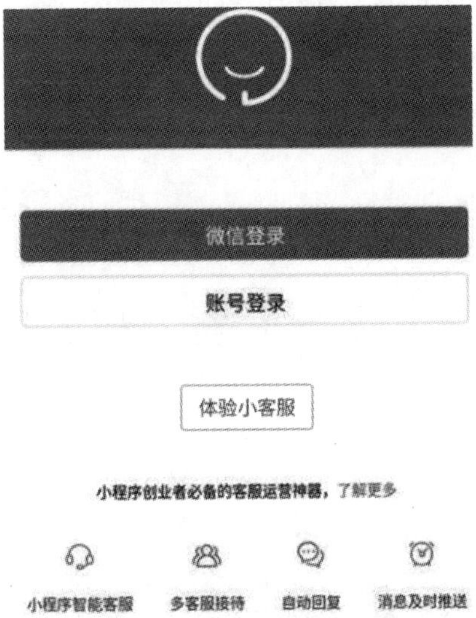

图 2.6　小客服截图

明信片小程序产品有三层结构，分别是：面向客户（C 端）的前端、面向运营管理（B 端）的后台、面向底层的数据服务。底层数据服务需要支撑：明信片图片刷新、明信片页面的加载顺序、明信片的分发逻辑等。如图 2.7 显示的三者关系。

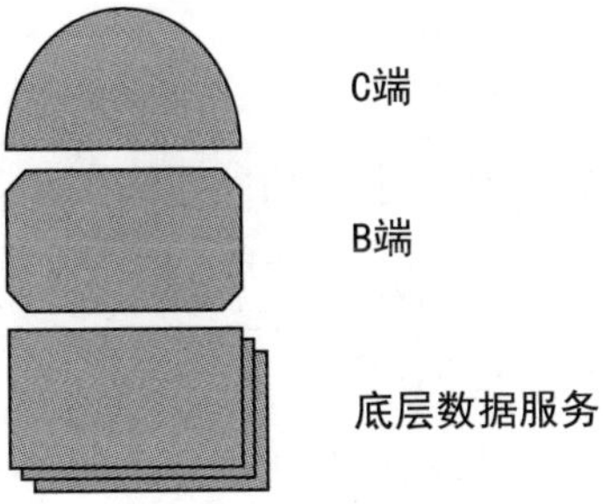

图 2.7　三层结构的关系

用 MVP 产品策划方法去做这款明信片小程序 1.0，我思考了三个问题：什么是当前最需要的？什么是当前可不要的？怎样做能使当前成本最低？

和产品团队沟通后，明确了当前的内容与用户数较少，决定用固定内容模板的明信片先验证明信片的商业转化。最终团队的决定是首先减少配置化模块，其次是选择可复用的技术框架（复用可以减少开发）。

我们在功能设计上用 MVP 设计方法，在运营也用 MVP 方法，用最低的资源成本以期达到最好的效果。下面以 MVP 在该明信片上运营的案例加以说明。

产品上线冷启动时是没有足够的内容展现给用户的，用人工填充内容的方式直接让后台导入数据库，形成固定模板，会比建立内容管理、功能管理模块更快。人工填充内容既减少了开发工作，也避免开发 RABC（Role-Based Access Control, 基于角色的访问控制）权限管理。如图 2.8 后台产品框架标识的一级导航列表显示的是需要人工填充的内容三个状态。

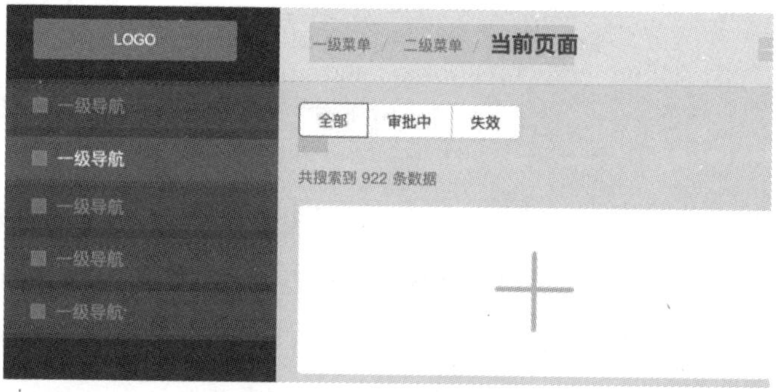

图 2.8　后台产品框架

上面的案例是明信片的后台管理框架，不同的明信片版块在后台以导航栏形式用 tab 间隔。比如，在后台默认进入功能 tab 给运营管理者提供创建明信片、明信片内容配置的快捷入口，减少运营管理者的工作量。

案例 2：PMTalk 的体验报告 MVP 案例

在 PMTalk 搭建初期，由于开发资源有限，我们也不得不选择使用 MVP 做产品 1.0。我们采取如图 2.9 的四步骤策略，降低了做产品前的风险。

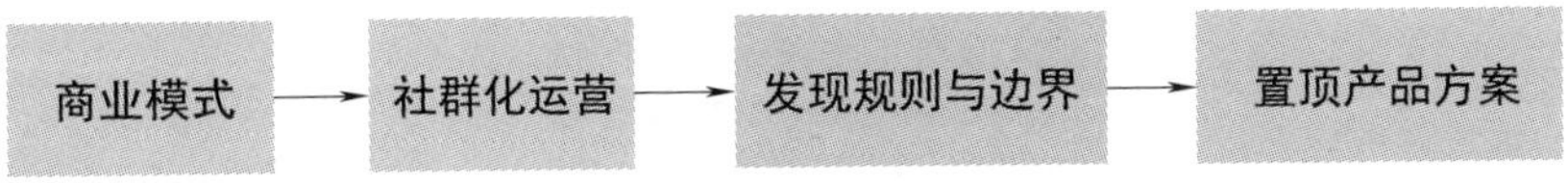

图 2.9 风险策略

PMTalk 社区一直在使用 MVP 策略进行我们的商业化探索。每一次产品功能的引入，都是在社群中先用运营跑起业务模式，反复迭代用户路径、说话的艺术、海报、流转路径，再对比数据，有了不错的环比增长后，才会考虑介入需求调研，最后才是产品化。

上面四个步骤有好的结果是因为业务的 MVP 模式已经在微信社群上跑通了，基本确定了用户在产品上的体验反馈是正向的，有足够的留存。

最刚开始建立社区时，我发起了快速体验的一款 App 的活动。发起这个的原因首先是我在工作中有查找竞品的需求，我会去寻找类似的产品研究；其次就是在产品新人时期，我也有兴趣通过拆解体验报告提升自己的专业能力（前面在 1.4 我有提过撰写一份体验报告是一个产品经理的基本能力）。

最早这部分内容是在其他非社区产品上发现的，这一趣味话题性内容如图 2.10 体验报告所展示的。

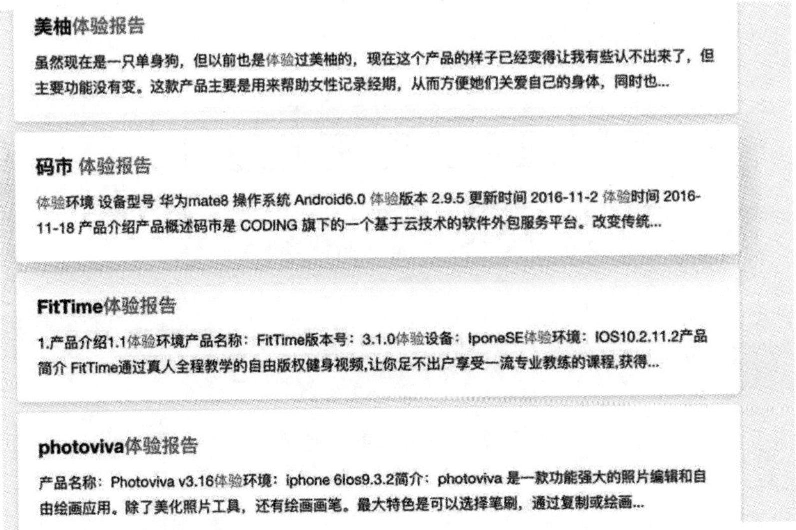

图 2.10 体验报告

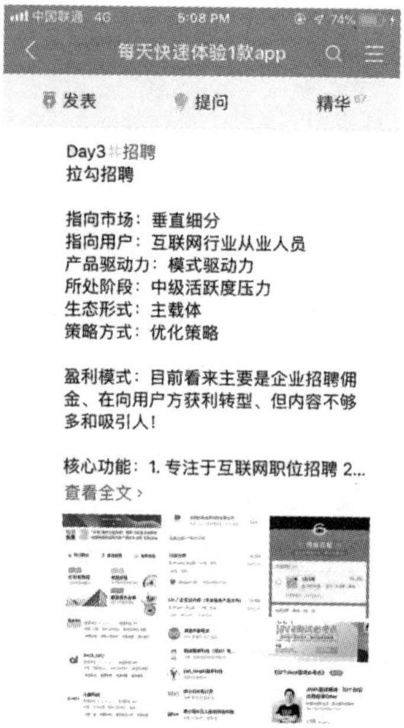

图 2.11　体验报告案例：社区

快速体验社区提供给用户的是每天拆解一款 App 的体验，围绕着交互设计、商业模式、产品定位等几个维度做应用拆解。在社区运营 5 个月后，有足够冷启动用户付费和归纳了内容规律后，我们形成了一套较为清晰的商业模式——体验报告为基础的会员内容知识付费。

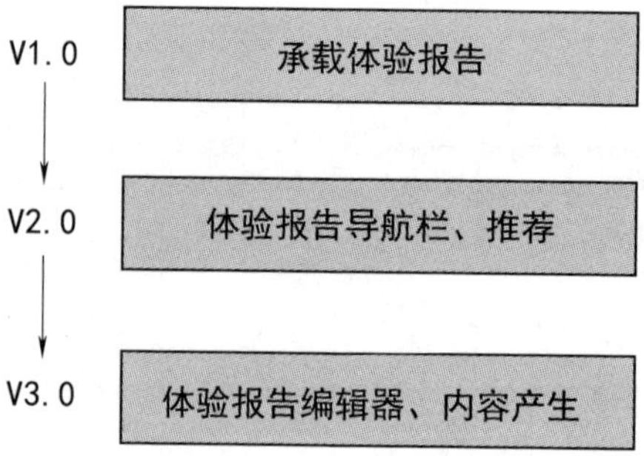

图 2.12　体验报告功能模块设计

如图 2.12 是体验报告功能模块，因开发资源的问题，本来图 2.12 的 1.0、2.0、3.0 是可以并行的，却因为优先级我们选择了 2.0、3.0。

产品上线后，产品产生的北极星数据会推着团队走进迭代。在这个案例中，MVP 的方法是最节省资源，却能使业务发展最大化的产品设计方式。

通过图 2.12 所示的三个步骤，我们基本把一个产品的北极星指标——体验报告生成数定下来了，接下来就是要确定在哪个端“生长”。

移动端有天然的社交优势、流量入口优势、移动支付优势，而且非常快；PC 端的内容消费和版本迭代更容易，生命力会更持久，用户可以得到全面的内容创作场景。

在研发时，要杜绝用 MVP 的方法去做“闭门造车”的研发，这就要求团队一边开发一边探索业务模式。流程会如图 2.13 所示，选择开源系统是一个好的研发方式。

图 2.13 产品上线

PMTalk 选择开源，是因为开源可以最快地把商业模式提供给用户，让用户参与验证。用户如果不买单，马上更换其他开源项目，在这样的情况下，调整业务方向是可以的。比如在 PC 上开源的 Wordpress 与 WeCenter。图 2.14 显示的就是 WeCenter 的开源项目。

图 2.14 WeCenter 开源系统

回过头来看，你会发现很多“闭门造车”的产品，都不如先做 MVP，然后不断修正自己的主业务，这样更容易出爆款。

2.1.3　1.0 产品的“用户体验”

用户体验：用户体验是用户在使用产品过程中建立起来的一种纯主观感受。但是对于一个界定明确的用户群体来讲，其用户体验的共性是能够经由良好设计实验来认识到的。

提到用户体验，就要说明体验基础下的场景和角色。

什么是场景？互联网产品的场景指的是用户在某个空间、时间下，与产品产生了交互。交互可以是语言、声音、触觉，同时用户要有感情，不是冷冰冰的。

什么是“角色”？作为用户体验的核心要素之一，角色决定了用户的基本需求，比如医生在问诊场景会更关注病人的感冒症状；银行职员在客户办理服务场景更加关注用户的真实信息和客户银行的账户数据。

用户体验就是要围绕场景、角色展开的产品底层工作。

案例：知乎的用户体验

在这里我们举出知乎的用户体验案例，便于读者理解。

在知乎上关注的问题有回答后，直接以按钮颜色区分状态（深色、浅色），而且鼠标在按钮上的移动也会给予对应的响应。在 CSS(Cascading Style Sheets, 层叠样式表) 上针对交互分类可以识别：未访问的链接、已访问的链接、鼠标移动到链接上、选定的链接四类效果。

知乎在内容载入的等待时间上，选择了合适的交互动画过渡，这是有效的方式。如，在知乎点击评论，因为内容有折叠，拉出需要有载入的时间，而通过交互动画避免了较差的用户体验。

图 2.15　知乎按钮点击交互

同样，知乎页面在扩展后的连接性上也遵循了“场景”。比如，用户在点击“评论”后，会有下拉弹出，输入框默认聚焦在评论框上。评论框在失去聚焦后，就会取消表情包的输入结构。

点赞后、评论后不仅按钮中的文案、数字有变化，按钮本身也有对应的变化，可见每一次点击都是触发了其他控件甚至是页面的联动。

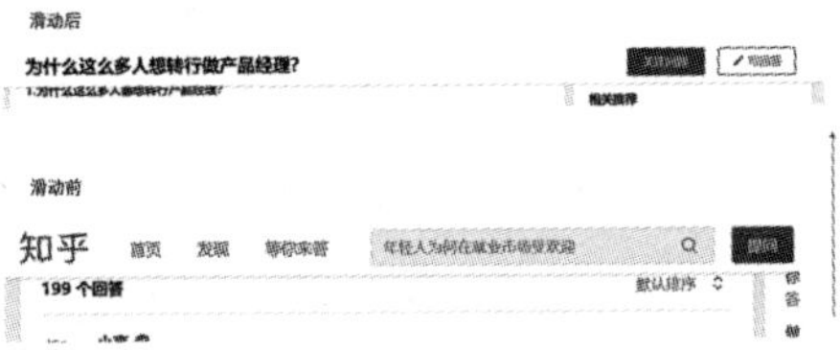

图 2.16 知乎导航栏切换问题标题

在知乎中，随着用户的浏览行为（滑动鼠标滚轮或页面下移）标题会自动展开，方便用户聚焦在具体内容上。问题描述、标题与内容关联起来，用户可以随时知道自己在看什么。如果对该内容产生了兴趣，可以直接通过新的交互按钮点击【关注问题】【写回答】。

用字体区分社区中的内容，是因为视觉样式可以影响用户聚焦在不同的内容层级上。比如，知乎中问题描述、用户的描述都是采取浅灰色字体和单行排版，这样会让内容有层次感，也能让用户清楚地知道操作区域的主次性。

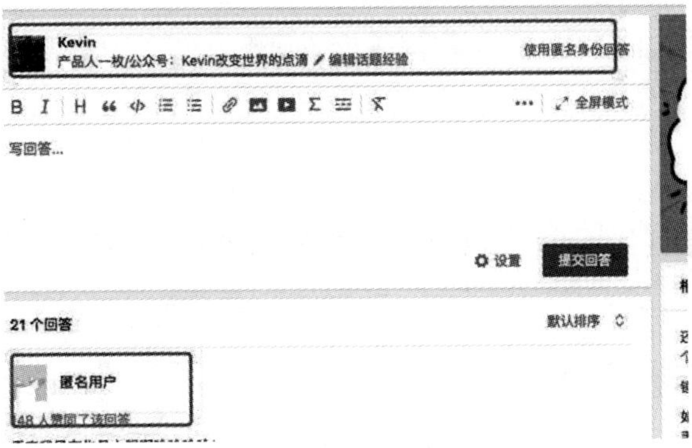

图 2.17 知乎的输入文案

前面我们说过 MVP，可用户体验往往和 MVP 是矛盾的。做好用户体验意味着要花时间和人力资源在开发环节、设计环节精雕细琢，所以在产品 1.0 时，要权衡“用户体验”的实现成本和商业价值。作为一个社区产品，如果知乎在开始时就考虑到每一步的细节，那就没有今天的知乎了。知乎在冷启动期间更关注的是内容上的“用户体验”。

知乎是一个沉淀问答内容的社区，在社区提问没有被回答的时候，如何尽可能地让用户产生回答的欲望，或提高回答编写的效率，是最需要考虑的一环。

知乎细腻的角色处理，极大提升了产品的用户体验。比如，在知乎回答场景中，存在三个角色：提问者、回答者、游客，三个角色的需求肯定是不同的。围绕这三个角色创业者要考虑：

对于提问者加入邀请回答的机制；对于回答者提供高效的输入编辑器，比如知乎允许用户微信文章的图片粘贴复制等；对于游客提供相关提问，方便阅读者遍历问题相近的疑惑。

当社区问答存在过多用户内容后，创业者可以通过算法排序。比如用评论、点赞等纬度来筛选出优质内容，把低质量内容降权。另外知乎还通过交互的方式结合具体情况来突出重点内容。

图 2.18 知乎折叠

知乎通过折叠（图 2.18）其他回答（非排名第一），将排名第一的内容展开。当用户浏览后认为内容足够有趣味，就会展开查看其他的回答。一个巧妙的折叠交互设计，让优质的回答得到足够的曝光。

在知乎社区中，用户的每个操作除了用按钮来表示，用 toast(消息提示框) 也是一种有效的表示方式。但要注意区分，什么状态的用户用 toast，什么状态下用按钮。

创业者在梳理 toast 的时候建议以状态来区分，而不是以场景来区分。

状态区分为：

普通提示、 成功提示、失败提示、超时提示、异常提示……

场景区分为：

回答成功、发布成功、评论成功……

以状态区分，设计不同的 UI 后，再落地到场景文案的修改即可——这也是一个小技巧，如知乎对于账户的异常提示。

图 2.19 知乎的提醒

在内容加载的等待时间上，提供给用户合适的交互动画过渡是提升用户体验的好方法。如知乎中多条回答会形成折叠，需要提示用户点击展开，增加了用户对答案的关注聚焦，不易受其他答案的影响。还有知乎在问答的点赞上通过不同颜色和文案标记用户与内容的交互行为，降低了用户认知和记忆成本，提升了用户体验。如图 2.20 知乎点赞。

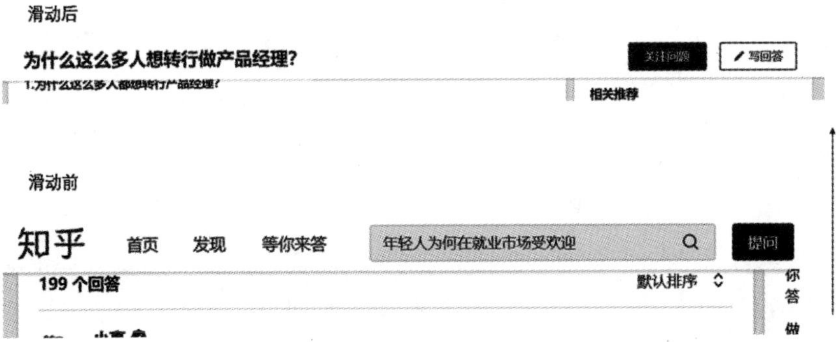

图 2.20 知乎点赞

知乎的用户体验迭代是经历了无数个版本累积的，如果知乎在刚开始每一步都做到这么细致，那就需要花费更多的时间和资源。尤其是在屏幕较大的 Web 端，做到极致的体验，创业者要花大量的测试和调整时间，同时要操作每一个功能入口、按钮、浏览每一种数据类型在各种状态下的结果。

但知乎是以问答为主的内容社区，显然内容的丰富和内容好坏更加重要。因此此类社区型的创业者要思考：提问没有被回答的时候，如何使产品在设计上帮助用户产生回答的欲望，以增加回答率或提高答案编写效率。

2.1.4 21 条产品设计准则

做 1.0 产品除了站在用户思考产品的 MVP 外，还要知道一款产品在研发中的简单规则，这里我归纳了 21 条，方便创业者参考。

1. 不要在没有流程图之前就开始设计或者画线框图

即便是一个简单的 App 也要有一个思虑周全的流程图，以确保 App 有合乎逻辑的、合理的导航结构。另一点值得关注的是，确保核心功能所在的屏幕位于上层而不是被埋没在多层导航元素之下。跳过流程图直接进入开发会让开发变得复杂、不可控，很容易让用户迷茫，最后可能会选择关掉或者卸载你的 App。

2. 分工要明确不要忽略功能

设计师创建的每一个细节都要经过开发者才能变得活灵活现，花几个小时做出的简单设计和花几天时间做出的设计更改，对 App 功能的影响是截然不同的。还有，设计不能命令功能。比如，一个计划好的 App 可能有一个搜索框，而设计师预想的是一个产生实时结果的键入搜索，但设计师不能是做这个重大决定的唯一决策人。

3. 不要随意使用介绍动画

用户首次打开 App 的时候，出现一个动画介绍是个不错的想法，但不能太过火了。因为这些介绍动画延迟了用户接触 App 的时间。如果你打算使用介绍动画，那就要让动画时间尽可能短，设计尽可能精细以及足够吸引人，值得用户花费时间等待。App 加载过程中会先展现图片，再过渡至动画。要确保这个过渡是平滑的，贴切、自然的。有的 App 从加载图片过渡至介绍动画设计得非常蹩脚，这就很无趣了。

4. 别让用户空等

App 加载时间过长很容易让用户以为出现了什么故障，也会带来糟糕的用户体验。App 加载的时候不要让用户看到空白的屏幕，可以使用加载指示条或者小动画让用户知道 App 处于正常运行当中。当然，加入一个加载进度指示条是最佳选择。

5. 不要不可点击的效果

一般按钮会有四态，不可点击效果、可点击效果、聚焦状态、按下状态。如果你的按钮此时处于不可用状态，那么一定要灰掉，或者拿掉按钮，否则会给用户误导。

6. 菜单层次不能太深

菜单项以 5~7 个为宜，如果有二级菜单，就要注意合理的菜单分类，不能有太多层级的菜单，否则很难预期，也很难找到，因为寻找和返回都会变得很麻烦。

7. 文字长度要加以限制

App 界面很小，寸土寸金，一页只能显示 6~10 个列表，一行只能显示 10~16 个字，标题栏的字数以 5 个以内为宜，标签栏也以 2~3 个为宜。若文字过长，一定要定义一下处理方式，如果是选择型的，一般是截断或者打点缩略；如果是内容阅读型的，可以折行。但最合理的方式还是精简文字内容，缩短文字长度。

8. 文字表意要明确

由于 App 是碎片时间、片段式阅读，App 界面上的文字表意性要求更高、更苛刻，一定要在用户瞟到的瞬间，准确地传达信息。除了表意清晰之外，还要求语言精简，一定不能啰唆；使用用户语言而不是程序语言；文案体现产品性格。

9. 交互流程的分支不能太多

做交互的时候一定要有一个任务流程的概念贯穿始终，用户是为了完成某个任务而使用软件的，交互设计师除了关注界面元素、跳转逻辑和交互反馈之外，还要关注用户任务，分清主要任务和次要任务，给主要任务一个畅通无阻的清晰流程，不要给予太多可能的分支，干扰主要流程。

10. 相关的选项不能离得太远

相关选项一定要具有操作上的延续性，虽然 App 屏幕看起来比电脑屏幕要小得多，但是App在屏幕上移动的代价要比鼠标在电脑上移动的代价大得多。如果手机上相关选项离得很远，用户一是容易迷失，找不到下一步操作；二是需要移动手指，到屏幕另一端触发操作。

11. 不要一次载入太多的数据

流量、电量、速度和稳定性是App产品的四个硬指标，如果你的应用不能合理地帮助用户节约流量、电量，提升浏览速度和浏览体验，保证应用的稳定性能，就不要谈什么用户体验。你可以利用预加载缓存、批量载入、动态刷新、服务端数据压缩等方式来保证省、快、稳的基础体验。

12. 按钮可点击范围不能比看起来小

我们都知道移动端有个神奇的数字“44”，根据食指最小点触距离7mm、拇指最小点触距离9mm，可以推导出做设计的时候，最小的点触距离是44×32像素。你可以设计一个精美的小图标，但是在定义它的点触大小的时候，就要做放大处理。你千万不要设计一个傻大的图标，点触范围却比图标要小，这样会让用户有明显的误操作挫败感。

13. 标签页跟内容要有从属关系

标签页跟内容要有很好的联动关系，一般一个界面内有二级标签就足够复杂了，千万不要再有三级标签、四级标签。每个标签页都有自己特有的内容，当切换标签的时候，内容跟着切换。标签页如果是点击切换，内容部分可以整体刷新，标签页如果是滑动切换，内容页也要跟着滑动切换，千万不要一个点、一个滑。

14. 不要把所有的操作都暴露出来

App产品交互设计要经历缩减、隐藏、附加、组织的过程，千万不要试图把什么功能、什么操作都暴露出来，以彰显强大。你需要把自己应用的所有功能、所有操作做个优先级设定，那些常用的20%的功能，放在界面的主要位置上，其他80%的操作，放在次要位置或合理归类组织后，隐藏起来就可以了。

15. 避免出现空数据界面

在做设计的时候，一般是提供理想化的场景——用户都已经进来了，我们怎么玩。但是，往往应用刚推出的时候，是没有用户的；或者是当应用有了一定用户基础，新进来的用户打开应用的时候，仍然可能是一种没有数据的状态；再或者用户清除了全部数据。在这三种情况下，用户都可能遇到空数据的界面。新手设计师往往不加设计，这时候用户就会看到一个空白界面，茫然无措。有经验的做法就是提供一个情感化的界面，告诉用户当前没有内容；更具引导性的做法就是引导用户去执行操作。

16. 用户引导不能滥用

2017 年我就预言用户引导将要泛滥，很明显设计部门都喜欢用漂亮的引导界面告诉用户新增的功能或隐藏的应用，但不是所有的应用、所有的功能都需要花哨的引导。如果是通用的功能、非重点的模块，根本就不需要引导；如果是功能告知，只需要轻量级的引导；如果是版本更新说明，说明书式的引导可以采用，但是要言简意赅。

17. 提供加载中状态

App 产品只要是需要联网，需要交换数据，都要提供一个加载中状态，无论是菊花转还是消息提示或者是对话框，你需要给开发人员一个全局的定义，并且要告知加载中是模态（前端加载）的还是非模态的（后台加载），且要考虑如果加载时间过长、网络开关没有打开、网络不通等情况该怎么去处理。

18. 要定义 Back（退格）的逻辑

在为 Android（安卓）系统做设计的时候，会涉及硬件交互，其中 Back 键的使用，是一门学问。Android 官方有一些指导原则可以借鉴，但是具体开发的时候，还是会有很多特殊情况，比如单一实例的替换、键盘及一些中间状态，这种情况下，Back 键可能需要定义一下，是该回到前一个实例（那就需要变成多实例了）还是该回到初始状态（清空输入内容或恢复初始状态）。

19. 要有横屏模式的设计

由于横屏模式下，纵向空间变得格外宝贵，导航栏、标签栏、键盘都需要被压扁，横屏模式一定要考虑是简单拉伸适配还是重新设计，如果你的应用不适合在横屏模式下使用，就屏蔽横屏，如果你的应用包括应用 Widget（Web widget，简称 Widget，微件）需要支持横屏模式（甚至是带侧滑键盘的横屏机器），就需要提供横屏设计方案。

20. 不要忘记手势但也不要滥用手势

不是每个元素都是可视化的，比如 iPhone Mail App 的删除进程，在收件箱内，用户可以猛击屏幕显示删除按钮，而不用点击“编辑”，选择信息然后再删除。不过，也不能说“编辑”菜单一点用处都没有，不知道快捷操作的用户还是需要的，而用户还可以通过“编辑”菜单一次性标注多条信息 / 邮件。

21. 不要觉得每个用户有着跟你一样的 App 使用方式

可用性测试是必须的，不管你的 App 看起来多么好，一定要找值得信任的人（或者有经验的设计师）小范围封闭测试，在公开发布之前更新一下界面。另一个简单易行的获得用户反馈的方法是在分类网站张贴广告，招募合适的人做焦点小组测试。

2.2 1.0 产品的“流量入口”

2019 年微信用户日活超过 10 亿，创业者在微信生态做产品的流量入口是一个明智的选择。因为微信的流量都是以用户计算，恰恰用户就是个人号，再以此链接到社区；个人到小程序；个人到服务号；个人到订阅号等。

从个人号的角度看，流量的入口也分两类。

1. 私密的传播

比如社区的消息推送、个人号与好友的消息聊天，在没有授权下，是不会产生转发和大量的外部浏览的。

2. 公开的传播

朋友圈发图，公众号的评论留言，公开的转发和浏览区都是传播的区域。

抓住流量的两个特点，你就会发现私密性的微信个人号的电商运营和付费转化率最高。如果你有 5 000 个好友并且超过 70% 好友与你是同行，那该个人号就已经有足够的流量入口，可以构建一个“商铺”。

这样的用户转化是因为个人号所形成的身份效应，用户信任你才会加入你的圈子，进而付费你的圈子，你私发消息邀请以及发布介绍产品，你的圈里人会有出于信任原因选择购买。如图 2.21 个人号私发拉取微信流量。

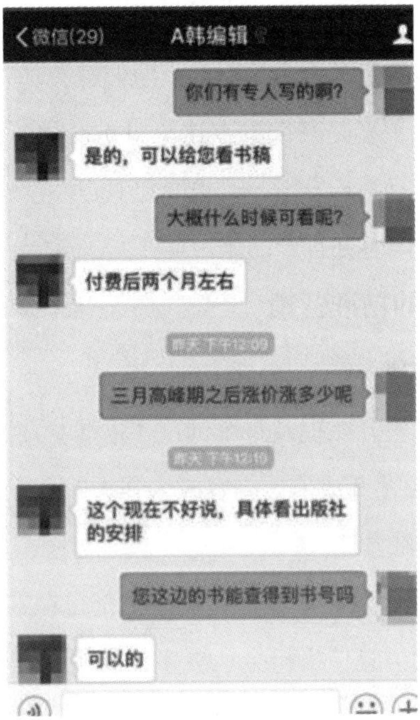

图 2.21　个人号私发拉取微信流量

朋友圈的流量入口是公开的，覆盖的是用户全量。个人号的朋友圈内容，是可以覆盖自己好友全量。如果你有超过 4 000 个好友的微信个人号，虽然朋友圈会有折叠展示，但数据依然可观。一个朋友圈就像一个信息流的广告位，所有好友在朋友圈这一条信息流里能看到你的内容，之后再点对面的扩散。

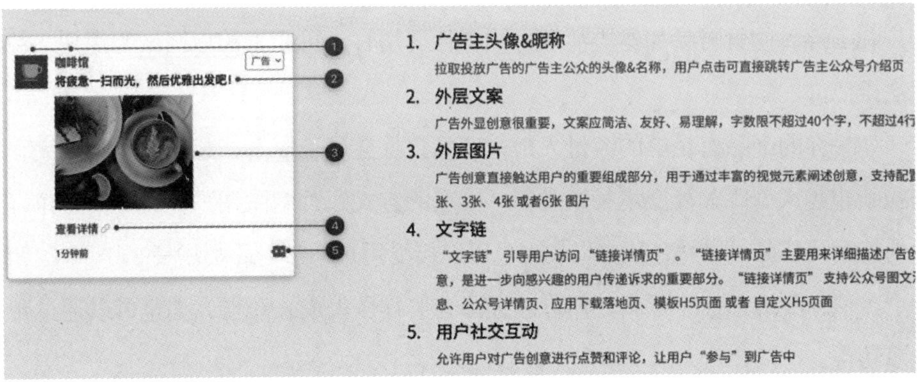

图 2.22　朋友圈广告

如图 2.22 朋友圈转发，拉取微信流量。用户加入并不是因为你的个人号，而是因为这条内容。你的内容满足了用户的需求，他们就会加入。

同时微信社群的存在更多是帮助群主这个身份转化，而作为社群的成员，无法达到传播的效应，只能是将消息发出，这也叫点对点。

朋友圈引导用户传播内容并且产品化。

2.2.1 大数据下的精准营销

1. 精准营销诞生的背景

2017 年，在互联网圈里开始提及一个词："精准营销"，它诞生的背景有四点。

（1）内容的精准引导逐渐成形。内容成为强大的获取精准用户的工具，可以借助内容传播实现企业的精准营销。

（2）用户的使用场景碎片化。我们使用手机都是在零碎的场景下，碎片化场景为移动电商提供更多购物信息传播机会、更多交易机会，但没为移动电商获取用户提供更多入口。

（3）产品的推广渠道媒体化。传统的营销方式对沉淀用户的作用越来越小，需通过新的营销渠道实现用户量的积累。

（4）用户管理大数据化。用户已经形成以社交渠道为入口的购物习惯，利用社交数据分析用户属性、识别用户，可以实现精准定位。

2. 做好精准营销

精准营销，是利用用户数据化，针对相同用户画像，以内容作为链接用户的起点，用户在零碎时间就可参与这类活动。同样社交增长还可积累相似画像的用户，帮助二次推广。

如果你的产品有足够的流量入口，产品数据会显著提高，起点的基数越大、用户拉新也越大。比如社交增长以类似"分享的方式"，刺激用户完成分享、拉好友注册等系列任务。当然，社交增长中也可以接受用户不参与此类增长。

类似：我给你一个福利，你可以选择老实打怪兽成长获得，你也可以通过帮我分享获得。

所以 PMTalk 产品经理社区，前期主要集中在微信做流量入口，我们的产品几乎都在微信里面，包含微信公众号、小程序，还有微信中的H5页面。通过微信关注和社群，转化付费产品。同样因为社群的黏性和私密性，口碑的传播性也得到了很好地维持。

3.精准营销——讲好故事

产品在1.0期间避免不了用户的获取和寻找，我们叫冷启动。冷启动阶段除了上面的流量入口外，还可以采取大数据下的竞争营销，这种营销同样可以快速获取冷启动用户。

我有一个创业朋友，他们公司是做潮鞋品牌的，就是因为采取了广告投放的方式做精准营销，在短短3个月获取了30万的用户。通过上面说的内容和寻找合适的媒体平台，做产品故事。

图2.23 App广告

一个好的产品故事既可以找到用户的需求，也可以让用户对产品产生喜欢。产品或平台有了足够的用户流量，就可以构建大数据。从数据中抽丝剥茧出特定人群，然后做出付费内容的投放，是精准营销最普遍的做法。

2.2.2 用户的自传播

如果说大数据下的精准营销帮助创业者触达第一批用户，但让用户自传播显然才是更重要的。这里就会提及一个关键词：留存率。

用户留存率指的是在互联网行业中，用户在某段时间内开始使用应用，经过一段时间后，仍然继续使用该应用的用户，被认作是留存用户。

不同公司的对留存定义时间不一样。如果是一款喝水工具的App，显然一天喝水的次数不会只有 1 次，用户留存定义为每天打开是比较合理的。但是如果是理财产品，由于该类产品有时间限制，用户不会每天都打开，可能定义三天或一周的留存时间是合理的。

留存率是用户自传播的开始，从 1 个用户指数型扩散到 N 个用户。

一个互联网社区产品的自传播通常会有两种方式。

1. 产品带来的正向口碑

腾讯乘车码就是这类产品。在地铁里刷二维码显然比准备地铁卡方便得多，同时快捷的扫码与支付体验，高效和低门槛使得用户愿意传播，形成了好的口碑。

2.24 腾讯乘车码

2. 利益的驱使

利益驱使很容易理解，用户只要有传播即可获得奖励。不过奖励的规则和传播规则是有条件的。比如邀请 10 个好友，即可获得 100 元现金红包，就会极大提升留存用户的传播。毕竟获得 100 元和传播的成本相比，传播更简单。

现在用户也逐渐变得成熟，就像微信公众号早期都采取地推的方式加关注，现在你在街上很难看到还在用这个方式做增长了。用户利益驱动下，有一个新的词出现——“分销”，这其实也是社交关系的产物。社交关系我会在后面说明。

分销用户的传播是可以返成的，返成的比例和返成涉及的人数，都是在产品中调整的。比如，在三四线城市，可能返成比例达到 30% 用户就会感兴趣；在一线城市，可能要达到 50% 用户才会有兴趣。

2.2.3 分享入口的区别

如今的移动互联网产品丰富多样，想要实现产品的快速传播，就不能够单单靠“分享”按钮刺激用户了，创业者要选择特别的内容，集合用户的利益，才能刺激传播。

由于早期的移动互联网社区产品主要依靠分享进行传播，所以互联网社区产品都会有分享这个功能。但分享也产生了迭代，要求“利益 + 产品内容”做赋能，而这导致了分享也做了区分，即功能性分享和引导分享。

图 2.25 是一个产品两种用户入口的分享方式。

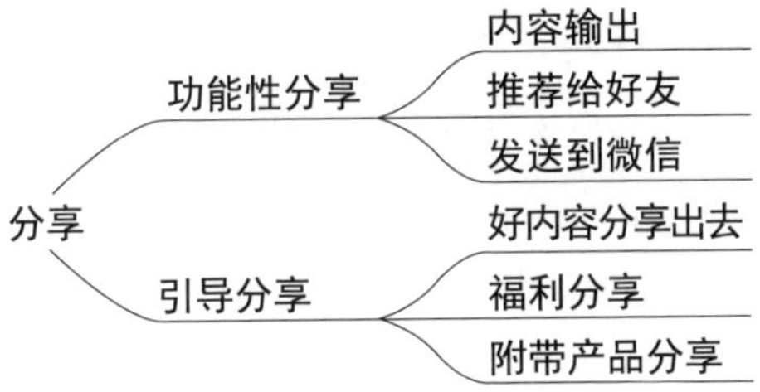

图 2.25 分享的方式

功能性分享指的是在产品中只有一个功能按钮，不加入利益刺激。引导分享指的是用户可以传播给下级，下级再传播更下级的方式，每一级别参与的用户画像相同、目的几乎相同，同时每一级用户加入都会得到红包等不限形式的福利。如图 2.26 漫画的专题列表和漫画详情的“分享按钮”就是一个功能性分享。

图 2.26 社区功能性分享样式

图 2.27 引导分享促成的分销

图 2.27 小程序红包，是一个引导分享的用户入口。现金红包本身是可以刺激用户的，用户只要分享并邀请了一定数量的好友，就可以拿钱。而图 2.26 的漫画分享是没有利益加成，也没有邀请好友数目要求。

引导分享促成分销这类的玩法也属于社交增长的玩法，配套的产品玩法可以是用户用解锁、复活的玩法，获得增值服务，这会在后面讲述。而分享包含直接的分享文案 + 配套的分享海报 /H5。如下面两幅图，图 2.28 是普通分享，图 2.29 是社交增长分享。

图 2.28 普通分享

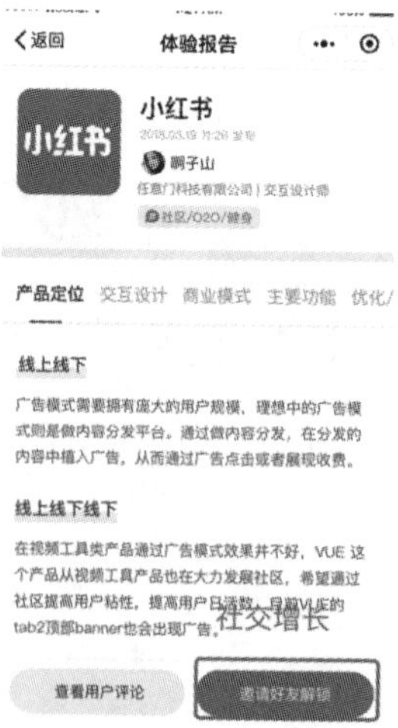

图 2.29 社交增长分享

功能性分享是用户自带主观意志入口，就像我们评判一个事物的美与丑，当能够与自己“共振”，你就会分享。而社交增长是把用户的利益点作为杠杆来撬动新用户，并且时效性短，就像上面的红包提现，不会一直存在这个活动，而漫画的分享是直到产品下线都会有。所以这两种分享的增长函数或曲线，是两个不同的模型。图 2.30 是分享入口的产品增长曲线。

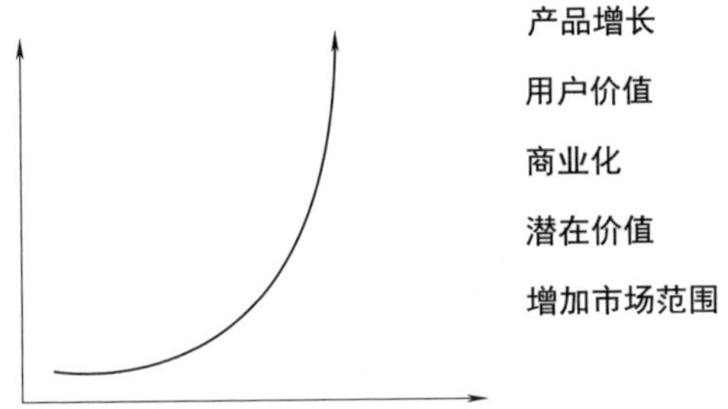

图 2.30 分享入口的产品增长曲线

在 PMTalk 产品经理社区，存在分享社区的文章、评论等，这类分享也是用户的刚需。如果你的产品没有分享到主流社交平台的能力，在互联网社区产品 1.0 阶段就是不合格的产品。因为没有流量，整个产品的增长生命力是非常有限的，如同闭门造车的产品，无法撼动更多的用户加入。

引导分享对于一个互联网产品可有可无，因为它不是一个刚性需求，但引导分享会比功能性分享更能提高产品用户的增长数，从而快速实验商业模式。

结论：两者最大的区别——有没有给用户直接利益。

2.3 产品的分销设计

前面介绍的分享如果涉及用户返现，再结合账户体系与用户上下层级关系链路与绑定，就会形成一种新的社交增长方式——分销。

2.3.1 两种不同类型的分销

分销也有两个分类。

第一类是所有人都可以做的分享：To C（普通消费者）的分销社交增长，叫人人分销。

第二类是某些机构或个人在平台认证后的分销：To B（机构单位）分销社交增长，叫服务商分销或企业机构分销。

1. 人人分销

知识星球是一个知识付费平台，荔枝微课是一个线上课程平台，这两个平台的用户可以通过平台分享付费圈子邀请用户，或分享付费课程邀请新同学报名，即用赚钱的方式引导用户传播，传播者可以是课程老师也可以是听课的学生。两个平台在分销入口上，都会显示分享后的提现收益。如图 2.31 是荔枝微课分销、图 2.32 是知识星球分销。

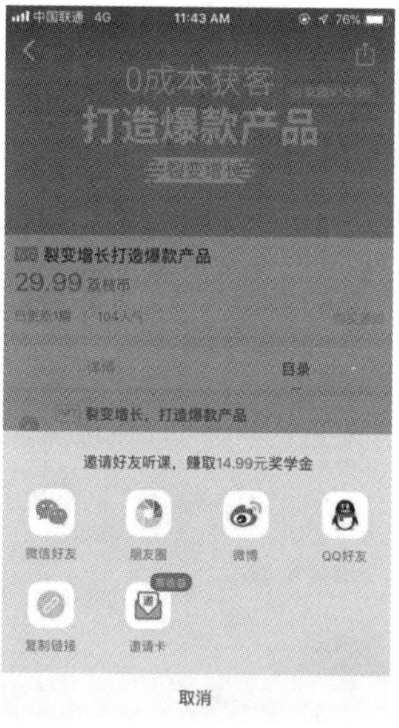

图 2.31　荔枝微课

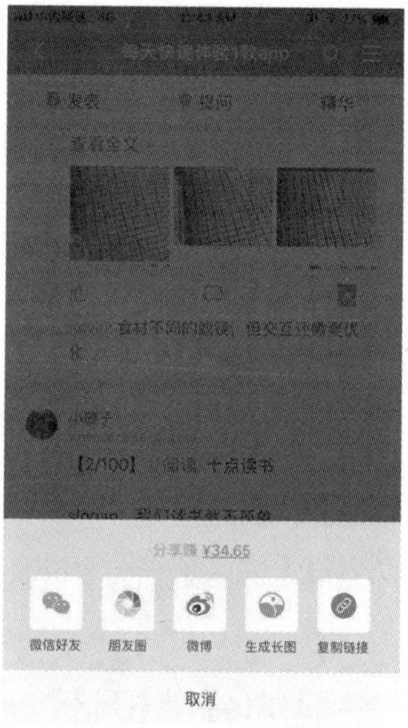

图 2.32　知识星球分销

这样的分销方式是每个人都可以参与的，不管是游客、老师，还是报名学习或已经加入的社群的成员，即人人分销。

2. 服务商分销

面向机构的服务商分销，通过给予高比例返现和工具上的个性服务，帮助他们快速成批量分销。

基于社交关系的分销，无论是实物还是虚拟产品都适用，这类分销类似于建立产品的渠道商、服务商。在虚拟产品上，国内有使用这类机制的如喜马拉雅、樊登读书会知识服务商。图 2.33 是团队分销模式。

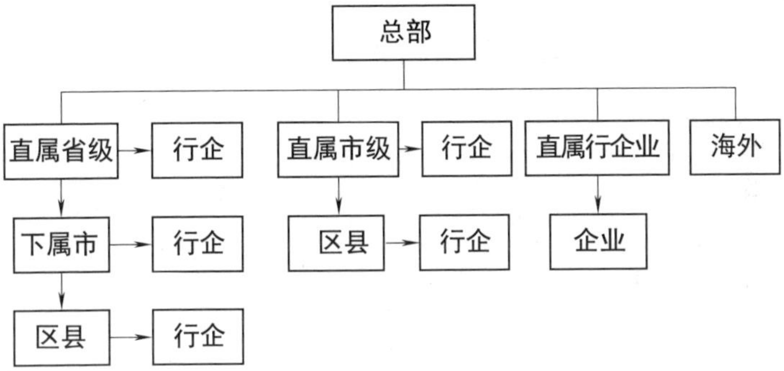

图 2.33 团队分销组织架构

2.3.2 两种不同类型的分销比较

服务商使用平台提供的工具和运营策略，刺激自己的用户产生订单和分享。因为服务商账户可以产生独立可标记的链路，绑定每个订单以及服务商用户关系，产品后台支持查看每个分销商的分销记录，随时监控优质分销商与低质量分销商。如图 2.34 是后台机构管理。

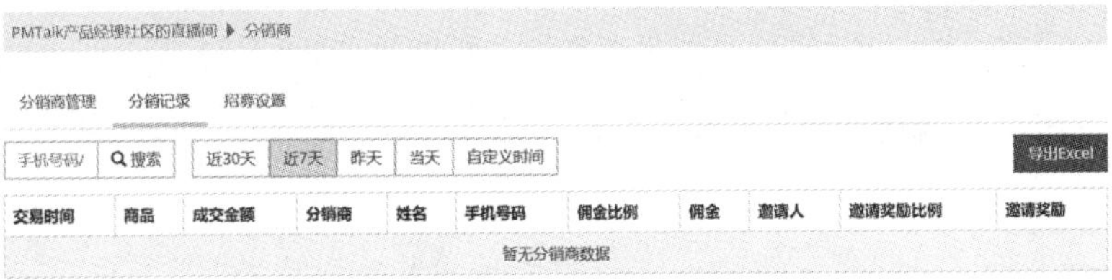

图 2.34 后台机构管理

比如荔枝微课也有这类分销商管理平台，通过平台创建分销商角色，才有权限分销。

如图 2.34 是荔枝微课的分销管理界面，系统分销商在设计中还要有招募的入口，包括招募信息填写与审核。如图 2.35 信息填写。

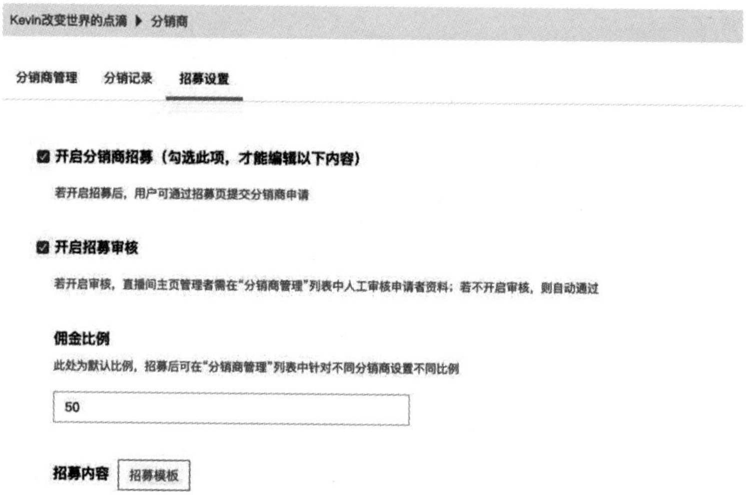

图 2.35　信息填写

与服务分销相比，人人分销的传播增长更大。人人分销依托于社交，人与人的传播门槛低相对渠道商分销成本几乎为 0。因为每个人都可以分享，一旦一个用户沉淀了足够多的用户，使用户 B 成为他的下级，在这套简单的分销机制下，也可以成为二级渠道商。

这也是我们所谓的“微商”，微商的上下关系链是通过几个微信好友组成队，只有一个队长，这个队长就成了产品的渠道商。团队还可以申请平台的高比例分成和营销助理。

分销能引发增长，但是对于创业者来说，需要注意背后风控问题，比如售前的分销团队的培训、售中的数据同步、售后的结算工作都是容易出问题的环节。

◎第 3 章

迭代 2.0 由内到外

构建迭代，不是从现有的产品开始，而是要在产品设计之初，从无到有的时候就要考虑未来的迭代。我们在前面讨论了 MVP，MVP 尤其要应用在业务系统上，因为一个迭代就可能要求革命系统底层架构，而业务系统底层架构最可能要推翻重做。

3.1 用指标找商业模式

现代管理学之父彼得·德鲁克提出用管理促进企业增长，他讲过一句非常经典的话：如果你不能衡量，那么你就不能有效增长。

如果把一款产品看成是一个鱼塘，那么使用产品的用户就是鱼塘里的鱼。鱼塘里的鱼有新增的、活跃的、不活跃的、留存的和流失的，就像是一款产品主要有三种类型的用户：新增用户、活跃用户、留存用户。其中，活跃用户对应的是不活跃用户，留存用户对应的是流失用户。

现实中有无数多个产品，所以就会有很多“鱼塘”，要让自己的产品——鱼塘脱颖而出，必须找到合适的指标来衡量鱼塘里的鱼，从而制定对应的运营策略，才能靠养鱼赚到钱。

下面是一些常用的指标。

对于新增用户使用的指标：日新增用户。

对于活跃用户使用的指标：活跃率。

对于留存用户使用的指标：留存率。

3.1.1 互联网产品的指标

就算存在资本的力量，资本的力量也只能是助推器，资本可以把需要 1 年完成的事情压缩用 3 个月去验证，但不能直接判定企业的优劣。因为不管是 1 年还是 3 个月，一个等待验证的创业项目谁也不知道未来会如何。当然我们要承认互联网比的是速度，谁能更快地做出产品可能谁就是胜利者。

如果能够牢记增长和变现两条北极星指标，企业即使偏离了方向，但也不会偏得太远。

1. 指标与增长

指标是创业者在产品全生命周期重点关注的刻尺。商业模式就像水，而产品形态是一个容器，指标就是判断水走向的利器。

好的指标会帮助企业判断商业模式的正确与否，也能帮助互联网社区产品实现功能的迭代，比如产品需要新增的功能有多个，如何区分优先级，指标就是一个利器。所有的指标都会围绕产品的最终目的：增长和变现。互联网社区产品有了增长，鱼池才会大，有了变现，企业才能活下去。

许多创业者并不重视指标，提到增长，第一反应就是拉新、涨粉。但仔细拆分增长，就会发现增长的背后是若干指标的共同促进。以 PMTalk 为例，内容发帖数、用户停留时间、分项数，还有一线城市的用户人群（画像），这些指标都支撑了 PMTalk 的增长。

2. 搭建基础设施

产品线增长要避免用户的重复，比如微信有服务号、订阅号，服务号、订阅号在微信的定位不同，机制也不同，当然产生内容的方式也不同，所以两个不同的公众号定位需要划清界限。

围绕增长，我们还要注意搭建基础设施。产品的账户体系就是其一，比如产品允许用户通过微信第三方、手机号等多种方式注册。如果没有做去重，就会出现一个真实用户在产品中有多个账户。

用户有多个账户，会让创业者非常头痛。许多互联网社区产品在初期因为考虑产品的成本与维护费用，只会有一个单一的注册方式。可随着用户数与业务扩展，账户体系需要支持多元化的登录方式。如果前期在账户上没有考虑用户去重的问题，后面就会产生用户重复，增长目标就变得颗粒度大。

3. 增长任务拆解

增长是由若干指标组成的，所以创业者需要做增长的任务拆解，以及为任务准备人力。通过增长背后的目标拆解，我们可以有体系化的做相关工作，最终达成目标。

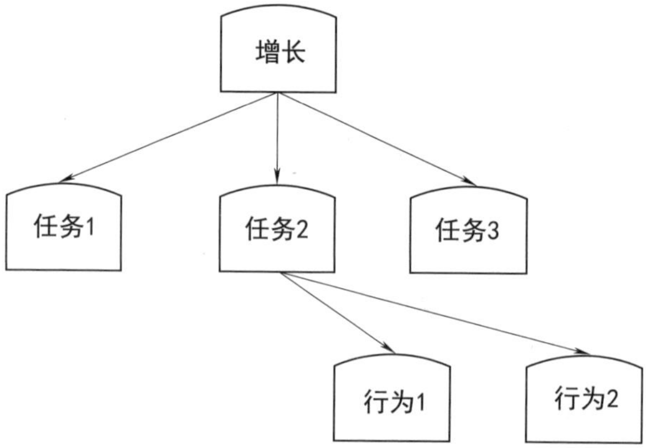

图 3.1 增长任务拆解

4. 流量与增长

增长带来了流量，可是创业者要清楚地知道发展好的商业模式光有流量是不够的。比如“超级课程表”这款产品，用户覆盖超过 2 800 万，可是由于商业模式的不清晰，迟迟没有好的变现能力。

流量的汇集有可能是某一个热点带来的契机，也可能是产品的新玩法、新界面让用户感到新鲜有趣，使产品得到了快速传播。可如果产品不能给用户带来长期价值，用户一定会流失，这个时候数据指标会表现什么状态呢？

产品热度过后，用户留存率逐渐降低。负增长也有可能持续一段时间，最终产品的用户可能完全沉没，产品也昙花一现，还没有来得及搭建商业模式的框架就下架了。

有了指标后，搭建商业模式可以从产品路径、转化漏斗两点着手。

3.1.2 找到用户背后的产品路径

什么是产品路径？简而言之就是用户使用产品的过程。从页面 1 到页面 2，从入口 1 到入口 2，都是路径。用户在产品上的使用路径都要有起点和终点，不同的时间，路径可能不同。

产品路径不一定是要等产品成形后才可以找。产品路径的设计应当前置到设计环节，因为路径其实是对用户使用规律的归纳过程。产品路径可以借助第三方工具，利用第三方工具找到规律后，再进行研发，这样的产品往往更有效。

第 1 个例子

利用微信建群做新用户邀约，用运营来管理社群的公告、成员邀约、信息审核。群主提供服务内容后，可以持续吸引新用户加入。但管理社群的公告、成员邀约、信息审核等这些流程需要不断运营操作。

若群员超过 100 个，都靠人工运营操作的话，成本过高，一般的企业显然是支持不了的。

由于管理社群的公告、成员邀约、信息审核等工作是重复的，一个群主需要把公告、邀约、信息审核做成固定操作，这就是群主的用户路径。为了实现这个用户路径，隐藏的第三方工具——建群宝基于这个“规律”出现了，当然还有其他的类似工具，这类社群管理工具会帮助群主管理员完成群主的公告、拉群、人工审核，这就是典型的工具化产品方式。如图 3.2 是进群宝机器化管理社群。

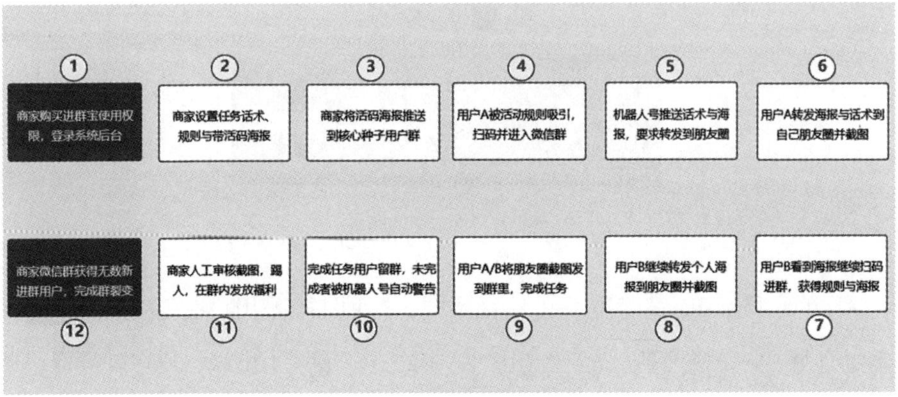

图 3.2 进群宝机器化管理社群

有了这类工具后，群主可以聚焦在社群的内容运营上，通过观察消息内容的不同与用户的反应，寻找运营策略。

由群主到进群宝，就是一个用户路径产品化的过程。

第 2 个例子

2015 年 9 月，拼多多正式上线。2016 年 2 月，拼多多单月成交额破 1 000 万元，付费用户突破 2 000 万。依靠“农村包围城市”的方式，拼多多成了一家新的电商巨头。

拼多多的核心功能：拼团。刺激用户通过组队的方式低价购买商品，提高卖家的交易数量。而这类拼团砍价方式，其实就是我们生活场景中最普通、最常用方式的映射（图 3.3）。

多买一些，单价就少。对卖方来说，卖得多，虽然单品利润少，总盈利却不低。

图 3.3　拼多多的增长

这样的路径跟第一个微信群的路径不同，这种路径是用户在生活中的一种购物规律和消费规则，拼多多只是把它用产品化的方式展现了出来，用户以类似线下拼团的路径去线上购买商品，切中了用户的需求才实现了如此快的增长。

总结一下，产品化的路径：第一是在线上寻找规律，第二是在生活中寻找规律。

3.1.3 可变现的流量漏斗

找到了用户的产品路径，我们上线了产品 1.0，可是这时的用户是不能做付费转化的，因为没有产品变现团队，没有变现团队使得很多产品无法发展壮大，也最终走不远，就像超级课程表虽然 2 800 万用户也面临变现难的问题。

这里要提一个关键词，用户画像。

用户画像最初是应用在电商领域的。在大数据时代背景下，用户的各种信息出现在网络中，将用户的每个具体信息抽象成标签，利用这些标签将用户形象具体化，从而为用户提供有针对性的服务就是用户画像。

一个产品一定会有对应的用户画像。就像 PMTalk 所映射的用户是以产品经理为主的互联网从业人员，通过分析用户画像下的年龄、性别、职位、喜好等维度，我们就可以知道什么样的变现方式适合在产品中融入。

有个非常有趣的话题：假设微信收费你会用吗？每个月你愿意为它花多少？这个话题也映射了变现产品背后用户画像的重要性。

这个话题基于微信是一款社交产品。前面提到过马斯洛需求层次理论，社交是一个用户的中层需求，所以即使微信收费，也会有大量的用户付费使用。当然社交需求不是生存需求，付费后会出现用户流失。另外，这类产品的竞争是非常残酷的，一旦付费，用户也会有不少转向其他产品。

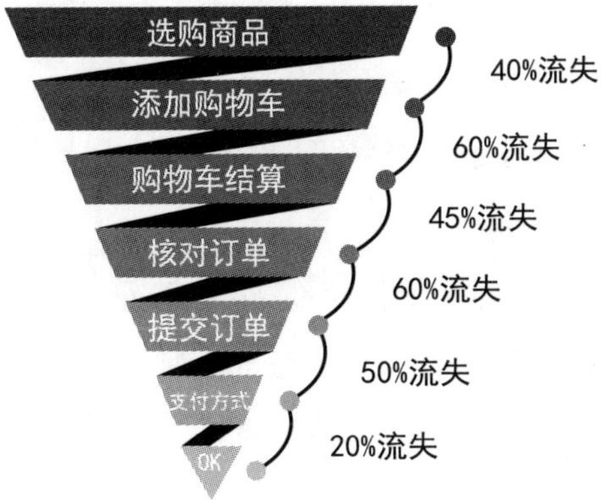

图 3.4　变现漏斗

如图 3.4 是一种典型的在产品的页面转化漏斗。创业者要知道产品对用户有没有价值的第一映像：产品解决了什么用户在什么场景下的什么问题？这个问题够痛吗？

谈到转化漏斗的数据偏低，许多创业团队都会存在过度反思："是不是我的用户体验做得不好？是不是我的产品本身设计太丑？再迭代一版试试？"进而团队可能会进入"用户体验"的循环，反复的损耗开发、设计资源，最后产品商业模式还没有搭建好，就"陨落在创业者的沙滩上"。

3.2 从头开始去革命产品

我在创业路上，一直铭记两个问题：每一个任务能不能有增长？产品能不能变现？

因为我知道一切脱离增长和变现的优化都可能是无用功。能够不自己研发的，一定不要研发，创业者可以要求团队多使用 Excel、Word 或第三方工具来减少研发，节约研发资源。

创业者应该都知道为什么微信在 QQ 全民使用的时代背景下增长并与之抗衡。微信上线后快速抢占市场，对于腾讯的微信，最难的并不是用户拉新，而是让用户把社交关系链迁移到新的社交平台上。

在 QQ 时代，一个用户平均好友在 300+，那么要保证 300+ 的用户跟随自己在微信平台沟通、社交，微信要做的就是让这 300+ 的好友也迁移到微信平台上。

要想做到这一点，除了有力的推广外，还要有更多的策略。仅从产品的角度上说，微信必须要给用户带来强有力的"革命"的功能与体验，才可能完成这样的任务。

以"革命"的产品思维策划产品可以很快拉入用户，并且很容易走上增长黑客的道路。

一款"革命"产品的诞生，绝对不是抄袭竞品。就像当年打败雅虎的不是第二个雅虎，而是谷歌。你和其他平台服务的对象可以是同一类用户，但针对这类用户，针对这类用户的需求，你若提供了一个"革命"的玩法，你成功的机会就大很多。

第一，平台不同所诞生的产品形态不同。就好像微信与 QQ，是移动端与

PC 端的产物。两者都是解决社交通信需求的，提供的是相似的服务，但微信抓住了移动端，很快就成了新的互联网时代社交通信市场的占有者。

第二，新平台带来的机会跟场景相关。因为场景不一样，导致了流量的入口不同，比如在 PC 端时代，流量存在于人们办公的时候链接到互联网；在移动互联网时代，流量的入口在移动端，人们可以随身携带，围绕着“移动”场景，类似跑步、记录打卡等应用就有了新机会。

图 3.5　移动端跑步产品

一款革命的产品，本身不需要什么划时代的意义。我和很多朋友提过“革命”，他们首先想的是有丰富的科学技术、有更加新颖的内容。其实只要给用户高效的价值体验，更快、更便捷即可——这样的产品就可以是“革命”产品。

就像你在街上看到无数的汽车穿梭着，突然一辆兰博基尼停在了路边。相信你会被这个“革命”的作品吸引，你可能还会拿出手机主动拍照。

都是 4 个轮子的汽车，解决的都是出行的问题，但因为这辆兰博基尼提供了另类需求的满足——用户的向往，许多人都立下目标，希望这一生能开上兰博基尼，圆了梦想。这就是产品的“革命”。

有人说这是物以稀为贵，有人说这是更好的体验，有人说这是用户更深度的需求，其实归根结底这就是把需求的产品策划玩法运用到实践当中了。

站在创业者的角度，你会发现大部分你能想到的产品玩法其实已经有过甚至很多人尝试过了。在如今良好的投资环境下、在资本的驱动下，创业者可以招募更多的开发、设计资源，可以快速迭代产品，甚至是从不同方向去做。但在资金紧张的情况下，唯一可以做的就是找到一个可行、有效的新的方案去承载需求。一个“革命”的产品策划方案，可能只是一个版本迭代。如同下面两个不同产品方案在同样的需求下可能会带来不同机会。

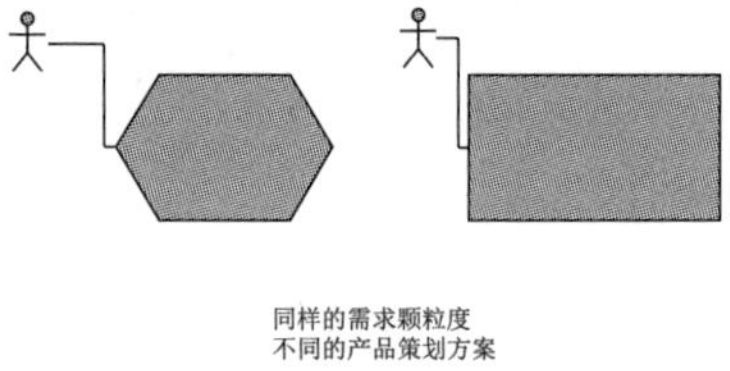

图 3.6 不同产品方案

迭代产品本身还是会依照业务框架继续向前，但“革命”产品就要有勇气给产品带来新的功能甚至是新业务变革。

“革命”产品可以从头开始，也可以对现有的产品开刀。我们可以看看知识付费产品的“革命”。

图 3.7 线上课程

知识付费教育从以面对面线下教学为主，到线上录播，再到线上直播，进而无数课程平台上线，到现在微信生态下的移动端语音微信消息直播课程，经历了无数迭代“革命”。

图 3.8 语音直播

都是课程教学，产品的形态却发生了翻天覆地的变化，最后活下来的是最契合时代的场景教学方式。

上面视频课程和音频课程是不同产品吗？其实不是，他们只是相同产品的不同形态，正是因为革命了产品的形态，满足不同用户的学习方式，从而快速获取了流量，保持了拉新。

用户的需求虽然一致，但如果你的产品有更好的体验，更高效、更快捷的方式，他们一定会选择你的产品。解决了用户需求的产品，才是一个好产品。

3.3 构建产品的内容引擎

内容产品包括资讯、新闻、一般社区、视频社区。内容是可以跨越时间的，时间的流逝并不会导致内容的衰减。内容可以由少到多，从短到长。不少内容因为经过时间的检验，价值逐渐增加，这样的产品就像酿酒一样，会越来越香，并且让人越发着迷。

PMTalk 是做面向用户的产品，一款社区产品需要以内容价值来服务用户，但市面上有数不过来的内容社区，如何让用户选择我们？如何让用户停留在我们的产品上？这是我们一直在思考的问题。

刚开始我们尝试着建立垂直社区，以社区内容垂直化、精细化的模式运营，细水长流，希望有一天可以有不错的口碑。不久后就发现，内容型产品光靠社区沉淀还不够，还需要时间。每天花了许多时间在内容的整理、内容的编排上，效果却很难在数据上体现——每天的数据量都停留在几千 UV。

后来，我们想，既然已经有如此多的优秀内容，为什么我们还要继续做这样的内容生产平台？于是我们决定做一个创业者版块，把海量优秀的内容聚合在一起，让用户知道这里有他需要的海量互联网内容，进而帮助用户挑选内容。

我们通过技术驱动方式，在做了版权等规避外，进行内容聚合的路径探索，用户在 PMTalk 创业者社区就是阅读内容、消费内容，至于内容的本身在哪里，就不用用户去操心了，我们让内容回归到内容本身去。

我们把海量的公众号、知乎、简书等内容版块聚合，上线第一天就惊奇地发现数据翻倍，用户的访问破万。

作为一个面向创业者人群的社区，PMTalk 有了日常的专栏、问答。但我们仍然在思考一个问题：以创业者为代表的互联网人还有没有一些更深度的内容需求？

内容的生产与维护、内容的定性是需要创业者制定的。针对内容产品，有两个问题是需要集中解决的：第一是系统优质内容的分发问题；第二是寻找优质用户产生优质内容问题。第一条与第二条互为基础，才可以构建内容生态。

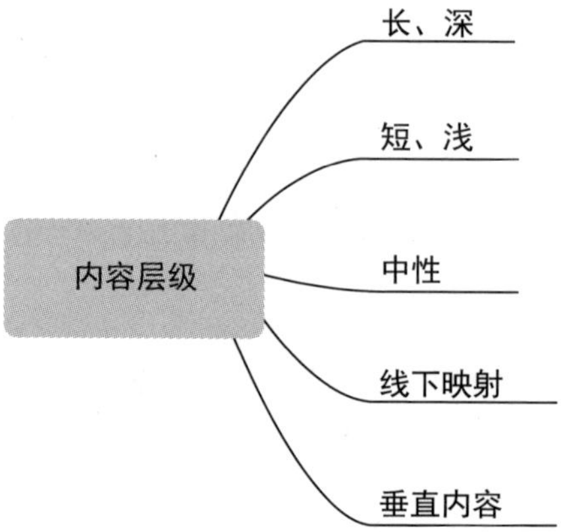

图 3.9　内容的五个层级

在 PMTalk 社区打造期间，我们围绕的是五个层级（图 3.9）打造内容生态。

第一类：长、深内容

对作者与 KOL（Key Opinion Leader, 关键意见领袖）类的内容，我们采取专栏的方式引入，这类内容的长度和深度都是社区最大值。

第二类：短、浅内容

我们希望能够构建一些短、较浅的内容。社区曾经上线过的“吐槽”板块，希望成为“吐槽”内容的承载体。互联网圈子里好玩的、有趣的甚至是公司爆料吐槽都会在这里。如图 3.10 掘金的吐槽版块同样也是“吐槽”内容的承载体。

图 3.10 掘金吐槽

第三类：中性内容

内容的长度并不能决定内容的价值，有的内容可能属于有深度的但也属于娱乐性的，这样的内容我们定位为中性内容。例如问答这样的内容类型，我们很难保证用户的问答内容是第一类的还是第二类的，所以就把这样的内容归为中性内容。

图 3.11 问答版块

中性内容对应的运营策略要有引导性，鼓励用户产生 PMTalk 产品、运营、设计等话题问答内容，尽量避免产生非这类主题的问答。

第四类：线下映射

PMTalk 社区还做一些线下活动。线下活动包含活动报名、活动的图片直播等，这样的内容承载在社区上，可以让用户直接从线上关注线下的产品活动。这类线下内容，可以增加社区的亲近感。

第五类：垂直内容

PMTalk 社区的使用人群是以产品经理为主的互联网从业者，我们开设了"快速体验 1 款 App"的版块（体验报告我会在后面的章节详细说明），这个版块用垂直内容展现给目标人群，互联网产品经理、从业人员才会看。不同于专栏，这类的内容非常垂直和特别，适合互联网从业者阅读。虽然专业但文章的内容范围很广，可以建立有力的内容引擎——有了垂直和独特的内容，用户才会留下来。

内容是一种价值，若社区产品没有内容的产生，就无从谈增加产品的黏性，因此创业者需要聚焦打造一个社区的"内容引擎"。

内容引擎的打造需要创业者协同团队的产品部门、运营部门一起努力，去发现和探索内容的规律。比如知乎这款产品内容引擎的打造就非常精准，前期通过邀请 KOL 加入和引导高质量内容，同时设定内容的规范和模板，最终搭建出了健康的问答氛围，就像刚开始知乎的某大 V 说："在这个社区里回答，一言一行必须谨慎，否则就坏了这锅汤。"内容引擎会帮助创业者建立内容的发布基调：你不好好产生内容，你的言论就不应该存在社区中。

有了内容生态的建立、内容引擎的推动，一款社区产品才可以算冷启动，当然还有其他构建内容引擎的方式，比如有一种内容引擎就是通过补贴与规则限制的方式构建的，多少赞、多少的内容就会有多少补贴。需要达到什么条件才能产生内容，这也是内容引擎的一种构建方式。

另外一种内容引擎是遵循热点和特定人群搭建。有一个域名地址 996.icu，有很多互联网人访问，因为反映了一线城市互联网从业人员的生存状态，这类人群在一线城市工作时间可能早九晚九，一周工作六天，工作太忙、太累，害怕猝死或进入医院的 ICU 成了这类人群的共感，这个域名得到了这类人群的呼应。

3.4 互联网背后的“鱼和水”

互联网团队经常在夜深人静的时候做新版本发布，选择夜晚是因为这个时间段可以更少影响用户的使用体验。

比如移动端的新版本需要用户安装新的 SDK(Software Development Kit，软件开发工具包)，这类工具包最好不要在白天安装，因为这类安装可能会阻断用户的正常操作。

在发布新版本时，企业通常会通过版本的 AB 测试，来验证和估算新版本有多少新增长、留存提升情况、转化能力的变化。一个产品的版本有小版本也有大版本，小版本每周一版、大版本每个月一版，产品的快速迭代，MVP 是互联网团队必须要抓住的机会。

团队就像是水，产品就像是鱼，两者相依相靠，谁也离不开谁。如果水不好，鱼也养不好，甚至会很快死亡；如果没有鱼，水就是死水。

图 3.12 鱼和水一起共建稳定的企业生态

3.4.1 团队对产品的意义

鱼和水的关系，反映在团队对产品的意义上。

团队对产品迭代很重要，可是团队如果出现两类问题，就会破坏产品的迭代，不仅会降低团队的士气，还会浪费企业的时间和资源。

图 3.13 产品的版本更新

第一类问题，互联网团队会因为版本的不稳定性甚至是发布版本前发现 BUG 过多导致延期发版，这个过程会使团队非常疲惫。新版本既损耗了运营人力，也因为产品不稳定流失了用户。

第二类问题，新版本使用用户的良性增长，大量新用户注册产品，产品出现了高并发或服务资源跟不上的情况。高增长使得之前没有发现的 BUG 暴露出来，BUG 随着增长指数逐渐严重。为了减少用户吐槽、留存用户，团队不仅要投入力量进行修复，还要考虑新版本的迭代计划，双线作战。

上面两类问题，产生的结果是一样的：流失的用户去了竞争对手那里，很可能再也不回来了，这对于互联网公司来说就是一个不小的损失，对于一些小公司甚至可能是毁灭性的。

因为有数据表明，拉一个新用户成本比留住老用户的成本高 3 倍，企业留住老用户显然是更明智的选择。

3.4.2 产品结果导向的团队

鱼和水的关系，还反映在产品的高速增长给团队带来的价值上。

每一个互联网公司都可能在快速的用户涌入后，在资本的推动下融资上市。作为企业员工，是有可能成为下一个百万、千万富翁，这就是互联网企业带来的机会。

抛开上面的产品研发带来的团队问题，要塑造一个健康的团队，打造适合“鱼”生存的水池，一个创业公司的带头人首先要身体力行营造良好的工作氛围。我认为如果自己不能以身作则，就不要要求团队成员或者员工去做“自己都做不到的工作”。

就像腾讯公司在 18 周年庆上给每个正式员工 300 股腾讯股票一样，从团队搭建之初的股权分配到公司运营后的股权激励，创业者要考虑的是你的制度是能让员工长久发展，还是希望团队成员只是把工作当成工作而已?

现在大家最熟悉的是 OKR（Objectives and Key Results，目标与关键成果法）绩效管理方式，从公司到部门再到个人，都尽力去达成公司想要的结果，这个结果的达成并不需要九九六的制度，反而是灵活的工作方式和无压力的态度，更有利于目标的实现。完不成目标的员工自然会有压力，能够完成目标的员工自然就会早下班早回家。

在创业时期，一味强调工作时间、工作强度，而不是结果导向的团队是走不长远的。

互联网创业不容易，因为这条路上倒下的人很多，甚至有人说这条路本身就是失败的，做成功的才是奇迹。我记得有一句话：“永远记住，现在和你在一起的战友是最值得尊敬的战友。”

未来的互联网团队，如果不做增长、商业化闭环，对团队来说可能是死路一条。

3.5 关于“产品”迭代你必须知道的

3.5.1 创业者和产品经理

1.OSS 系统结构下的创业者和产品经理

这里以腾讯医疗碳云智能的案例作一说明。腾讯医疗碳云智能打造后台 SaaS

(Software as a Service，软件服务化) 服务数据可视化，这个系统服务于门店、客服、销售团队、物联网平台四个模块，是我作为产品负责人落地的项目，这里列出 OSS(Operation Support Systems，操作支持系统)规划的情况。OSS 系统如图 3.14 所示。

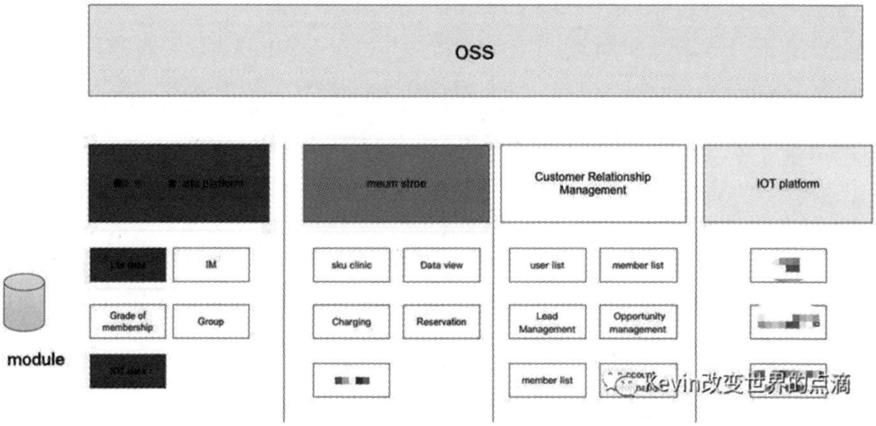

图 3.14　OSS 系统结构

（1）OSS 系统的业务

OSS 系统是全局运营管理后台，整个系统需要强关联业务支持，在业务逐渐发展成四个项目分支后，逐渐划分医生管理、门店管理、运营人员管理、物联网管理平台。

初期建立 OSS 系统，整个后台开发与产品团队都是摸索着做的。我们只知道某个业务需要一个管理模块，但很难规划未来业务的走向。到底什么业务应该放在这里，什么业务不放在那里管理，说实话团队没有人知道。

作为 OSS 产品的负责人，首先要清楚当前最需要解决的是业务场景，因门店急需要这样的系统作为支撑，起初门店管理的业务就要考虑在内，例如：客户预约——达到门店——门店签到——开始检测——数据解读——服务完成。

在上述业务流下，需要一套管理系统，既能够检测客户的服务进度，也让管理者可以知道门店日常的服务情况、客户的消费收支。若门店涉及智能硬件的服务，系统还可以实时监控硬件的运转状态，及时报错，让体验店人员迅速感知，能很快修复漏洞。

满足业务需求的情况下，OSS 系统以门店管理为优先模块，打通客户进入门店后的业务流程。

因服务人员需要查看客户数据，因此业务化的客服系统被需要，客服系统不仅包含日常客户服务，还要包含整个用户业务数据的查看。使用人员通过客服系统接受客户咨询，查看客服服务记录信息、基本信息和产品信息。

在业务上，进入门店的用户，信息管理升级为会员管理。这里的信息管理是区别于普通注册用户的信息管理，需要客服一对一服务。每个会员都有服务类型和服务状态的标记，方便医生下次服务或其他医生初次服务。

四个产品线上线后，因为全部归属于 OSS 系统中，每个内部使用人员都不需要使用其他产品线的功能。另外因为会员信息属于用户隐私，这个系统能保证用户数据只对相应人员开放。

（2）权限设计

业务搞清楚后，产品经理要进入第二阶段——权限设计。权限设计包含两项：

◎操作权限；

◎数据权限。

操作权限是指用户可以操作的页面权限，比如客服人员不需要操作门店管理页面，门店管理人员不需要登录客服系统。

针对权限设计，增加了角色限制。基于 RABC 权限设计的方式，一个账户下配置多个角色，每个角色有对应的数据权限和操作权限。

通常一个账户只能对应一个角色，但特殊场景，比如外部客服可能需要使用某两个角色的功能，一个账户会配置两个不同角色，获得最高的权限。

上线后，隔离了账户与账户之间数据的交织，保证每个客户都有属于自己的服务商。

在 OSS 系统初期，业务部门还无法区分会员与普通用户，创业者就需要在先有业务下，考虑未来的业务扩展性设计。

在 OSS 系统中，涉及游客、用户、会员，如何配置三者的基础信息，如何配置三者之间的信息权重，需要重点考虑。

会员用户扩展到 CRM 中，游客与用户则在用户运营管理平台中，不同的用户类型所存储的产品业务线也不同。尤其是服务人员、客服人员、销售人员，他们都需要熟悉自已关联的用户是哪一类类型。服务人员只需要关联会员即可、客服人员需要关联用户、销售人员则需要关联游客与用户。

（3）OSS 系统的难点

针对这类角色和业务人员，创业者和产品经理要明确这套系统背后的难点。

难点 1：数据表的设计

在后台设计中，尤其是前期业务线不明确的时候，同一个模块可能因为产品线不同，会出现在不同的地方。比如用户基本信息查询，会员会包含基本信息、游客也会包含基本信息，用户列表、会员列表都会存在这样的基本信息查询，但对于后台来说，由于要调用不同的接口，可能需要对接口进行改造。

难点 2：后台与其他平台的关联

在 OSS 系统中，因为企业本身可能存在一个老的管理系统，为此在用户列表管理模块，登录用的都是老系统下的账户体系，而登录页面用的是同一系统，导致了后续客服系统在对外使用的时候，调整前端登录页面会关联到老系统，影响了老系统内部使用。

难点 3：数据接口的管理和维护

在系统不断扩展后，数据纬度和类型越来越多，客服系统中所需要扩展的功能都需要调用增加的接口，系统架构的设计就会越来越重要，比如，哪些接口是底层接口，带有公共属性的；哪些是某个特定功能下才会出现的数据，都是需要分清楚的。

2. 敏捷 +MVP 的项下创业者与产品经理的角色

创业者在创业过程中，思考的维度就需要跳出产品经理的范畴。产品经理会遇到需求与资源瓶颈的问题。产品碰到资源瓶颈，最好的处理方式是划分优先级，优先上线 MVP，而不是舍弃需求放弃尝试的可能。但创业过程，创业者在项目管理中，要巧用基础技能方法——敏捷 +MVP，以保证需求可以像滚轮一样快速地滚下去，尽可能地不遗漏需求。

每个公司的进度安排都在为增长和变现做考虑，作为产品经理会愿意参加公司核心产品的样稿设计，愿意分享项目上线的激动；可是作为一个创业者，所需要的不仅仅是产品设计的能力，公司其他事务还需要创业者亲自支撑才能推进。就拿我来说，虽然职业基因让我专注于产品研发，但也不会忽视公司的其他事务。

PMTalk 产品社区的开发时间最早可以追溯到 2016 年。经过 4 个版本的重构与接近 80 多次版本的迭代，也算从 0 到 1 过渡到从 1 到 10 的产品。整个项目管理中，从需求到研发落地我都要求团队始终坚持用敏捷 +MVP 的项目。

（1）关于 MVP

实现项目的最小颗粒度需求，能用外部第三方工具就不要自己研发，满足主路径使用即可。在这类需求中我们要克制不给予用户太多定制化和个性化的需求，运营人员要减少配置化操作。

当然 MVP 还有一种定义是价值业务最小化，业务最小化不代表功能最小化，我们在创业中克制需求，采用 MVP 产品的方式落地需求，但要尽量满足功能。

超过半个月的需求，就会在产品团队中打磨解剖颗粒度，1 个月的需求几乎只会存在产品构想中，不会落地到设计资源上。

（2）关于项目管理

在 PMTalk 团队中，我会要求产品研发每周一次需求评审、每周团队开会、每日运营站开会。一个版本一周迭代，大版本半个月迭代。

以评估“人天”的方式，将开发和设计“人天”评估，一个星期时间不多不少。当然敏捷的方法每天在团队都有个性化方式。在我曾经工作过一个的团队，他们是以评估绩点来做敏捷记录，根据脚本来定义任务，最后预留 1~2 天作为开发空档期，毕竟上线要测试和做 BUG 修复。

有经验的创业者知道，通常 UI1 天、前端 2 天、后台 2~4 天。这也是大部分创业者——就算没有开发经验，仍然可以通过既往的案例来预估时间和难度。

（3）关于产品增长

2019 年，带着团队做埋入社交增长工作后，我也发现，越来越多的创业者在做业务的表达设计，想成为功能性创业者。这样的产品上线后不考虑流量的流转，上线后保证用户在业务上好的体验即可。我会在第 5 章介绍社交增长的玩法。

产品的任何一个页面或功能的入口，创业者和产品经理都可以考虑做一些“二次传播”+“利益锚点”结合的内容。哪怕是一个 H5，用户使用主功能后仍然有流量的分发。如图 3.15 是一些 H5 流量分发。

图 3.15　H5 拉新

也可以用类似桑基图表达流量流，如图 3.16。

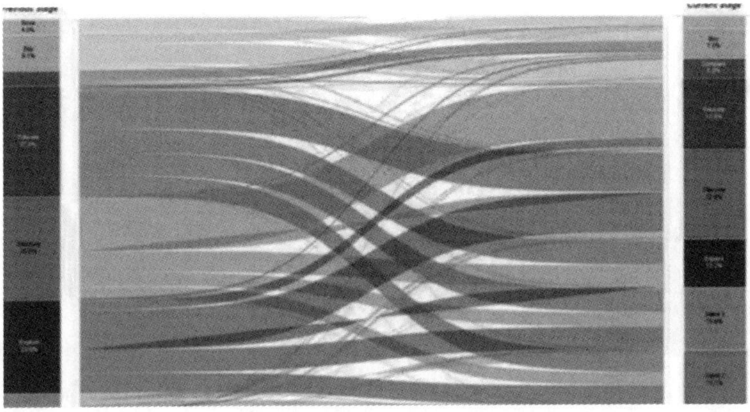

图 3.16 桑基图

而创业者会更加关心 H5、小程序的方式，获取初始流量后自己的产品带来的流量能不能靠商业模式推动？这是核心关切。检验商业模式的成功与否，流量获取只是第一步，还要观察成本和盈利、产品的流水情况。

如果你的产品是一个公众号或小程序，那对应的粉丝数就是用户。但是如果你的产品存在小程序、App、公众号，核心用户数据到底是哪条线或哪几条线？就要做区分了。用户可能会重复，一个用户只会用一个平台产生购买行为，真实用户到底有多少？是需要考虑的问题。

如果你有好的变现模式，同时产品也能带来健康的营收数据、增长数据。你可以以用户数 + 营收额度方式去谈融资。

有了融资再去复制和增加推广范围、扩大公司，当然这个过程中还会遇到无数的问题，需要创业者一一解决。

创业团队因为缺少资源，要尽可能在产品研发前用运营或第三方工具推动业务发展。在运营推动后，业务发展正常，成了标准的体系化时，再考虑投入研发资源做产品化。

比如 PMTalk 旗下的零壹新课堂，是面向产品经理人群的线上教育。课程研发是零壹新课堂的重点内容之一，但就算没有自己的课程报名系统，完全可以借助第三方课程系统完成。

图 3.17 线上教育

再比如，付费微信社群或付费问答，也可以利用微信红包等方式人工转账。还有用户商品订单发货，可以用微信人工消息的方式收集用户的收货地址，然后将产品邮寄出。

利用运营资源和第三方工具，是许多创业团队在创业中必经之路，可以降低成本。

互联网行业也有一句话：下一个互联网时代，一定是以运营驱动的。这就是产品经理和创业者的区别。

3.5.2 创业者和投资人

从互联网创业者到创业者，在项目运营两年后，我在 2018 年和 2019 年这两年前后也接触了约 30 家大小不等的 VC（Venture Capital, 风险投资）机构。

从 2019 年开始，我感觉到资本开始偏向制造业、医疗、生物、芯片等领域。纯粹的互联网项目在 2015 年或许非常容易得到青睐，容易拿到 VC 投资。但在 2019 年互联网大环境不景气的背景下，我在接触中发现，资本的选择会更加务实，投资更考虑短期回报。

选择所谓的“风口”赛道，会直接提高资本选中的概率。比如在相同规模团队和相同研发时间上，别人“风口”赛道的产品可能还没有上线，但比你的非“风口”赛道已上线产品更受青睐。

每个创业者之所以接触资本市场，不仅是为了“钱”，更多的是为了获得资本反馈转而迭代到自己产品上。

类似的还有：我做的产品在资本市场上到底是一个什么“辨识度”？资本市场是否看好这类项目？诸如此类问题。在创业团队埋头做自己产品的时期，你可以把精力全部投放在产品价值上，包括用户体验方向上。

但要明白最懂你的“产品”除了要你和你的团队之外，还要有资本市场，这就体现出产品辨识度也是非常重要的。如果找不到理解你产品的机构，第一是考虑自己的产品存在不足，第二是调整自己的优势点。即使在合作洽谈愉快的情况下，也要考虑资本 VC 本身可以给予自己什么能力。因为一旦与 VC 接上了姻缘，下面就要考虑这段“婚姻”会不会走得更好。资金与资源缺一不可。

因为 PMTalk 产品经理社区是面向垂直领域的用户，投资人会让我解释：“什么是产品经理？”或类似的问题。面对这样的问题，其实我心里是非常累的，正如隔行如隔山，选择一个懂你的 VC，能带来高效的沟通。

在前后接触几十家 VC 中，有一些机构甚至是 FA(Financial Advisor, 财务顾问)可能因为负责过互联网项目，一听到我们社区的名字，就说之前听过，这让我非常激动，毕竟才成立 1 年半，5 个人完成了 20 多人小团队的任务，用户接近 10 万。不知不觉中，在圈子里，我们已经成了一个品牌平台。

在面对 VC 的时候，实事求是地讲自己的发展方向和当下数据非常重要。实事求是也是我们一直保持的一点初衷，以产品出发的我们，给用户带来有价值的产品，解决实际问题，自身就不缺乏用户增长。

我们也去过一些 VC 交流会，在会上我们发现有的产品或机构拿着别人的商业模式说别人的数据，我们比较排斥这类的产品和机构。

产品经理出身的我，在讨论产品的时候还是保持一些职业习惯，对某些功能模块与算法的讲解过于垂直，导致 VC 在认知门槛上会有一定难度，毕竟别人也没有做过开发，即使看过无数的项目，但对特定业务下的功能模块还是存在认知难度，比如“Feed 流、体验报告”等可能会有理解问题。这或许是互联网创业者的一个通病，技术出身沉浸在项目中反而忘了旁观者的感受。我也一直在调整自己的产品表达，尽可能地让 VC 在接触项目时更加轻松。

不管自己在VC的沟通中耗费多少时间，每天保持需求与版本迭代仍然是我的基本工作。从一个互联网创业者到一个创业者，我时刻记得版本迭代与产品BUG修复是第一任务。

有的团队会选择等着VC的钱进来了，才考虑打磨产品、解决用户的留存问题，可我始终认为专注于产品的团队，才会走得更远。

作为创业者，要随时关注用户反馈，与用户交流对当前版本的使用体验，在有限资源下调整优先级，专注产品的能力与打磨，为增长和变现服务。

◎第 4 章

迭代 3.0，开始产品商业化

4.1　1 个迭代增长的商业化案例

创业者在产品设计中思考社交增长，已经成了未来互联网社区产品设计的一个方向。不管我们叫社交化营销还是叫社交电商，其本质都是一样的，用户现在已经相对理性，只有利用从众心理才可能得到精准有价值的用户。

4.1.1　每日拼拼的社群孵化

每日优鲜旗下的第二款子 App——每日拼拼，是生鲜电商购物平台。我在朋友推荐下，加入了每日拼拼首发的内测社群，这个社群不是让你下载 App，而是在群里就开始对新加入社群的用户告知，每日拼拼如何让“用户赚钱”。

每日拼拼采取的社群运营像我们在线下的场景，假设当一个用户听到一个朋友说什么好吃，可能不会相信，但当该用户的 20 个朋友都说那里有一个好吃的地方，该用户心里就会认为这个一定好吃，这就引发了从众心理。

每日拼拼冷启动的本质就是利用这样社交化从众心理，不过是在微信社群的生态中，将线下的玩法搬到了线上。基于微信社群，一个用户进入社群后路径如图 4.1 所示。

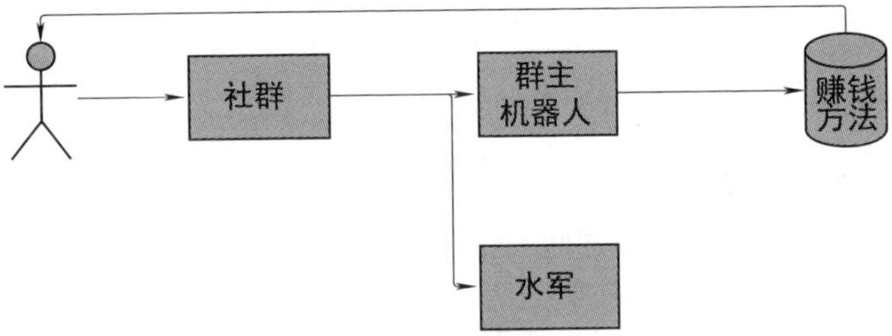

图 4.1 社群路径

用户可以快速地在社群中重复阅读同一个“赚钱方法”，因为每个新人进群，都会被机器人发送这样的内容。新用户刚进来只看一遍很快就会忘记，但是利用群主机器人，不但保证每个用户查看过群消息，而且内容的分发次数与群的好友保持一致，有 30 个新用户，可能复读 10 次左右（时间间隔可以设置），让用户多次看到这样的内容，强化记忆。

每日拼拼运营团队为了投合用户喜好，给出了文本、图片、视频三种类型消息，用户可以选择阅读某一种或者都阅读。图 4.2 是社群引导。

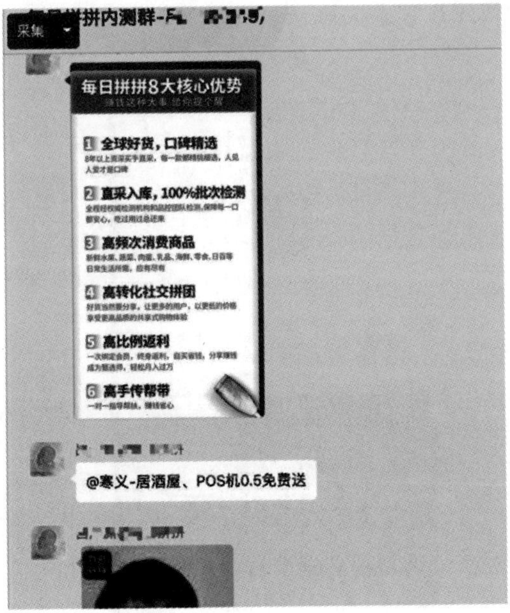

图 4.2 社群引导

参与社群管理的不全是机器人，群主一直是人工。利用机器人辅助人工群主，建立如图 4.3 的关系层级。每个城市主人、城市合伙人、渠道商都有自己的 Id（Identity document, 邀请码），通过创建的 ID，拉新用户最终消费返成都可以反馈给对应的人。不同层级之间的返成比例会因为自己的层级关系有所不同。

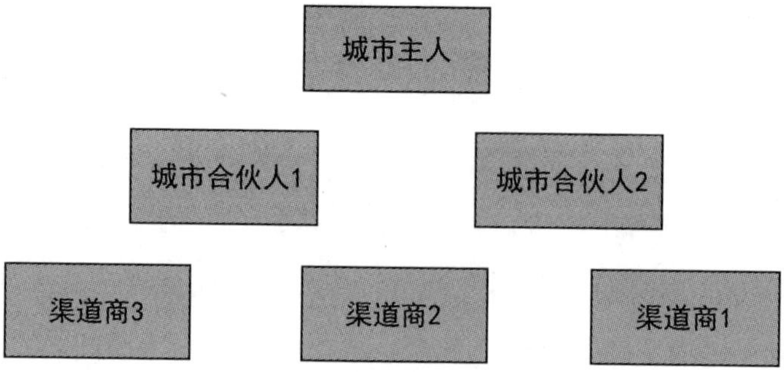

图 4.3　关系层级

4.1.2　每日拼拼的社交增长

每日拼拼的案例告诉我们：社交增长会产生精准用户。

图 4.4 是每日拼拼 1.0 版本的登录页面。

图 4.4　登录页面

每日拼拼的邀请用户需要输入邀请码才能登录，在登录之前会要求微信授权第三方账户注册，这样该用户就成了每日拼拼的新用户。

首先，通过邀请码注册方式，保证了用户的真实性；其次，锁定了用户与分销商、渠道商的关系，在内测期间主要是让分销商、渠道商尽可能的传播邀请码。分销商能够钻圈、渠道商能够赚钱，最终转化会告知社群里的用户：你们也会“跟着一起去赚钱”。

从产品和服务商上说，每日拼拼是每日优鲜平台下的，保证了订单水果的真实可靠，并且有售后保障。用户下单购买的水果是可以放心食用的，另外，每日拼拼打出了“1 小时”服务，给予用户足够的高品质服务。

水果、蔬菜是普通用户日常高频消费产品，一旦使用了这类 App，用户再次下单的概率就很高。激励用户使用后，上层的传播者将持续得到收益。如图 4.5 所示邀请赚钱。

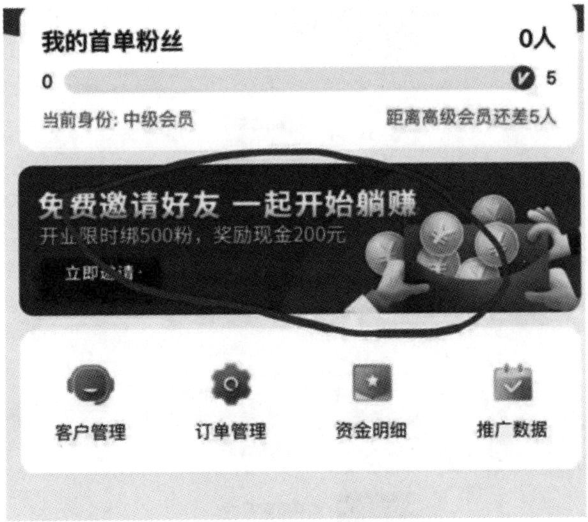

图 4.5 邀请赚钱

用户登录成功后，可以查看自己的邀请，如图 4.6 邀请列表。

图 4.6　邀请列表

冷启动后的社群通过拼团熟人社交拉新，如图 4.7 拼团列表。

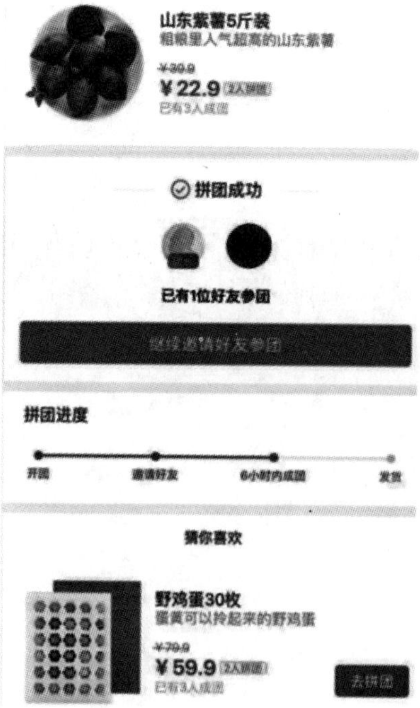

图 4.7　拼团

每日拼拼在购买商品中是采取拼团的方式，让用户可以邀请好友，拼团成功，交易成功。汇总后，每日拼拼的社交增长模型有两套，分别是收益分销模型、拼团模型，图 4.8 是收益分销模型，图 4.9 是拼团模型。

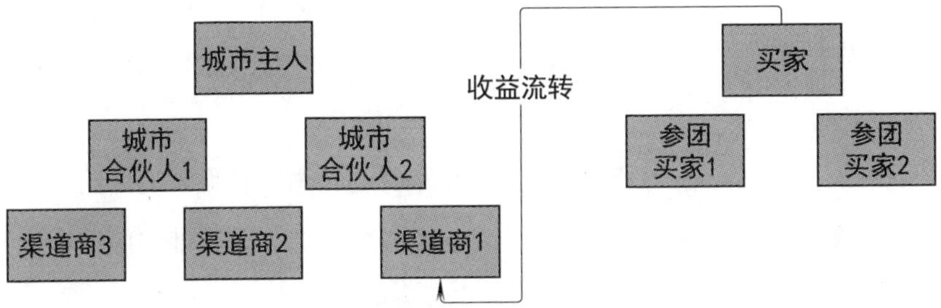

图 4.8 收益分销模型

两套模型下，用户都会获得收益积累。模型中的用户入口与分享路径在社群中形成了闭环，社群运营就成了产品成功的关键。

社群运营由于脱离了 App，如何判断用户激活是社群第一步要解决的问题。每日拼拼采取了通过邀请码登录并且首单拼团的方式，形成了二级扩大漏斗，解决了这个问题。

用户可以通过邀请码下发绑定粉丝，还可以通过拼团邀请粉丝或邀请其他用户参与拼团。

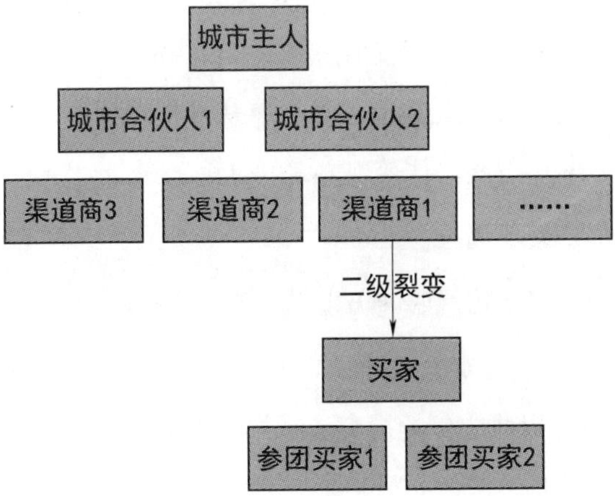

图 4.9 拼团模型

图 4.9 就是一个渠道商到买家，买家再到找用户拼团的社交增长模型。这样的模型还可以继续扩展，因为每一个节点都可以再生成子节点。

在社群运营中，每日拼拼还给予一些优质的资源供用户选择，比如建议购买什么样的产品，保证用户可以快速拼团或者得到分红。能有优质的资源供用户选择，我认为这可能是来自两方面：第一是每日拼拼自身的库存与发货；第二是用户下单排名与需求食材排名。

每日拼拼不仅给予用户可选择的优质资源，还让用户有更好的体验——“躺着赚钱”。“躺着赚钱”是整体社交增长因子中最核心的，若不能“躺着赚钱”，用户在冷启动时期是不会按照你的方式去分享朋友圈的。

每日拼拼用户传播模型：传播后再次被吸引进入的用户一定是有“躺着赚钱”的需求点与同类人群画像。

用户不断地累积并扩散，沉淀下来的用户是精准的。用户画像是希望购买性价比高、物美价廉产品的人群。

产品中再出现拼团的购买方式功能，毫无疑问是匹配上面这类人群的需求。

4.2 产品商业化设计

互联网创业本身不是做公益，是为了价值变现。任何商业模式只有实现了变现，才能有资金让企业继续向前，不管是在人力还是在物质上。社区产品的变现方式不是交易，要知道创业是一个从无到有的过程；从操作过程中寻找规律，用价值点设计增值服务的过程；从中寻找最佳变现方式的过程。

4.2.1 产品变现方式

交易是指买卖双方以货币或服务为媒介的价值的交换。

交易常以货币或服务为媒介，所以做交易的公司，随着员工的增多、资源的提升，其赚钱能力也可以成比例的提高。比如城市里的广告公司，订单增加一笔就要求有新的安装师傅或项目服务人员。

这类项目的天花板和壁垒较低，所以很少有城市的广告公司融资或上市的案例。为什么仍然有许多这样的广告公司？因为每笔交易都是赚钱的。

而互联网创业显然不是这样的，许多互联网社区产品在刚开始甚至没有增长、没有变现，他们赌的是未来。

要实现互联网社区产品的变现，落地一套好的广告解决方案至关重要。

在产品设计上，按现阶段的变现方式，互联网产品变现分为七个小类：

（1）广告变现，典型的如百度、微博等，广告收入在其总营收中占比很高；

（2）增值服务变现，典型的如腾讯的绿钻、黄钻及游戏皮肤等；

（3）电商变现，主要是导购及自营等模式，典型的如什么值得买、Keep 商城等；

（4）游戏变现，在产品中植入游戏通过游戏道具等变现，当然这也属于增值服务变现的范畴；

（5）收取交易撮合佣金，在 O2O 产品中比较常见，典型的如美团、滴滴打车等；

（6）下载或注册变现，例如付费下载软件；

（7）实体服务变现，比如美容、生活服务类产品充值。

上面七种变现模式可以同时存在一个产品中。

第一种广告变现，是每个互联网产品都能做到的。线上广告还可以分四个维度，这里以图 4.10 广告类型为准（不建议投放海外产品）。

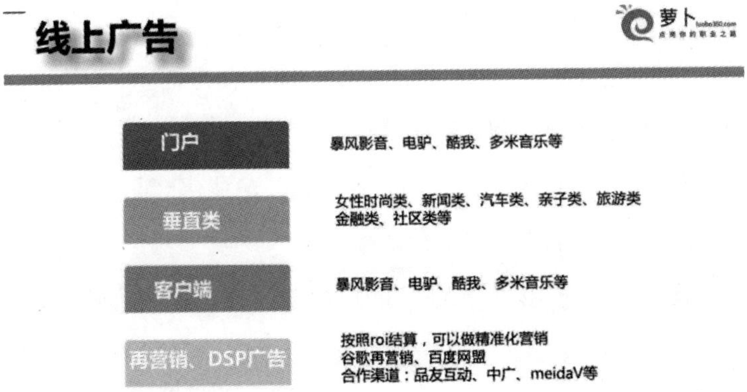

图 4.10 广告类型

上面每一种纬度的渠道内容，都有一种最合适的广告产品设计方案，

GrowthHackers 成员普什卡尔·盖克瓦德就为内容营销渠道编写了一个有用的清单，图 4.11 是最新归纳的清单。

案例分析	使用指南	新闻发布
信息图形	特别报道	文章
PDF和电子书	网页论坛	评论
视频	PPT报告	图片和照片
采访	清单	Q/A网站
Pintcrest	Instagram	脸谱网
Snapchat	汤博乐（目前全球最大的轻博客网站）	领英洞察
推特	本地商家排名	播客
有问必答系列	测试	免费工具
Medium（一个轻量级内容发行平台）博文	Buzzfeed	纪念品

图 4.11　清单

例如：

◎新闻发布：文章、评论、图片和照片成为有效的渠道形态。

◎案例分析：信息图形、PDF、电子书是一种有效的渠道。

◎使用指南：特别报道、网页论坛是一种有效的渠道形态。

上面列举了筛选优质渠道的方式与广告形态，商业化产品、产品设计、广告投放者各自在产品设计方案的需求如下面所述。

◎针对广告渠道商：能够被最大限度地展现或点击，达到高转化。

◎针对互联网创业者：用户体验最好、所得到的产品设计方案是高效的。

◎针对商业化互联网创业者：既能保证公司的盈利又能保证用户的体验。

例如，知乎中的广告位与广告信息流，图 4.12 是知乎广告位、图 4.13 是知乎广告信息流。

图 4.12　知乎广告位

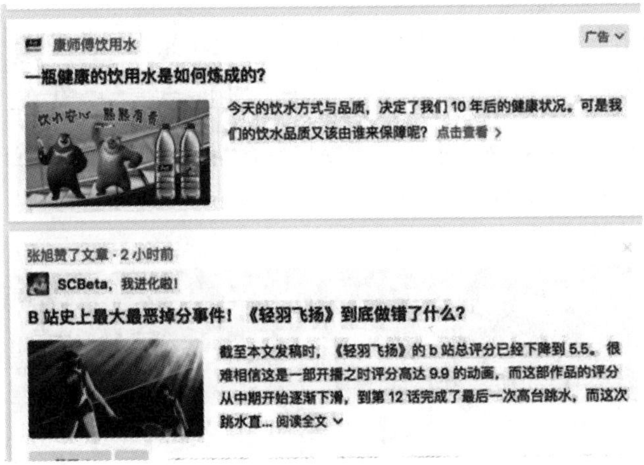

图 4.13　知乎广告信息流

知乎广告设计方案是互联网产品最常见的广告位设计。当公司面临变现或盈利压力时，广告位可以按 CPC（Cost Per Click，每次点击付费广告，意思就是当用户点击某个网站上的 CPC 广告后，这个站的站长就会获得相应的收入）或转化计费。现在按广告位时间长短计费的投放方式越来越少，不同于传统广告，互联网广告投放都要求检测每个广告的最后转化，方便判断广告形态与位置的价值。

4.2.2 工具产品商业化案例

创业产品的商业化要考虑用户的利益，这里如同矛与盾的关系，稍微没有做好就可能会导致产品用户口碑下降，由于付费用户都是种子用户，对产品来说，口碑下降的损失较大。

如何把握两者之间的平衡？在基础设施上，创业者要有积累的经验与日常练就的功底，结合产品数据模型，比较不同产品设计方案的优劣。比如利用创造场景——在所增加的路径或场景下，用户增加广告位的点击率。

下面以几个工具产品的商业化案例说明。

1. 工具化案例 1——垃圾清理 App

垃圾清理 App 产品的用户路径：打开 App——点击清理按钮——选择要清理的内容——确认清理——清理完成。

在第 2 章的开头我们说过“用户体验”。在这个案例里保证用户主路径的流程通畅、不受打断就是一个好的用户体验。用户使用这款产品聚焦在清理垃圾的场景下，“清理完成”的节点表示本次行为结束。在这个工具里，广告位出现在落地页。如图 4.14 广告位。

图 4.14　广告位

这种以用户路径为“结束节点”的广告设计，变现的关键是依靠用户行为路径的结束点做投放广告。

同类的还有微信公众号的阅读场景，每篇文章页底或翻页处为最终路径，用户在这里可以看到广告投放。

图 4.15　微信广告

在文章末尾投放广告，保证用户可以阅读全部内容外，还可以在评论之前查看广告。

2. 工具化案例 2——疯狂动物城游戏

图 4.16　疯狂动物城游戏

图 4.16 是疯狂动物城游戏，用户在机会耗尽后，除了首次会获得免费重来的机会，第二次重新开始后，将强制进入广告页面，观看广告结束后才可以继续复活。

这样的设计既给了用户免费复活的机会，也能让用户在前几次使用时主路径不受干扰。既保证了用户的游戏体验，又保证了广告投放的价值。

3. 工具案例 3——喝水工具

图 4.17　喝水工具

图 4.17 喝水 App 工具中，用户主路径：提醒——打开 App——喝水记录——记录完成。

在 App 记录喝水时，产品要求用户选喝水的容量。广告的设计页落在了喝水打卡容量选择界面上，避免了广告位与喝水记录阻碍用户完成主路径流程。用户喝水是高频动作，所以只要记录喝水，一定会展现广告。

掌握用户高频操作路径，有利于增加广告打开次数。

4. 其他案例

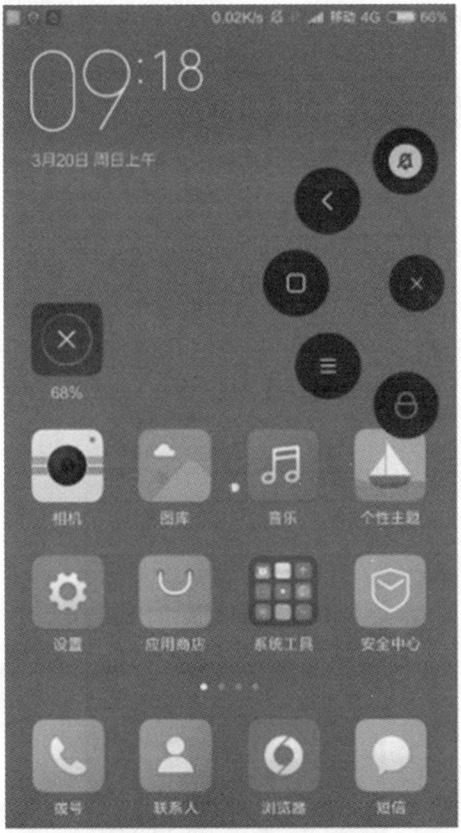

图 4.18　小米悬浮球

图 4.18 是小米的悬浮球，悬浮球在桌面，用户首次进入系统界面将展现出投放广告的 App 入口。

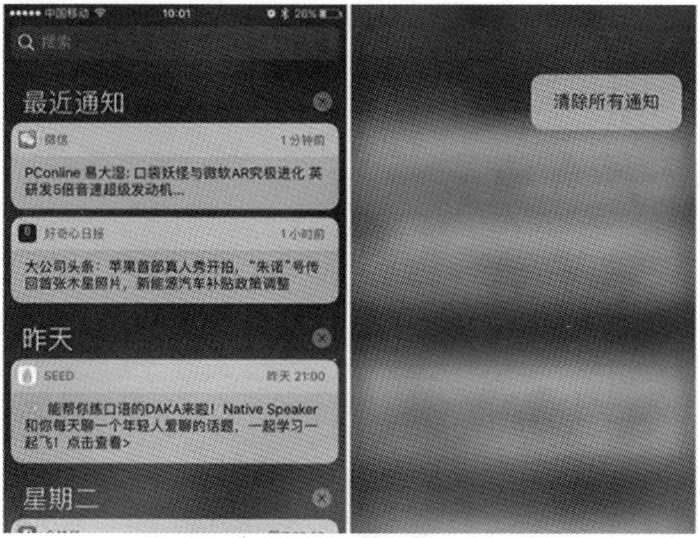

图 4.19　消息提醒

在产品上，增加用户进入主路径的入口，是一种简单高效的商业化方式。Push 消息提醒（图 4.19）也是一种非常有效的方式。在系统原生情况下，通过一些好的文案或数据展现，就可以让用户更高频地进入“主路径”场景。图 4.20 是 360 消息提示。

图 4.20　360 消息提示

◎第 5 章

社交增长——创业者的核心竞争力

社会交往，简称“社交”，是指在一定的历史条件下，个体之间相互往来，进行物质、精神交流的社会活动。我们从不同的角度，把社会交往划分为：个体交往与群体交往；直接交往与间接交往；竞争、合作、冲突、调适等。

互联网产品社交增长的传播具有幂函数的特征。由于社交增长存在新用户“精准”、获客成本可以降到几乎为0的特点，用微信做社交增长成为越来越多互联网初创产品的选择。

社交增长中，设计的用户奖励有多种形式，包括但不限于：社群服务、资料包、货品、优惠券、现金、返现。当产品融入了社交增长，就有了社交增长因子，可以帮助产品低成本获取更多的用户。

所有的互联网创业者都想让产品有持续的生命力，产品有持续的生命力，仅是依靠普通互联网产品分享入口方式引导外部流量是不够的。

如图5.1社交增长数据模型中横坐标是时间，纵坐标是新增用户，随着时间增加，新增用户急速下降。

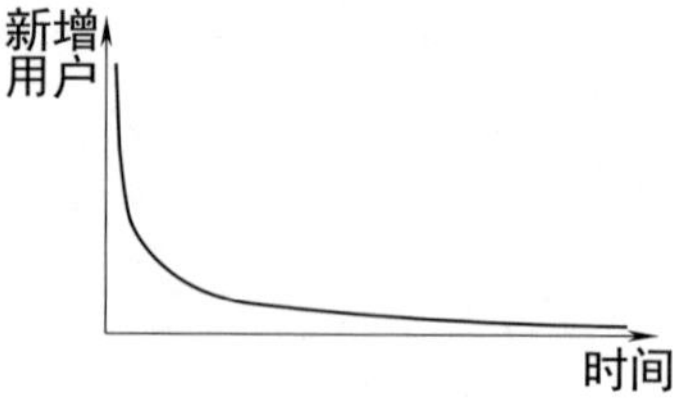

图 5.1　社交增长数据模型

你能看到的社交增长分享，几乎都包含了用户的“利益锚点”。就连微信阅读、微保等也使用了类似玩法。如图 5.2 是微保社交增长、图 5.3 是微信阅读社交增长。

图 5.2　微保社交增长

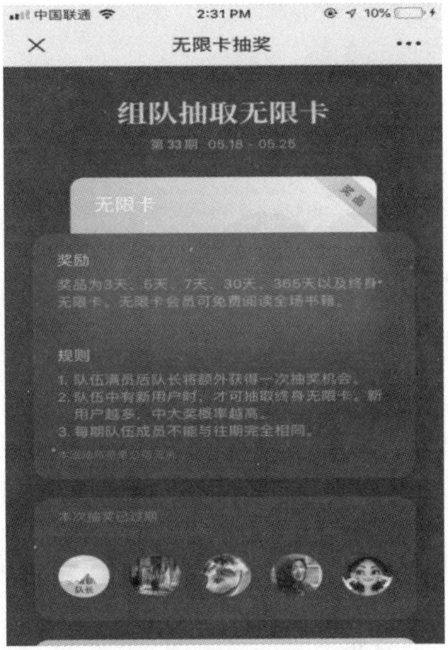

图 5.3　微信阅读的组队解锁

微保用邀请好友领红包，通过一段时间的活动来做社交拉新。微信阅读选择用好友组队来完成新书阅读，用户可以选择充值会员或者组队解锁的方式阅读新书。

5.1　走进微信的社交生态

5.1.1　不同产品形态的增长特点

微信不同产品形态在社交增长上各有优缺点，下面是我梳理的 H5、小程序、App 三个产品的增长特点。

1.H5

优点：防封，传播级高。

H5 因为是以 URL（Uniform Resource Locator, 统一资源定位符）的形式，微信虽然能禁止某个地址，但可以切换新地址。之前在做社交增长入口设计，有的团队准备了 30 个 URL 地址用来切换。

缺点：成本大。

当然用了 H5 不等于可以随意做社交增长。对于出现违法违规或社交增长传播级数过高，微信还会通过 URL 背后的 IP 封锁。这样的解决方式只能用分布式的服务器，对于开发者来说，成本大了，H5 自然也就下架了。

2.App

优点：入口稳定。

App 因为脱离了微信，在自家产品中，分享入口可以随意设置，只要符合平台的要求即可（不涉黄、不赌博、不政治违规等），可以放心地让用户传播，只要保持产品内容与价值导向正确，是不会被下架的。

缺点：路径长。

因为 App 需要用户重新下载，在 App 之前往往要搭建 H5、小程序为前端触点引导用户拉新，还要引导用户下载，门槛较高。最常用的解决方法是，在微信积累用户数，再逐渐转移到 App 上。

3. 小程序

优点：传播快。

小程序因为本身就在微信生态有良好的社群、公众号支持入口，整个体验是最好的。用户访问与社交增长的入口是直接快速的，用户无须下载，在 PC、微信社群、朋友圈都可以快速访问小程序。

同时小程序还可以无痕迹获取用户手机号、用户信息、快速注册。

缺点：传播太快容易下架。

小程序和 H5 一样，受着诱导分享这条规则的限制，还有小程序的内容是否合规的判定问题，也会导致小程序被微信下架。

同时小程序的审核也会有主观因素在里面，小程序涉及的分类包含：医疗、教育等特殊行业，是需要上传资质。至于如何小程序防下架后面的内容会讲解。

5.1.2 微信小程序

现在依靠独特的商业模式带来用户爆发式增长的机会越来越少。你能够想到的需求痛点，可能都已经被巨头或其他团队使用了。但不管产品的商业模式如何新颖，流量获取是重要的第一步，在流量越来越贵的时代，没有用户的产品是活不下去的，离开增长和变现方向的公司只有死路一条。

在这样的情况下，创业者、产品经理如何快速验证自己的商业模式？

1. 小程序和 H5 的低门槛验证商业模式

微信是一款社交工具，所以创业者需要提前思考小程序的社交传播性。

很多时候，我们看到一个好的互联网商业模式，会想去尝试这个模式，想看一看这个模式是否真的会带来第一波红利。

小程序因为在微信社群、公众号有入口，所以用户访问与社交增长的入口是直接快速的。

短而小的场景小程序化：微信小程序刚上线时，很多创业者和产品经理都会把 App 的功能原封不动的完全应用到小程序上。之后，小程序经历了一个飞速发展的过程，到 2019 年超过 256 万小程序开发者。2018 年小程序刚推出，大家还找不到小程序的设计标准，起初只是把小程序做成一个小程序 App，即把 App 放在微信中而已，甚至有媒体曾经评论：苹果的 App Store 或被替代为 We Store。

因为小程序开放了电商入口，有的企业用小程序上线了与自家购物类 App 完全一样的界面和功能，如图 5.4 小程序的个人中心。

结果是：用户还是愿意保持原习惯使用 App 来下单。因为小程序不管是交互性还是功能的流畅度，都不如 App。即使功能一样，用户选择卸载 App 的还是少数。

随着小程序的逐渐发展，优秀的小程序案例逐渐增加。不少创业者也弄清楚了小程序的规则——提供给用户使用产品的主要路径即可。这样小程序的产品框架就定了下来。

微信小程序上架后，互联网团队在已经有 App 的情况下，再开发微信小程序，就要保证小程序的账户体系、用户数据、功能逻辑与 App 相同。

比如团队里已有 App，最快的方式是将产品中核心功能独立为小程序，打通用产账户和产品内容数据，这样的小程序才实现真正意义的轻便、快捷。

比如某品牌咖啡，小程序上只需要给出咖啡列表、下单、送货地址、订单查询，就可以满足用户的需求，所以 MVP 会更加符合小程序的要求。

小程序生存在微信土壤中，是可以和公众号、搜索、社群互通的，公众号、搜索、社群都可以成为小程序的关联入口，为小程序做流量转化。

可想让用户分享小程序，不是写出“分享这个小程序”类似文案或提供一个按钮就可以实现的，而是要提供和用户相关的有趣内容，让用户主动分享。就像在前面所说的社交增长和分享的区别，分享是需要产品和用户产生“共鸣”的。

比如谷歌曾经推出的画图小程序，如图 5.5。用户只需要在小程序上简单地画出想要的物品，小程序就会通过 AI（Artificial Intelligence，人工智能）识别给出有趣的结果。

图 5.4　小程序的个人中心

图 5.5　谷歌画老鼠

每个用户产生的内容可能都不一样，因为识别的是用户个性化的图画，所以用户很快就产生了共鸣，结果页面中包含的画画海报和小程序二维码，迅速在微信中流转。

在小程序时代之前，创业者有一个点子想要实现，除了开发一个 App 外，别无选择，因为 H5、公众号无法满足业务的体验需求和复杂的逻辑需求。微信的公众号、

H5 适合做一些非常轻的内容或服务搭建——这里轻度功能指的是页面跳转少、交互效果要求低、业务简单。

在微信推出小程序后，可以容纳比 H5、公众号更重功能的业务场景出现了，大部分的创业者开始从开发一个非常笨重的、高成本的 App，转向了尝试探索新的商业模式，因为他们觉得小程序是最好的选择方式之一。

如图 5.6 是 App 从 0 到 1，原型设计到 UI 页面。

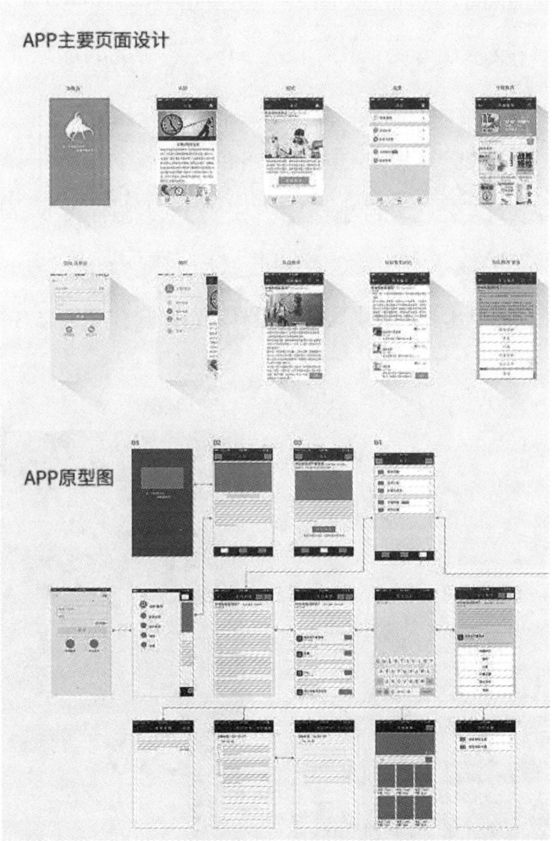

图 5.6 App 从 0 到 1

图 5.6 是一个社区 App 的原型，这个产品希望通过植树游戏玩法来观察 UGC（User Generated Content，用户生成内容）是否会吸引热爱植树的同学们加入社区。产品提供了植树的上下游，包括种子的购买、植树养树服务等。和其他社区一样，

评论、分享提供了用户交互的入口，包括用户动态列表、动态详情，这个社区是符合的产品设计标准的。

因为场景中提供的交互与业务并不复杂，我们就可以用植树小程序替代 App 来完成该项目的落地。

2. 熟悉小程序交互规范和接口能力

小程序在开发语言上不同于安卓和苹果的 iOS。App 的交互因为有 Native 的原生支持，可以复杂和华丽，随着手机系统配置的提升，App 还能完成一些创新的交互效果。小程序因其技术在底层上使用的是 H5，其功能的加载能力与动效丰富度都不如原生的 Native 效果。

差距有多大？下面我分别以小程序、iOS 的加载交互来做一下对比。

图 5.7 是 iOS App 的交互，若小程序中使用上面地图加下拉加载的页面效果，会因为页面加载层级太多，反应卡顿。常见是底层会有 banner（Banner Ad，横幅广告）这样的轮播，但弹窗在上层级导致 banner 的体验降低，如图 5.8 的红包弹窗会降低广告体验。

图 5.7　iOS App 交互

图 5.8　红包弹窗

再如视频播放上，如图 5.9 YouTube 的几个交互，这里用三个快捷键：快进、快退、预览其他视频来进行说明。

快进：双点击 10 秒， 点击多少次快进多少次的秒数。

快退：双击右边，退出 10 秒，点击多少次快退翻倍的秒数。

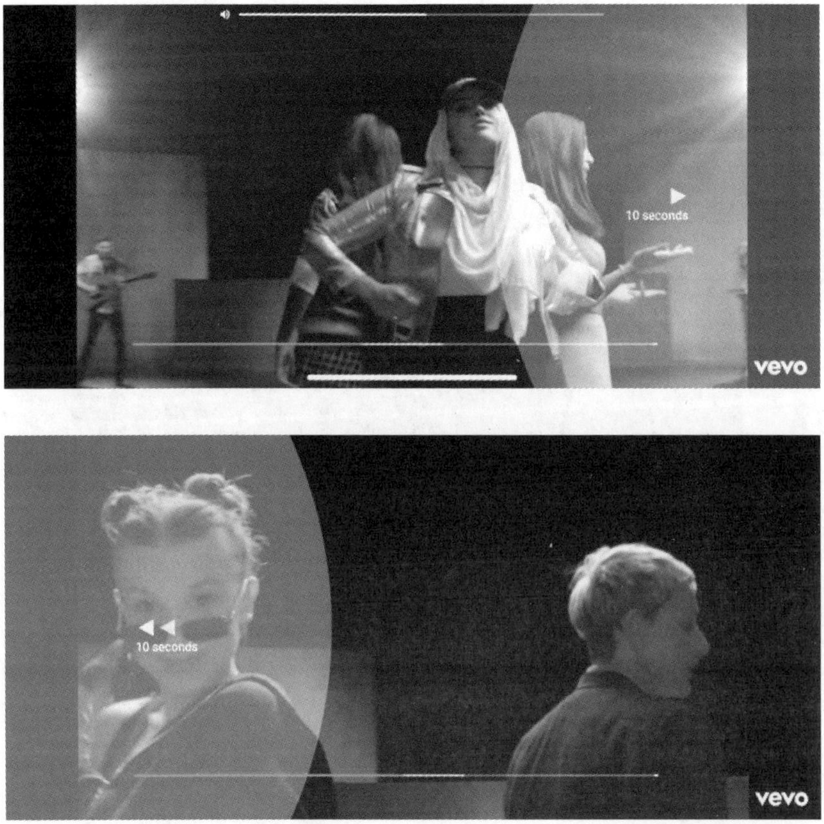

图 5.9 YouTube 的快进快退交互

如图 5.10 所示，YouTube 支持在底部上滑，支持与播放视频相同主题的视频菜单选项。

复杂多变的 App 交互有时候会成为吸引年轻用户的一大亮点，所以在小程序能力范围内，创业者如果融入多样化的交互，能帮助提升产品的趣味性，吸引用户使用。

小程序在微信内部属于一条强有力的业务线，小程序的能力也在逐渐释放，不同阶段的开发影响着小程序的功能实现和需求满足。

创业者在前期准备微信小程序的功能接口是非常必要的，小程序不同于 App，小程序功能设计基于微信所提供的接口，交互与设计体验都要严格依靠微信的要求。

这里以交互设计与技术接口（图 5.11）为例说明。

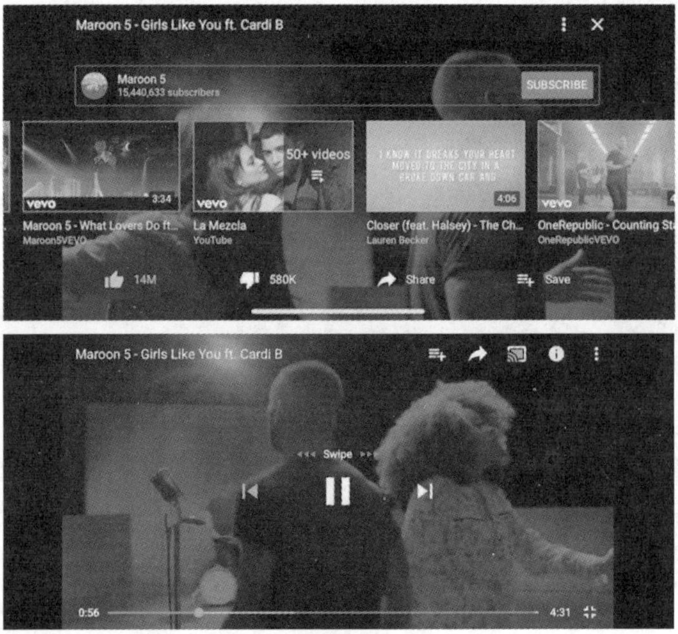

图 5.10　YouTube 上滑

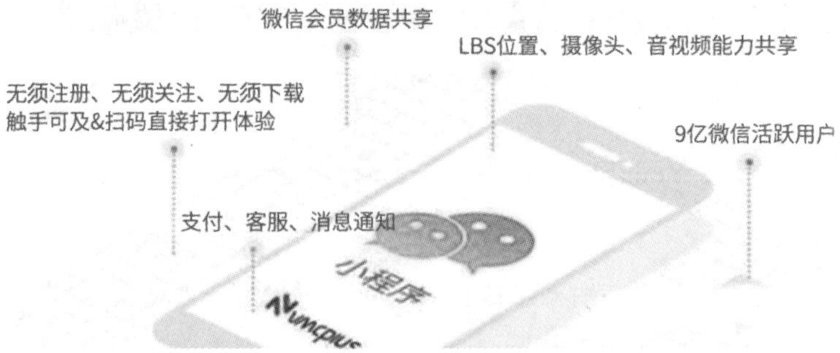

图 5.11　交互设计与技术接口

小程序的 UI 规范和技术接口建议：首先参考微信官方的小程序规范，简单快速的校验查看是否满足自己的需求，如果不能满足，则选择更快的 H5 开发方式。

小程序 UI 规范上，不同于安卓、iOS 系统的全局样式，小程序涉及弹窗、toast、警告，当然小程序的组件命名也与安卓、iOS 系统组件的命名不同。比如有安卓的 toast 对应 iOS 的 alert（警告）的区分。如图 5.12 是一个 toast。

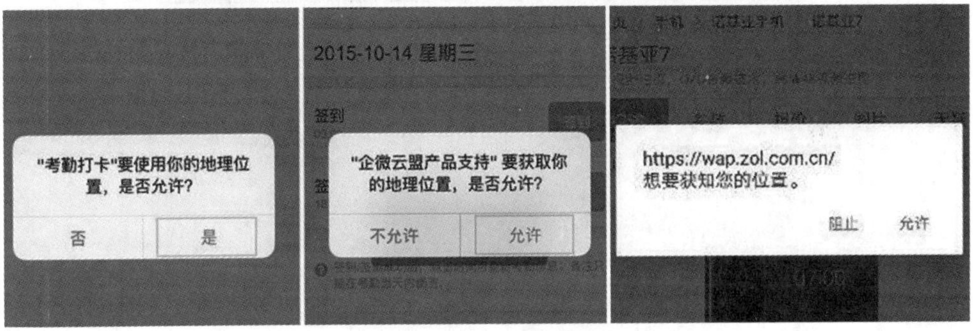

图 5.12　toast

iOS 的弹窗在交互与色彩上都会与原生系统搭配，巧妙落地在产品节点上，可以给用户轻盈、和谐、流畅的体验。

虽然小程序有微信官方交互文档，能在设计师设计小程序颜色时提供帮助，但是仍然有大部分小程序里出现混淆使用 App 的交互规范。图 5.13 为小程序系统组件。

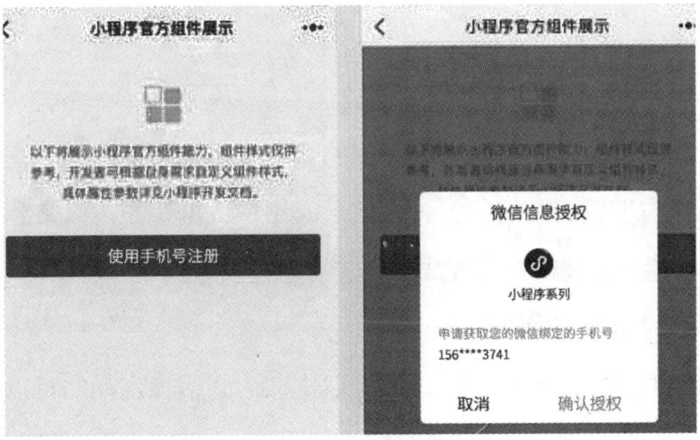

图 5.13　小程序系统组件

比如开发者在开发小程序要尽可能的少用弹窗，可以将弹窗改为单独的一个页面，以页面跳转的时间代替弹窗的缓慢交互。

图 5.14 是微信小程序规范之一，在产品设计时也可以用这样的切换显示，以避免 H5 产生的加载问题，通过分页或分栏的方式提高可读性。

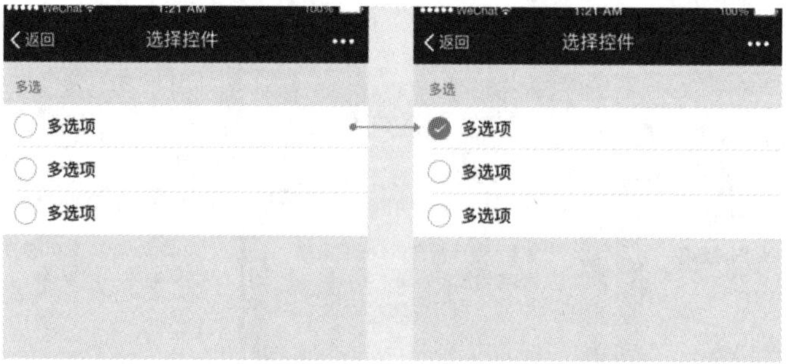

图 5.14　小程序控件规范

创业者在小程序设计中除了要考虑小程序的交互规范和接口能力，还需要牢记微信小程序除了提供一套方便的账户体系外，自身也会带一些数据：

◎用户昵称；

◎性别；

◎年龄；

◎地理位置（获取权限）；

◎微信步数；

…………

提前考虑数据资源，可以减少小程序的开发成本和周期。因为在小程序上线进入微信后，如微信步数、微信位置、微信号的用户数据统统可以拿到，如果是自己开发一个 App，则还需要用户先完成数据注册才可以进行下一步。

3. 小程序 & 小游戏的增长玩法

因为小程序里的小游戏同样有流量拉取快、访问编辑容易的特点，所以用小游戏引流到 App 上的激活率是非常高的。如图 5.15 为小游戏小程序纪念碑谷截图。

创业者通过游戏场景限制实现 App 下载，小游戏以道具、工具箱、礼品等方式将广告商产品或服务结合到游戏化场景中，图 5.16 是游戏道具场景和图 5.17 是口红游戏场景。

图 5.15 纪念碑谷

图 5.16 游戏道具场景

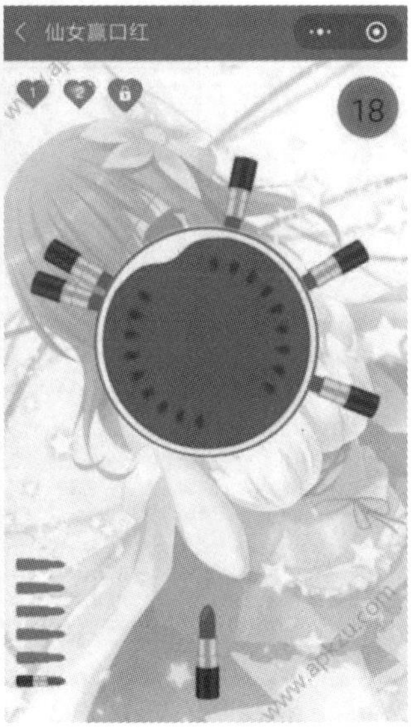

图 5.17 口红游戏场景

游戏化的场景使用户“上瘾”后，再引导用户选择小程序的购买入口，实现购买入口转化。由于小程序在微信搜索上有独特入口，如今用户在微信上的搜索习惯使得小程序有 40% 的触达率——默认搜索结果都会优先匹配小程序。小程序也支持多平台同时发布，如百度、头条、阿里巴巴等。如图 5.18 是微信搜索框下的小程序展示。

微信里的小游戏，在多平台发布下，快速复用在头条系产品中，配合广告 + 短视频入口，小程序的体验与使用很快实现了拉新。如图 5.19 是小程序跨平台服务，可以支持头条、百度、支付宝等平台搭建。

图 5.18　微信搜索框的小程序

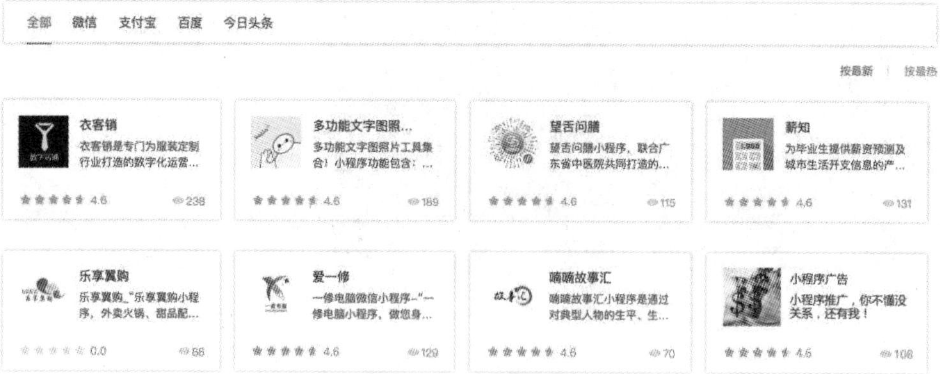

图 5.19　跨平台小程序

小程序还可以引导用户在点击后无衔接进入 App。我们也做过每天体验 1 款 App 的活动，去探索小程序的不同交互。

4. 优秀的社交增长策略

小程序在社交增长中也可能存在被封的情况，为此可以用 H5 的形式。用 H5 的形式，更换域名链接即可解决被封的问题，可以保证小程序的 ID 不受影响。

社交增长设计会成为小程序创业者的核心竞争力。

如果你正在负责小程序的产品设计，因为小程序最基本的传播性，你除了需要了解微信接口外，还要知道如何在产品中设计相关机制，让用户传播小程序，这也是小程序的创业者的工作。作为创业者，我认为小程序会偏向于流量导向，因为开发周期与开发成本的问题，产品的生命周期更迭会更快、更有节奏。

因为微信生态，小程序的 AB 测试验证操作门槛会比其他产品低。简单的如小程序的封面或海报等，生成这样的效果只需要用户使用微信，并不需要下载 App。

回过头来看，如何在小程序的红海杀出一条路？除了期待以后微信给予小程序更多赋能外，创业者还需要考虑小程序到底解决了用户的什么需求？用户在产品生命周期中到底会存在多久？最后，小程序创业者应该注意拒绝设计一闪而过的小程序产品。

下面以深度运营精选的论文查重增长案例小程序来说明社交增长。

用户获取查重工具，激活码为分享点。在案例中，用户社交增长的理由和流程为图 5.20。

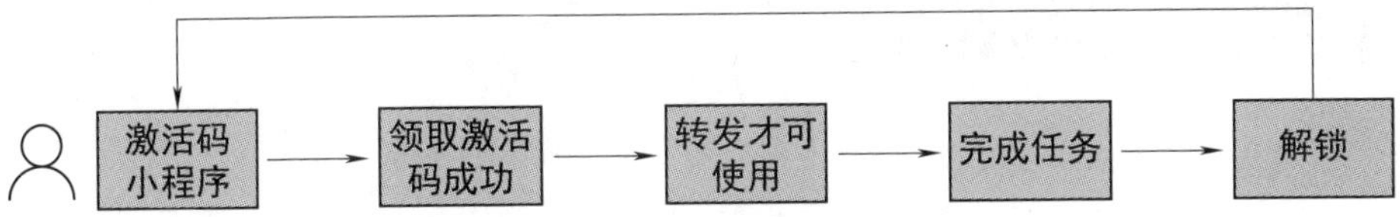

图 5.20 用户路径

从 5.20 的流程路径可以看出，用户是为了拿激活码，才分享的，并且领取激活码的人也需要论文查重。

在这个案例中，小程序的产品设计就是为了社交增长，你可以看到除了提供社交增长的路径外，没有其他功能，也没有夹带其他关联，这类小程序产品就是以社交增长为基础的小程序。

这类小程序有以下缺点和优点。

缺点：在社交增长后几乎无法使用，产品的扩展性差。

优点：用户流量拉取快、用户路径可以最短。

创业者在小程序中设计的社交增长页面路径，最基本的是需要满足图 5.21 的用户流程。

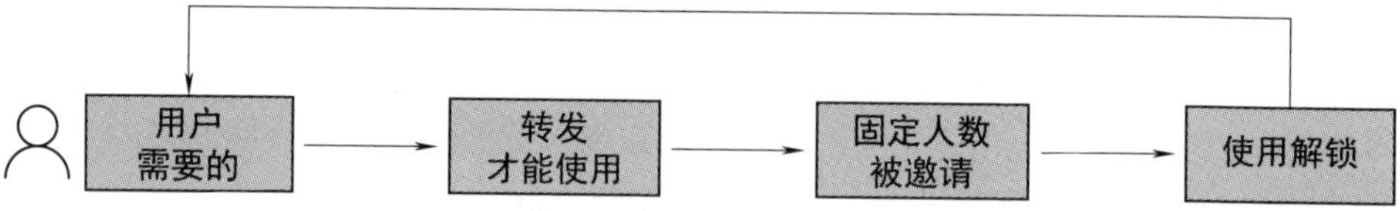

图 5.21　用户留存

还是以深度运营精选的案例为例。小程序的用户页面路径从左到右依次为图 5.22 所示。

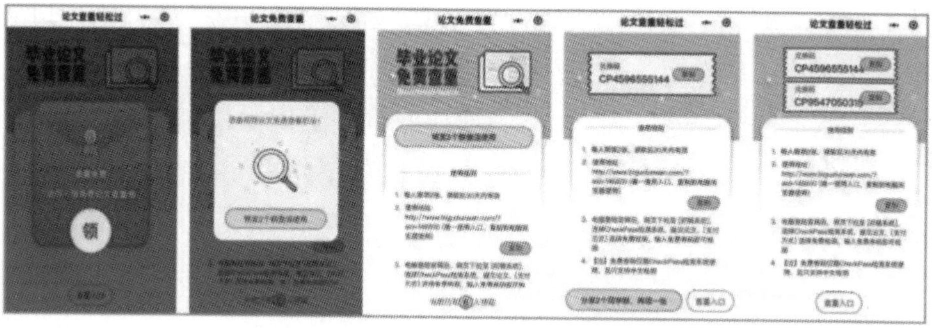

图 5.22　小程序的用户页面路径

用户进入小程序后，在该小程序的停留理由只有一个：领取激活码。

上面这个案例会出现一个问题：一旦开始推广给其他用户、启动社交增长后，当过了大学生毕业论文查重季节，小程序流量会明显下降，甚至可能死亡，就如同一个死掉的域名一样，废弃在那里。

因此，创业者在设计含有社交增长机制的小程序前，除了前面说的社交增长点，还需要考虑这一批用户留存的问题。如果说社交增长是运营做的事，“把用户搞进来”、留住用户并让用户习惯留在产品中，就是创业者需要考虑的。

把小程序做得非常简洁或社交增长页面短，一个最简单的理由：不想影响社交增长效果。

5. 五种常用的社交增长玩法

社交增长点即用户利益锚点，比如用户领红包、微信阅读中用户购买新书都是用户的利益锚点。如果找不到用户的利益锚点，你可以用一些常见的社交增长方法来嵌套，相信你很快可以找到自己的玩法。下面我列了五种常用的方法。

（1）集碎片、拼图、增长玩法

图 5.23 这个例子显示用户每天可以抽奖 3 次，使用完免费次数后需要继续解锁才能继续抽奖，用户在完成凑字可以每天自己抽奖，也可以让好友帮忙。

绝大部分举报小程序违规的都是同行或竞争对手，查看后台违规反馈就会发现，上传的违规证据都是非常完整的，一看就是专业手法，有备而来。因此在小程序中加入监听截屏机制，可以监测用户截取的相关页面，正常的用户是非常少截图的，截图的要么是从业者想来学习，要么是竞争对手想来找麻烦。

可以把截图频繁的用户拉进黑名单，使该用户无法访问小程序或者进入一个假页面，来规避竞争对手的找麻烦行为。黑名单用户只能进入固定的几个页面。

图 5.23　拼碎片

图 5.24　集字解锁

集字用户路径为如图 5.25 所示。用户可以通过关注公众号、邀请好友得到更多的抽奖机会。而抽奖的字集齐后能兑换对应的礼品。礼品设置为自助餐、面膜等，不同的礼品邀请集字的数不同。

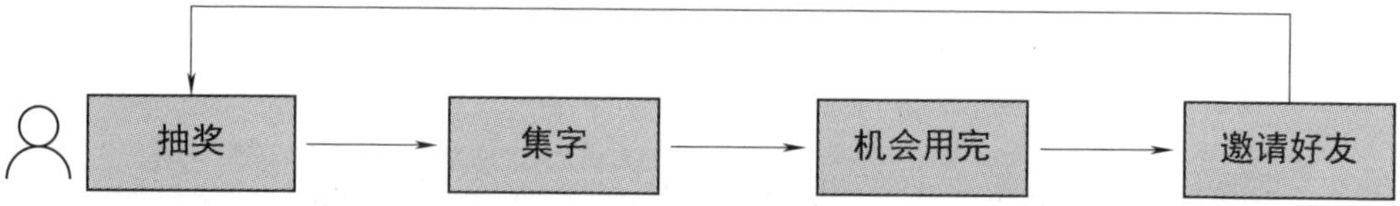

图 5.25　集字的用户路径

在产品中要注意风控，要规避一些恶意“褥羊毛”的用户。可以通过设置集字与礼品的对应集满概率关系，引入更多的真实用户参加。另外，要考虑增加好友社交关系，在集字解锁中的每一次抽奖以弹幕的方式给出好友用户抽奖的结果，增加产品的可信度。

（2）复活解锁 & 增加机会

复活解锁是当用户在规则中用完了机会或失败后，通过分享与邀请新用户，增加用户玩的次数。复活解锁与集字或拼碎片不同的是只需要一次即可完成游戏或路径。

图 5.26　复活解锁

游戏类复活解锁的用户路径如图 5.27 所示。

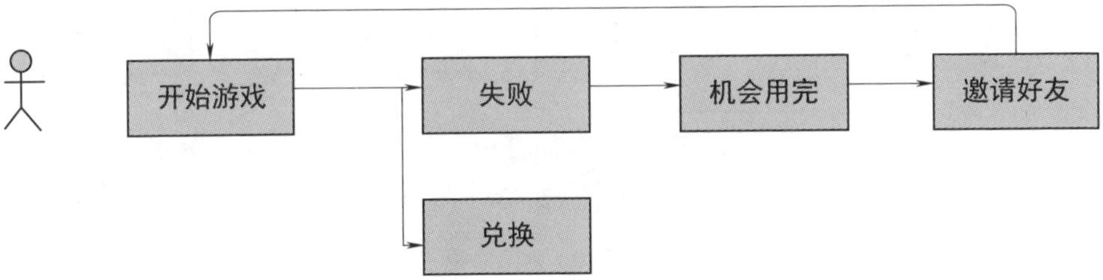

图 5.27　复活解锁的用户路径

目前复活的方式已经被微信禁止了，至于原因可以用一个网上传上段子说明："微信小程序火了，但我成了你的复活卡。"

（3）助力解锁 & 权限限制

因为产生了对用户的恶意干扰以及高频的消息数，一旦小程序涵盖了复活如图 5.27 这样的路径，是无法通过审核的，但可以利用只是增加次数的复活，即不复活用户也可继续跑下去的方式，如图 5.28 助力解锁。

助力解锁的形态一般用于拼团、电商中，图 5.28 是一个知识付费的商品购买页的助力解锁，在该页面下邀请用户，可以免费获得课程学习机会。

图 5.28　助力解锁

助力解锁的用户路径，如图 5.29 助力路径。

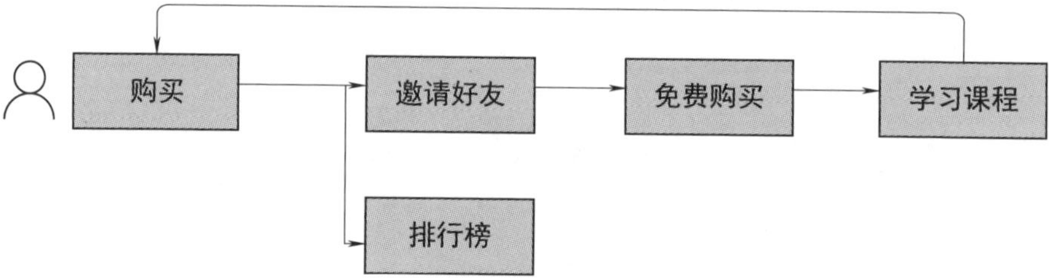

图 5.29　助力路径

前面我们提过在朋友圈的传播可以通过微信阅读的方式，如图 5.30 微信阅读拼团和图 5.31 微信阅读分享。

但传播过程中的链路不是强制的，用户是有选择参与或不参与的权利，这种方式实现了增加了 App 的下载和新用户注册。

上面路径与一种方式——课程分销极为相似。在这个小程序中，用户通过排行榜可以查询到邀请用户数的排名。

（4）拼团

在知识付费的电商形式下，也可以利用微信小程序助力拼团的玩法。用户通过邀请更多人参与拼团降低产品价格，还会生成拼团排行榜。利用小程序消息模版及时提醒用户商品的价格变动趋势、拼团人数变化。如图 5.32 拼团。

图 5.30　微信阅读

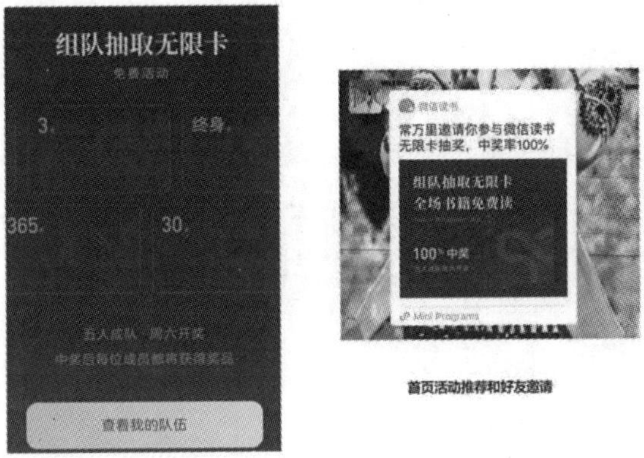

图 5.31　微信阅读分享

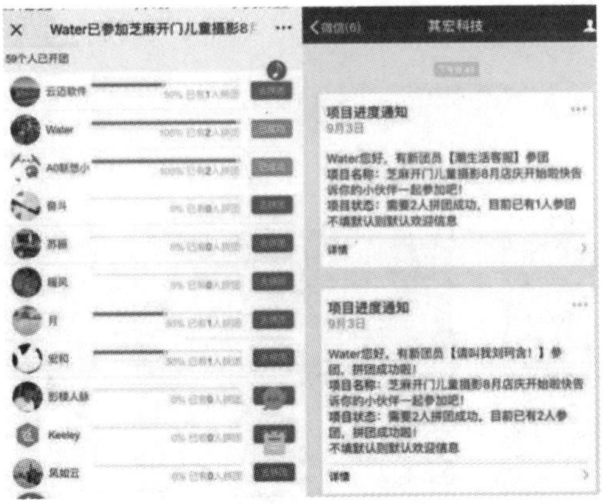

图 5.32　拼团

图 5.33 显示了拼团社交增长，用户可以选择原价购买也可以参加拼团购买。

图 5.33　拼团社交增长

（5）红包玩法

红包社交增长指的是用户通过邀约拉新获得现金红包返现，现金返现会设置提现门槛，比如达到 10 元或 100 元等额度时才可以提现。用户拉新得到的返现在设计上会定为 8 元或 92 元，通过小部分的差额引导用户再次去拉新。当离提现额度越来越近时，可以降低红包领取的数值，增加用户进一步传播。

图 5.34　红包社交增长

红包社交增长的用户路径，如图 5.35 所示。

从上面五个方案可以看出，因为小程序的快捷、开发门槛低、成本低、收益能翻数十倍，有的小程序火了以后，甚至还获得了良好的 GMV，得到了投资人的青睐。

这就是小程序在微信社交增长机制，没有局限在朋友圈，也没有强制用户做什么，可用户就是来了。

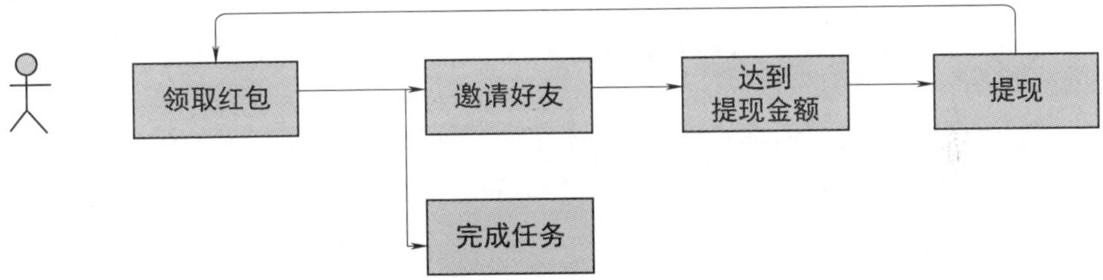

图 5.35 红包社交增长的用户路径

5.2 创业者在微信的合规手册

5.2.1 不正确的社交增长案例

如今微信公布的限制条款越来越多，创业者觉得流量越来越贵。为什么流量越来越贵？因为一个产品如果只靠研发与新颖的商业模式，是活不下去的，需要流量做支撑。

流量是产品社交增长、分享等的传播方式，可以成功获得种子用户与第二批、第三批用户。有了流量才验证知道商业模式的正确与否，有了流量才会有利润。

下面这个例子是社交增长中的负面案例。

许多英语学习的 App 或小程序会以打卡的方式要求学员完成学习，这种社交增长策略主要是以免押金或押金原路退回的方式，刺激用户产生“我可以免费学习，只要坚持分享就行”。

但这类产品增加了报名用户在朋友圈截图上传，并审核通过才算完成任务的条件。看似是流量引入的社交增长策略，实质上是以退押金、送礼的方式要求用户做自己不想做的事情。用户因为拿不到应该有的押金或福利而产生不满，通常会带来高比例的用户投诉。

这类产品产生内容都要求用户以“朋友圈”的方式传播，容易让用户的好友产生反感，朋友圈的每一次传播迫使自己的好友阅读内容，并且因为“坚持打卡”持续的时间较长，最终整个产品所产生的内容数量指数增多，影响微信生态的内容平衡。

以“只要打卡完成就返押金”强制用户做不合理的传播，这类社交增长是微信打压的对象之一。

5.2.2 规避引诱文案和诱导分享

做社交分享首先要考虑的是产品是不是诱导分享。下面从文案 + 用户行为操作两个方面进行剖析。

1. 避开引诱文案

在微信生态中，诱导分享的定义如下。微信运营规范中的 3.3.2 诱导关注指通过外链、公众号群发或二维码等方式，以奖励或其他方式，强制或诱导用户关注公众号的行为。奖励的方式包括但不限于：实物奖品、虚拟奖品(积分、信息)等。包括以下类型：①强制用户分享：分享后才能继续下一步操作。包括但不限于：分享后方可预订，分享后方可知道答案等。②利诱用户分享：分享后对用户有奖励。包括但不限于：邀请好友拆礼盒，集赞，分享可增加一次抽奖机会等。③胁迫、煽动用户分享：用夸张言语来胁迫、引诱用户分享。包括但不限于：“不转不是中国人”“请好心人转发一下”“转发后一生平安”“转疯了”“必转”等。

2. 避免让用户“没有选择”

你可能会看到微信的一些打压增长案例处理公告，比如下面我们看到的在产品截图，图 5.36。

可以看出上面的产品是强制分享朋友圈 + 退回押金的方式：强制分享 + 送礼，用户要想退押金、得到礼品只能通过分享，这会被判定为诱导分享。

增加用户选择权利，如同上面提出的拼团和微信阅读案例，可以避免成为诱导分享。

图 5.36　发红包

5.3　PMTalk“社交”增长的案例

5.3.1　产品研发推动的社交增长

在 5.1 中我们了解了小程序的特性。小程序以用完即走的特殊产品形态和体验给予用户，所以使用微信的账户体系即可。社交增长不仅可以带来流量，还可以带来精准用户；在用户流量加入电商或购买的路径，变现能力也不容小看；因为获取的是目标用户原因，转化效果也是非常不错的。

我们在 5.1 也提过一个关键词：“利益锚点”，这是我们找到社交增长点的基础。

在第 2 章，我们也提到过功能性分享和引导性分享，这两种分享在小程序上就有合理的落地场景。创业者要多花点时间在小程序的分享入口和出口上，设计好配套的文案和封面图。

分享既能保证最大程度的曝光，还可以保持良好的增长效果。如图 5.37 是腾讯视频小程序，分享某个视频就产生该视频的封面。

而 App 或 Web 产品，只能通过调用第三方接口，产生海报或朋友圈图文消息传播，如图 5.38 是朋友圈海报。

图 5.37 腾讯视频分享

图 5.38 朋友圈海报

在传播中小程序可以针对不同用户生成对应的文案或小程序分享封面，如图 5.39 是小程序分享页面。

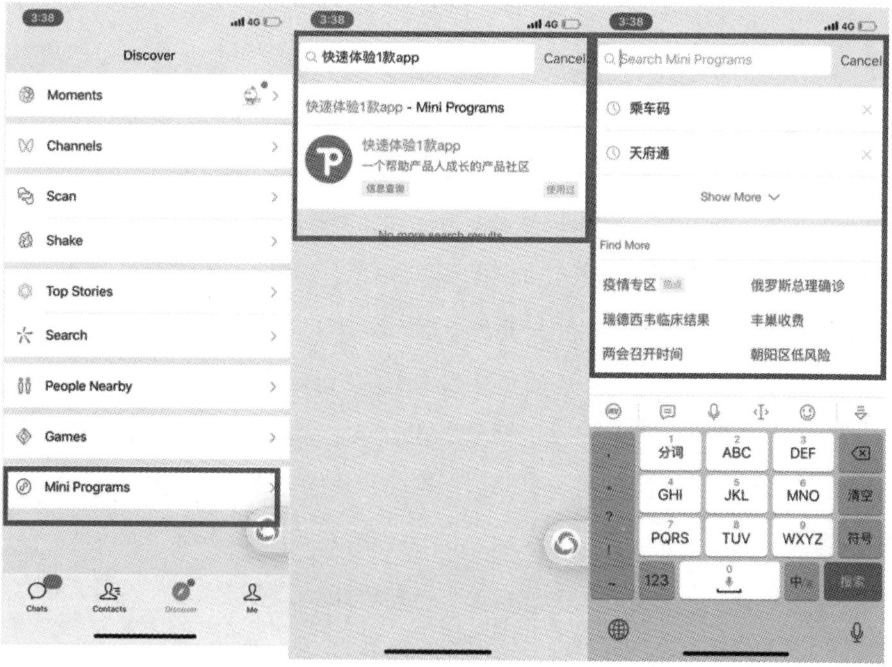

图 5.39 小程序分享页面

在微信生态中，小程序存在单独的入口，例如好友消息列表的顶部或小程序搜索入口，图 5.40 是小程序搜索入口。

图 5.40 小程序搜索入口

社交增长机制在小程序上设计，会比在 App 或第三方更有效果。

社交增长的目的是带来新的精准用户，如果产品自带功能太过于臃肿使页面或入口增加，就会很直接的影响社交增长效果。

干扰用户做分享的理由或许有多个，既然无法确保增加了某个关联点后社交增长效果，就要在小程序保持克制，拒绝无效功能。

流量就像一个河水，付费产品像过滤网，小程序的社交增长机制，引导了河水进入产品中，通过过滤网，产生了付费用户和非付费用户。这里有一张图表示流量路径，图 5.41。

创业者在设计社交增长路径时还要考虑如何给予其他模块或 SKU（Stock Keeping Unit，库存量单位）的商品导流量，形成阶梯渗透。流量就如同河水，产品如同小生命，小生命得到营养长大后就可以自力更生。

产品研发的这个增长机制不仅可以在小程序中使用，在 App 中或 Web 产品中也可以使用。小程序与微信的切合度比第三方 App 和 Web 产品的切合度高，产品研发在小程序中用最便利。例如相比第三方的分享，小程序有单独的形态在社群传播。

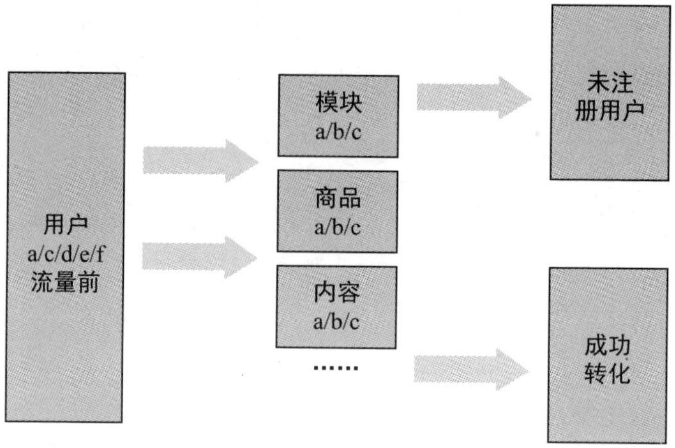

图 5.41 流量路径

最后利用产品矩阵本质就是：舍小家保大家。通过给自己的主流产品引流，首先检测自己的次级产品会不会被封，社交增长传播完成后再通过关联路径给自己的产品引流拉新。

PMTalk 的产品上线后，看到拉新数据后，团队非常意外：在整个用户路径中，社交增长的传播在 1 天就达到了 10 级。这里的 10 级指的是链路，从第一个用户传播到后续用户链路长度。如图 5.42 就是一个用户链路。

前面我们提过互联网社区产品不能只有增长，产品提供优质内容体验和增加解决目标用户需求，才可以走得更久、更远。

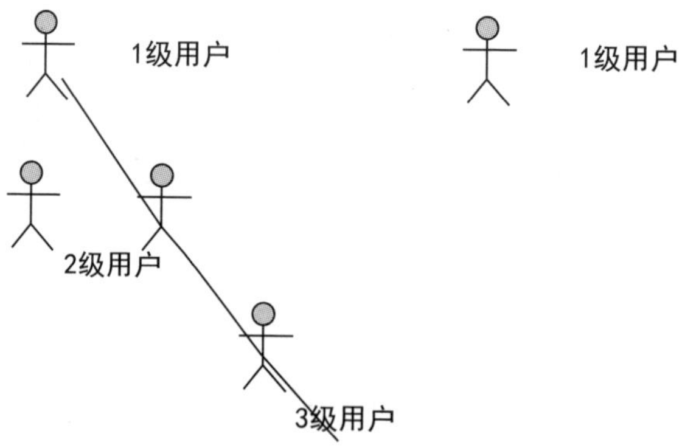

图 5.42　用户链路

产品上线后不仅要注意迭代，还要注意上线的排期和用户的反馈，保证可以再次快速赋能社交增长传播，防止竞争对手或同类产品出现让用户疲乏。也要及时归纳需求，评估开发时间。在业务的紧急性与开发难度上统计评估，要知道产品为什么能快速传播，传播中的不足都要加上需求池。如图 5.43 需求管理。

功能模块	需求描述	优先级	开发时间	进度

图 5.43　需求管理

在产品研发中，创业者要注意细节。比如海报分享，若发现小程序码太小与引导文案不够吸引人，可以快速提出，不用进入需求排期直接优先做。同时加入公众号引流渠道，之前引流到公众号，现在可以引流到社区，增加流量分发，如图 5.44 是体验报告分享文案、图 5.45 是文案迭代、图 5.46 是提示关注文案，都是创业者要注意的细节。

图 5.44　体验报告分享文案

图 5.45　文案迭代

图 5.46　提示关注文案

从微信生态到产品增长，PMTalk 一直在寻找让产品成为一个社交增长引擎的方法。依靠公众号粉丝增加流量的时代已经过去，如何让产品增长超过微信生态并且可以独立出来，才是增长黑客所要思考的，所以我们分别用运营推动和产品研发推动两套打法来做社交增长。

5.3.2 运营推动的社交增长

如果你不是产品经理，没有开发的同学，可以从下面的案例找出灵感，利用社交红利做增长。

1. 在高校的社交增长案例

本案例是以互联网内容走进高校为主题。在接到这个主题后，我们通过用户画像拆解法，把面对的用户群体拆分为三个维度：高校工科、文科类学生；年龄段覆盖大一到大四；针对高校用户群体，大三大四的学生因为就业压力或实习要求，对如何寻找一条自己喜欢的工作有兴趣。

该案例成绩：4 小时增长了 800+ 垂直用户。

在实际操作中，你会发现如图 5.47 刷屏案例。

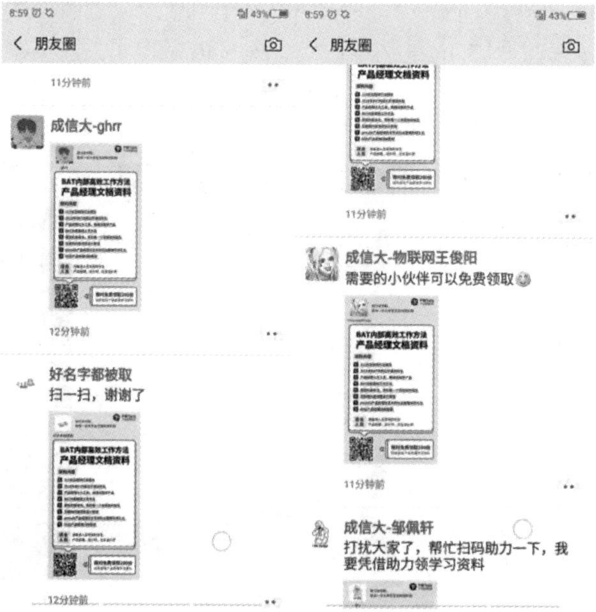

图 5.47　刷屏案例

我们采取了任务宝 + 社群，围绕高校大学生群体展开做社交增长。整体成本：0 元。图 5.48 是整个任务的环节拆解。

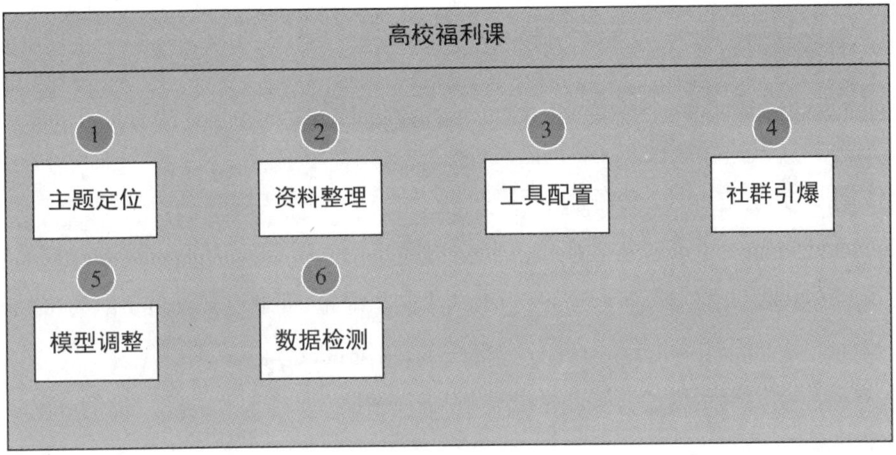

图 5.48 环节拆解

我们建立了如图 5.49 的社交增长项目管理。

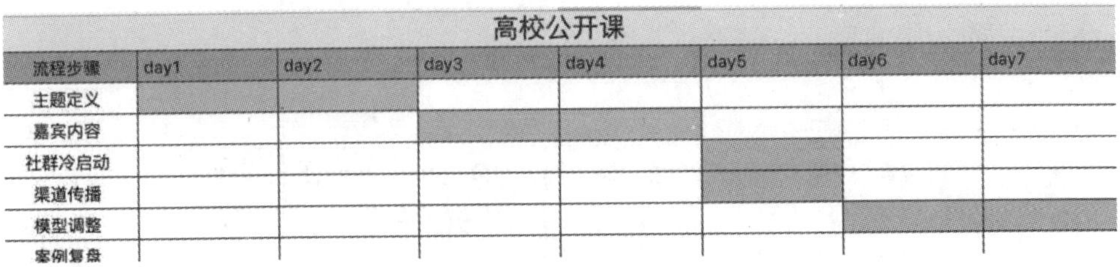

图 5.49 社交增长项目管理

社交增长可以通过项目管理实现敏捷管理，按照确定主题定义—制定嘉宾内容—社群冷启动—渠道传播—模型调整—案例复盘，六个步骤拆解，但最终整个社交增长策划要保证三点：内容准备、渠道传播、风控（模型）调整。

就高校目标用户调研后，我们选择了高校工科生作为切入社交增长策略的第一方向，针对特定人群：计算机专业的学生。因为需要更全面地了解自己可能的职业范围，大一到大四的学生是我们考虑的第二个方向。围绕着互联网，我们思考学生需要什么内容来连接创业者，整理了四个主题。

◎行业报告。

◎ BAT。

◎原型工具。

◎社区精选。

另外，还做了两个类型海报。

◎限量（知识付费海报）。

◎用户主体（知识付费海报）。

四个主题满足了高校学生群体需要学习硬技能、获得来自别人推荐的资料，还有了解互联网巨头的知识需求。同时根据两个类型海报，即通过知识付费的海报结构，我们策划了下面的原型海报和初稿，如图 5.50 落地页设计。

利用社交关系做增长，核心是要理解用户需求。通过定位主题，我们可以掌握到高校大学生的“痛点”，针对这些“痛点”我们整理对应的“子弹”，向目标用户发射。资料整理是社交增长的一种方式，在案例中我们是以产品大咖公开课导入，通过提供满足用户需求的产品，让用户有意愿领取。

如果不在知识付费行业，即使没有资料、没有课程，你也可以通过发放物品、资料等方式吸引用户。

图 5.50　落地页设计

如图 5.51 是整理了四个社交增长常用的“子弹”模型体系，就看你有什么样的“资源”去撬动用户。

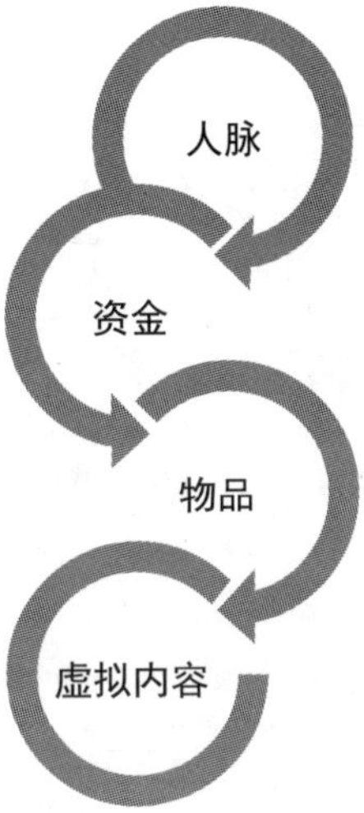

图 5.51 模型体系

在这次社交增长中，我们选用的是 2 000 元 / 年的任务宝工具。落地页海报设计需要留出用户账户信息、二维码位置，如图 5.52 是任务宝海报。

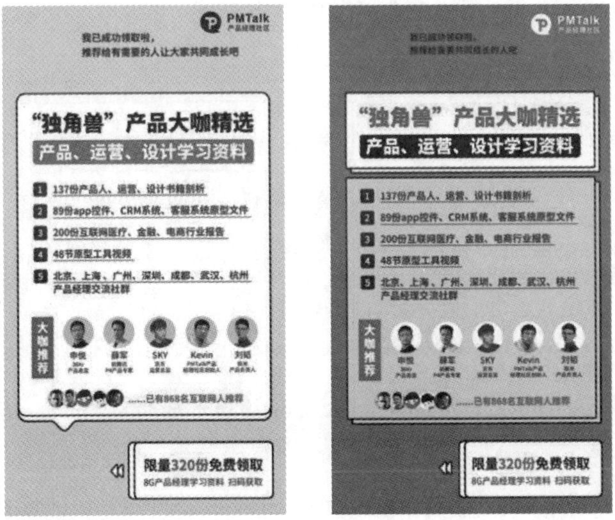

图 5.52 任务宝海报

任务宝中我们选取的是媒想到这款任务宝。当然还有许多厂商的任务宝工具，如图 5.53 是其他任务宝工具。

图 5.53 其他任务宝工具

工具只是起辅助的作用，核心还是在于整个社交增长的模型搭建和用户需求的把握，工具只是帮助你更高效地实现目标而已。通过任务宝（目前只支持认证的订阅号、服务号），我们设计了用户社交增长路径，如图 5.54。

我们还设置提醒模版、资料发放方式策略，如图 5.55 发放资料。

通过设置一阶段、二阶段、三阶段社交增长梯度，再考虑给予用户在不同阶段的文案，假想服务号成为一个真实机器人实时告诉用户反馈，让用户有真实感。

一阶在 2 人之内的拉新门槛用户是接受的，一旦超过 3 个人接受度就会下降 20%（断崖式下降）。

要给予用户取消关注的提示，公众号可以设置模版消息，让用户通过与“模版服务”交互。模版的说话方式可以在公众号后台设置：社交增长，获取下载链接。

在任务宝配置中，还要注意预留账户体系位置和二维码位置，给予引导文案。

比如："我已领取""推荐给大家"，设想用户分享海报的真实场景，是要告诉朋友圈的新朋友们，模拟真实用户的口吻设置文案是关键。

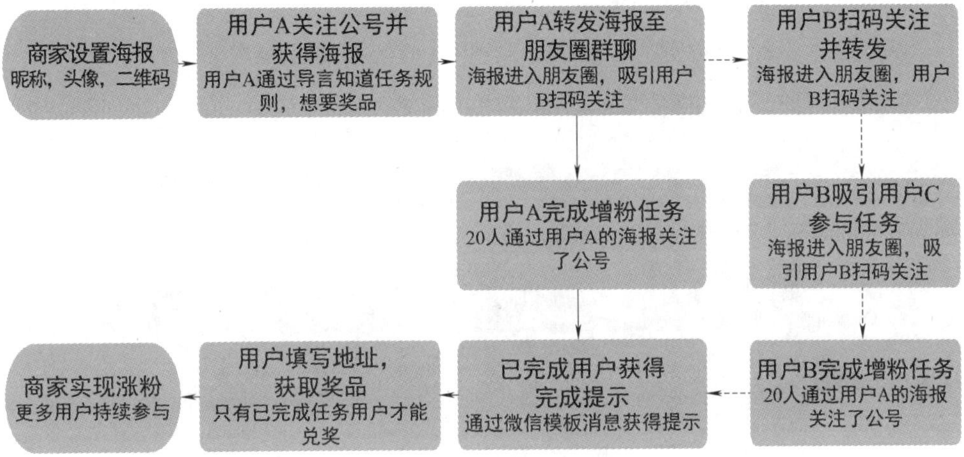

图 5.54　社交增长路径

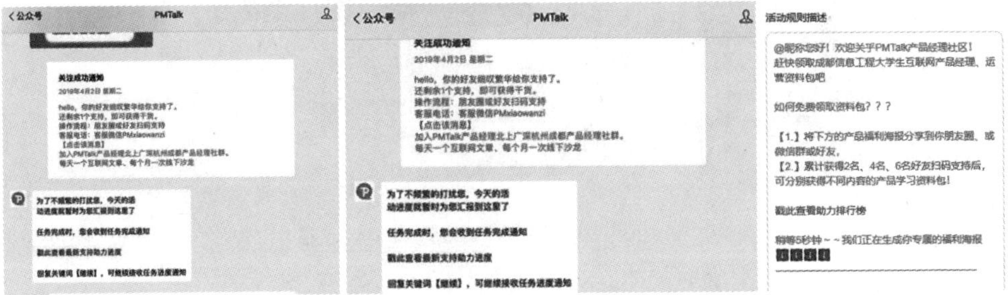

图 5.55　发放资料

社交增长一定要寻找对应的垂直社群，比如互联网创业者的社群、高校社群。社群激活后，通过红包方式触发用户查看群消息。

社群的分类有很多，比如下面五种社群类型。

◎利益型：例如，京东福利群、易尚【内购优惠】8 群。

◎事件型：例如，互联网大会报名群、周六线下见面群、8 月 3 号团建群、产品上线测试群。

◎兴趣型：例如，打卡读书群、打卡健身群、街舞群、登山群、午夜聊天群。

◎地域型：例如，北京交友群、西二旗租房群、大望路二手物品交换群。

◎关系型：例如，相亲相爱一家人、宜信保险事业部、大学同学群。

五个社群的维护成本也不同。

活跃度：关系型 > 兴趣型 > 地域型 > 事件型 > 利益型。

社群的维护成本：随着时间衰减，群的启动成本随之增长，如图 5.56 社群维护。

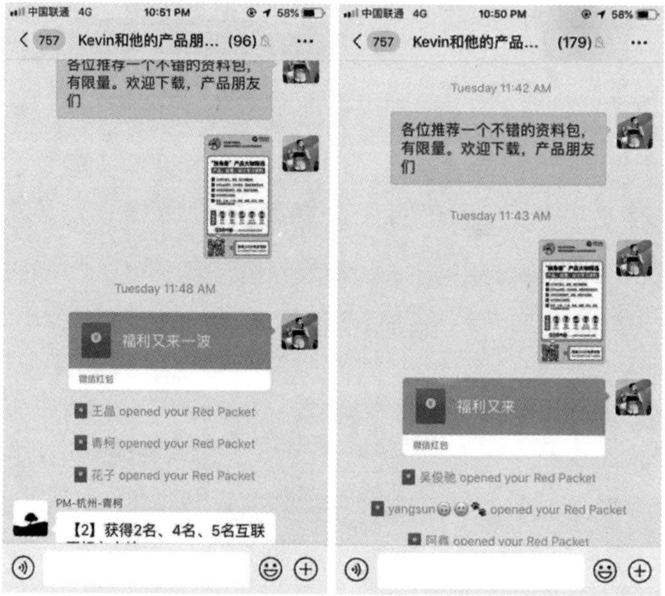

图 5.56　社群维护

在社群激活中，有几个时间点，11:00、8：00、19:00 这是不同节点，让用户可以有时间领取红包并阅读上下文。

要注意的是，红包一定要搭配活动文案，让用户可以直接在消息列表中阅读并参与社交增长。要注意用户二阶社交增长，添加社群维护，通过社群再次增量社交增长入口（图 5.57）。

社群的社交增长模型我们可以拆解为图 5.58 策略模型，通过二阶、三阶方式，不断让用户产生新的转化。

在社交增长冷启动推广到社群并引爆后，接下来就要开始利用社群说话方式降低风险，弥补社交增长中系统文案的错误引流。如图 5.59 是一个文案引导。

图 5.57　增量社交增长

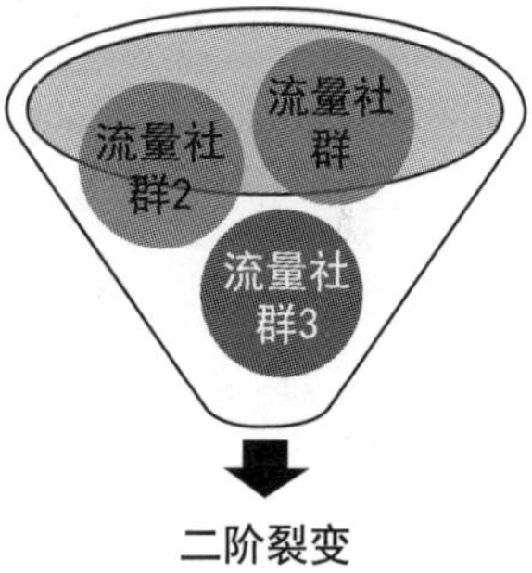

图 5.58　策略模型

通过文案引导减少用户焦虑情绪、用户反向反馈以及截流的问题。社群中 2~3 个用户成为水军马甲，同时调整文案的长度与模版消息反馈。图 5.60 是在校园社交增长案例中，对一阶、二阶消息的反馈以及用户任务没有完成后的拉新反馈。

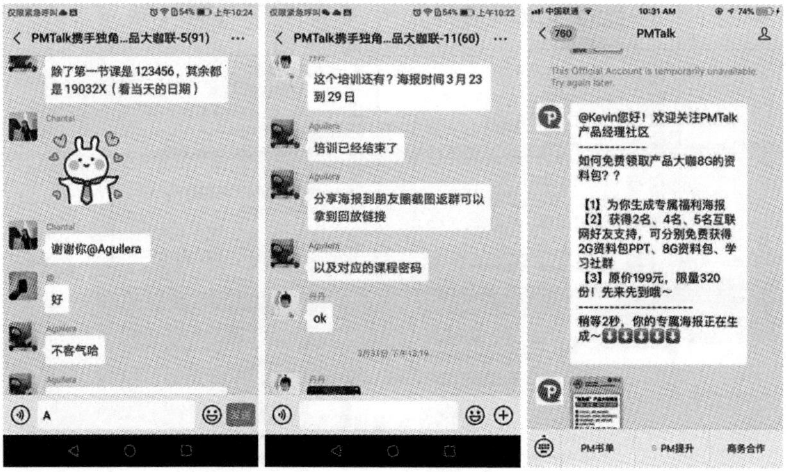

图 5.59　文案引导

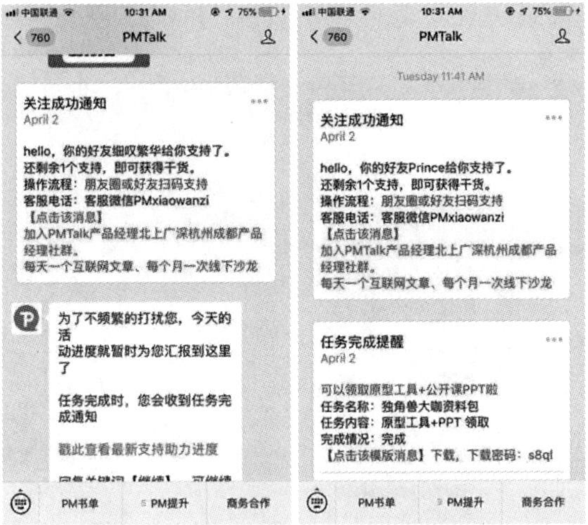

图 5.60　任务反馈

任务宝 + 服务号的形式是用户进入社交增长策略后的模型。在社交增长前需要调整海报，设置不同的文案，如图 5.61 两个海报，是我们调整后的文案，利用这样的文案对用户引导以及限制内容数量，让用户产生加入的欲望。

图 5.61　海报调整

数据检测在这次项目中十分重要，在这次社交增长案例中，我们用了 4 小时引爆 800+ 用户增长，用数据检测了增长模型。如图 5.62 公开课数据。

图 5.62　公开课数据

用户传播人次，最高达到 7 级别，如图 5.63 的人群传播级数。

传播级数一旦超过 5 级，是可以考虑产品化的，但因为这次社交增长采用的是知识付费内容，产品化就不再介绍了。在本次社交增长策划中，我们设置了三阶段任务，完成任务占比 18% 左右，同时要寻找社交增长模型中的 KOL 用户，继续在排名版中跟踪。

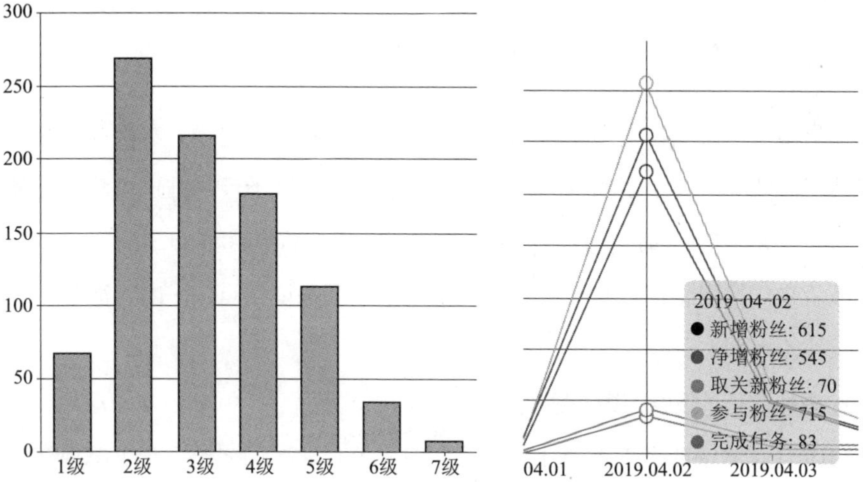

图 5.63　人群传播级数

在排名版中跟踪，方便后续社交增长策划案例中邀请 KOL 用户加入，完成社群引爆。要注意的是 KOL 用户并不是种子用户，通常这类用户有极强的价值交换属性。越是排名靠前的用户，拉新的目的性越弱，反而是对资源获取与交换的需求更多。

在本次社交增长的模型中，我们用几乎为 0 元成本实现快速拉新，除了复盘与工具化的配置使用，没有花费其他直接成本。

排名	粉丝	性别	关注状态	当前人气	历史最高人气	推广追踪	发奖状况	表单填写	备注
1	[redacted]	男	关注中	112	129	查看	未发奖	未填写	
2	[redacted] 丸子	女	关注中	37	42	查看	未发奖	未填写	
3	[redacted]	女	关注中	22	22	查看	未发奖	未填写	
4	[redacted]	男	关注中	18	22	查看	未发奖	未填写	
5	[redacted] 明	男	关注中	11	13	查看	未发奖	未填写	
6	[redacted]	男	关注中	10	13	查看	未发奖	未填写	
7	[redacted]	男	关注中	10	10	查看	未发奖	未填写	
8	何[redacted]	女	关注中	9	10	查看	未发奖	未填写	
9	[redacted]	男	关注中	9	10	查看	未发奖	未填写	
10	Vivi	男	关注中	9	10	查看	未发奖	未填写	

图 5.64 排名优先级

基于微信生态的社交增长方式，就是最好的运营驱动之一。本次社交增长的完成耗费了团队 3 个人 1 周的时间，快速增长的背后是基于产品推进用户。在流量越来越贵的今天，我们通过垂直用户做社交增长，让产品冷启动。

最后我们得出结论：整个社交增长的策划中要保证三点——内容准备、渠道传播、风控（模型）调整。

2. 虚拟课程 / 服务的增长案例

2019 互联网创业者 7 天公开课是我们做的公开课案例之一，一个海报在微信的社交关系里铺满了互联网人的朋友圈，你有看到过吗？如图 5.65 公开课刷屏。

这个案例是由 PMTalk 互联网创业者社区带头发起的。在创业者团队没有研发、产品的情况下，仅靠运营人力一天做到了 1 000+ 精准垂直用户增长，并且建立了数十个百人垂直社群，更重要的是整个社交增长的过程中我们的花费是 0 元。

本次案例的灵感来自 2018 年的网易刷屏公开课，想趁着公开课社交增长的激情还热乎着，蹭一波流量。

图 5.65 公开课刷屏

在做这次社交增长前，我们通过调研用户人群，关注开年来“互联网创业者”“求职”的百度指数，发现招聘的热门时间在三四月份——金三银四，与互联网创业者有关的高频词的百度指数也从开年后逐渐上升，这说明大多数职场人士都是在年后准备跳槽或转型做互联网创业者。

作为一个定位帮助产品人成长的社区，我们有一些优质的产品大咖资源，为什么不尝试着每一年或每个季度给产品人带来一些福利呢？我们开始考虑如何用社交增长的玩法策划这场线上课程。

我们拟定了做免费公开课的社交增长的方案。同时制定运营主题：互联网创业者人群到底想听什么课？只有解决这个问题，才能很好地引爆用户社交增长，给予用户想要的。这也是人的自然反应，为了得到自己想要的东西，愿意付出某种行为或者花钱。

我们用问卷 + 热词工具的方式完成主题。问卷上，我们采用了腾讯问卷，这个问卷并不是采样海量人群，而是向特定人群提问，问题围绕社交增长的目标用户——覆盖所有行业、年龄端的互联网创业者、运营人员。而通过第三方热词、关键词工具，我们也查询到搜索较高的流量入口词语分段，分析垂直人群搜索的关键词以及流量发布后，我们得到了下面的词语：爆款 / 经验案例 / 方法论 / 独角兽。

方案如下：

（1）用户调研

垂直用户调研后，我们做了如图 5.66 的用户调研。

（2）渠道合作

收集到反馈后，我们又做了方案迭代的输出。前面说了，这次社交增长玩法实现了 1 天涨粉 1 000+，最为有趣的是我们是 0 元启动的。怎么做到的？简而言之，是因为我们与渠道合作。

围绕着渠道合作首先要知道的两点：如何找渠道？如何与渠道沟通？要注意：渠道不重多，重精致（用户画像匹配）；不重品牌，重互助（不合作的及时剔除）。

（3）启动社群

在这次合作中，我们冷启动的社群达到了100+，每个群平均用户100+。有了这么多用户，如不启动，即使有了社群也很难让用户去消费社群内容，最终一些群可能会成为死群。但如何启动社群的用户？我们针对不同用户的社群采用了红包机制 + 红包社交增长文案的方式。

100人左右的社群发放20个红包，200人以上的社群发放40个红包。红包的数额我们控制在1 ~ 3元。通过红包激活社群，用户社交数据在中午12点有了增长。对于福利我们也要注意文案的修饰，能简单直接的就不要复杂。比如能用“给用户减免多少”的表达，就不说“给用户多少价值的优惠券”（图5.67）。

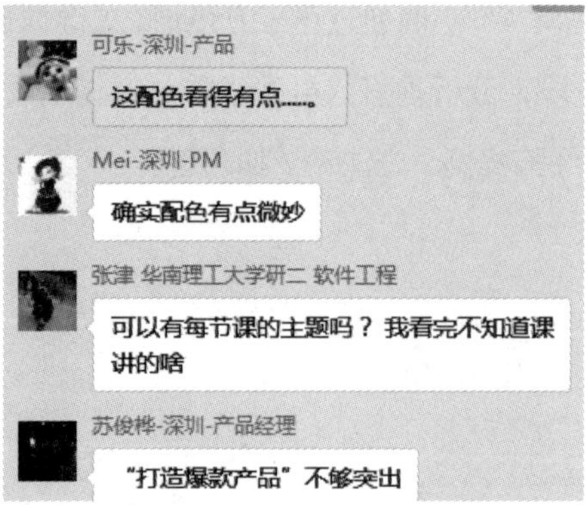

图5.66　用户调研

图5.67　红包方案

（4）方案实施

关键词的提取，让我们更加明确社区可以利用的资源在哪里。针对现有的产品分类，我们邀请了来自独角兽的产品朋友。我们不仅依靠靠关键词也有学习相关案例，根据需求，我们增加了文档、原型的资料包，让整个课程不仅有上课，还有学习资料集合。

我们采取的是“时间警示语”+“关键词”+“平台化”的方式：“限时 7 天”“PMTalk 互联网创业者社区”“独角兽产品案例”就分别对应这三个分化。

（5）方案调整

创业者这个用户群对社交增长是非常“机制”的，他们知道你要他们分享背后的意义，这群用户的分享成本会较高，因此门槛要求就要更低。

大多数做社交增长的，都希望能够采取“固定说话方式”+ 海报的社交增长方式实现增长。我们不走寻常路，用“海报”让用户自已传播，降低用户社交增长门槛。

前期我们碰到的问题是：分享朋友圈后过高的文案门槛，导致用户难以启动，即社交增长后发现，用户门槛过于高，刚开始效果并不好，几个小时才建一个群，正常的话应该 10 多分钟建一个群。

之后，我们改了方案，用户只要分享海报即可，并且删除用户保留 3 小时的机制。

因为社交增长一般在中午 11 点开始，周五的时间点距离开课时间还有不到 1 天。用户的参与度比在上周六高得多。这也说明了，如果该内容在这一时间段没有社交增长成功，还可以在下一个时间点测试，并不会过度的减弱社交增长的传播效力。

其次要找到一些 KOL 或品牌商为自己站台，增加内容的可信度。比如这次要感谢我们的合作伙伴，他们的及时站台让更多用户参与。

（6）风险控制

风控方面首先要注意的是：在每一个社群都要降低用户的焦虑感。在社交增长设计下，用户会有 120 ～ 200 分钟的等待时间。在等待时间里，可以通过志愿者增加用户对内容的信任降低用户焦虑，帮助实现二级、三级社交增长。

其次要注意截流，一些竞品在看到你的社交增长火爆的时候会将二维码修改。

用户传播中并不知道二维码内容，导致流量被截取。建议采用草料二维码检测，一旦发现某个渠道中断或断崖式下跌就要查询是否有恶意截流的用户。

本次社交增长我们不仅将用户导流在公众号中，还成功地吸引了 200+ 产品注册用户，并通过社交增长的方式增加了 3% 的社区搜索权重。

3. 用付费社区做社交增长

社区是我们很多人都使用的产品，利用社区的社交关系也可以做增长。我们做过一个社区增长案例，效果斐然。

短短 4 天，我们的成绩如下：

◎公众号涨粉 10 000+；

◎产品注册用户日突破 1 000+；

◎产品转化日突破 100+；

◎产品 UV 增加接近 100 倍；

◎服务器崩 2 次；

◎被用户发现 BUG20+。

本案例提出一个公式：产品 + 社交增长 = 增长黑客。

（1）为什么要用社交增长来做加号因子

社交增长能实现目标用户传播、目标用户二次传播、目标用户三次传播甚至是反复传播。社交增长的魅力在于：每次获客的成本几乎为 0；得到的用户精准、画像相似；基于微信生态。

（2）当产品有社交增长的赋能后会有什么变化

这里的产品是指互联网产品，产品是企业自身的账户体系、自身用户。用户的数据与价值通过产品积累，随着用户数越来越多，企业和产品的价值会越来越大。

通过社交增长源源不断地为产品带来目标用户、种子用户、精准用户，用户进入产品体系后再进行转化和留存，你的产品就有了生命力，就活起来了。

首先看这次的案例成绩如何？我们把成绩分三个部分：社交增长刷屏、产品增长、转化。

社交传播部分：

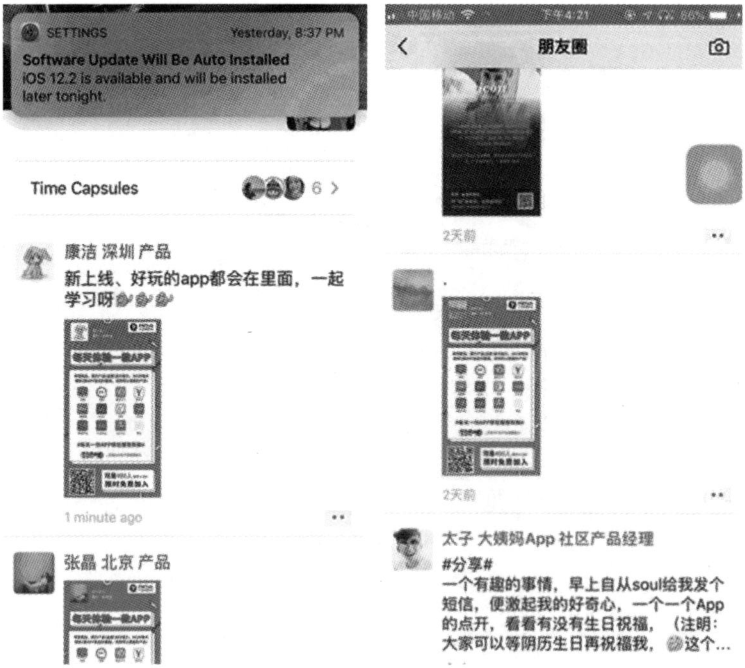

图 5.68 社交传播

社区注册 \UV 增长：

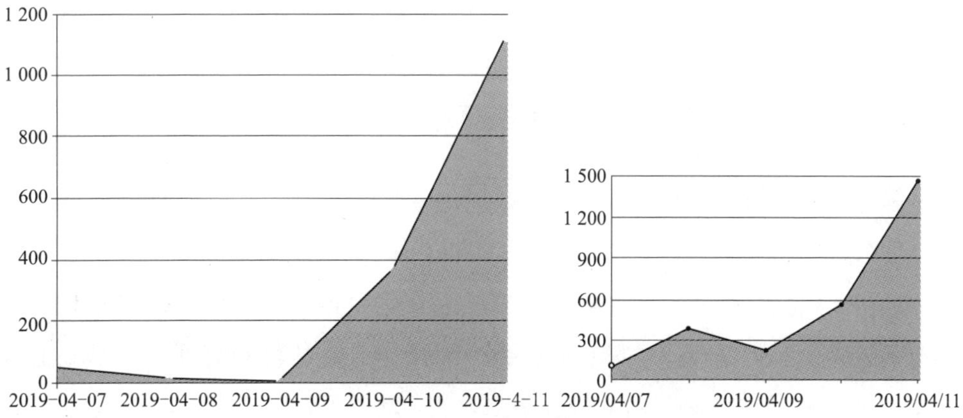

图 5.69 社区注册 \UV 增长

公众号增长：

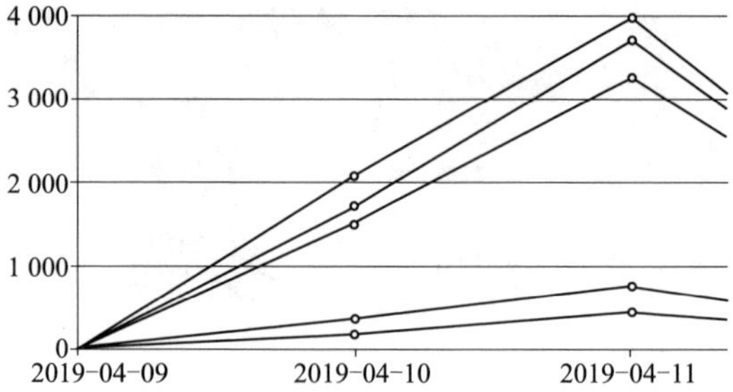

图 5.70　公众号增长

社区转化数：100+。

下面五个步骤阐述我们在这次复盘中是如何获取这样的成绩的。从这些步骤可以看出这样的成绩不是偶然，是可以持续复制的。

图 5.71　复盘步骤

第一，挖掘产品特点。

什么是产品特点挖掘？我们从自己的产品与微信说起。PMTalk 产品经理社区从创立之初就立志成为一个“帮助产品人成长的社区”，而产品人是互联网人的代表，包含了运营、设计、开发。实际上成立 1 年多时，我们在帮助互联网同学们成长上，做了很多事情：社区涵盖上千份 App 体验报告，我们将内容进行产品化，方便产品经理查阅各类行业、热门 App 有深度的体验报告，这些为我们挖掘产品特点打下了基础。如图 5.72 是一份社区体验报告。

图 5.72　社区体验报告

由于我们打算基于微信社交关系、通过社交增长的方式，将目标用户聚集在有共同需求的社群上，然后根据情况再去连接 PMTalk 产品经理社区，所以也必须挖掘产品特点。图 5.73 是产品和社群关系。

挖掘产品特点就是要挖掘用户痛点。任何一个产品设计出来，本质上都是解决问题的，而问题来源还是“用户”。对于用户，我们可以依照马斯洛需求层次理论对人类的需求层级进行拆分。

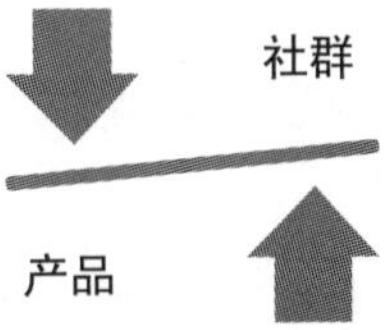

图 5.73　产品和社群关系

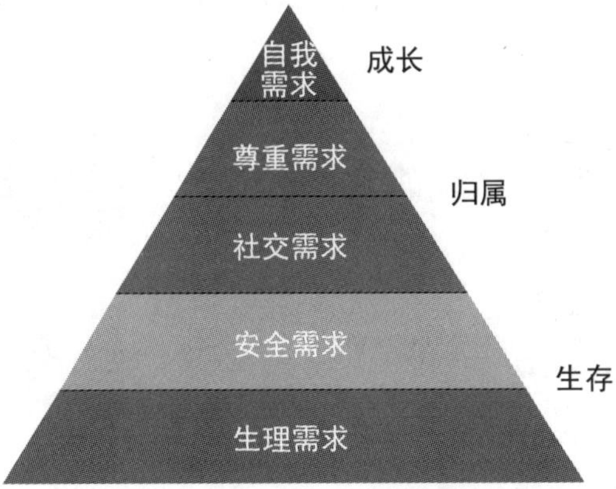

图 5.74　马斯洛需求层次

根据马斯洛需求层次理论，我们也试着建立自己社区的用户层级，从产品经理、运营、设计师、开发者的需求出发，设计了 PMTalk 的用户群金字塔需求。

图 5.75 是 PMTalk 用户群金字塔，经过分析就可以知道，产品经理要做爆款产品的前提是要开展产品策划，设计出一款能够解决用户需求或者适应公司业务的产品。

第二，撰写体验报告。

我曾经也是一个产品经理，工作中需要查阅竞品、查看同行业的产品迭代更新记录与功能。这对我来说是一个必要的工作，因为只有这样才能知道对方是在走什么策略，我们能不能引用以帮助自身更快成长。

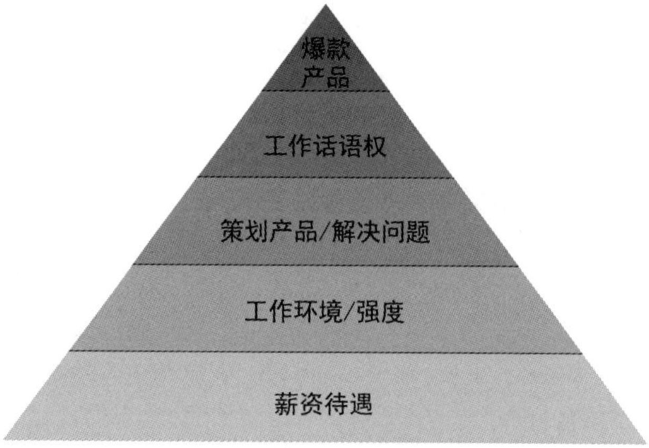

图 5.75　PMTalk 用户群金字塔

图 5.76　撰写体验报告

许多互联网公司，会要求新员工入职后撰写自家产品和相关竞品的体验报告，可以说阅读和撰写体验报告是互联网人必须要做的一件事。互联网新人阅读和撰写体验报告是为了提升与训练自己的产品能力；非新人撰写体验报告是为了表达自己对产品的不同看法，便于企业收集产品反馈信息。

通过比对，我们决定使用体验报告主题。我们的文案是在社群调研的基础上产生的，在调研中我们还发现不仅产品经理人群需要体验报告，互联网从业人员在工作中也需要体验报告。

第三，确定用户路径与社交关系链。

通过用户调研后确定主题后，我们设计了用户路径，如图 5.77。我们还采购了两个工具“建群宝”“任务宝”，通过这两个工具来做社交增长。这里要感谢来自乙店、媒想到的合作支持，我们仅花费几千元，就实现了社交关系增长。

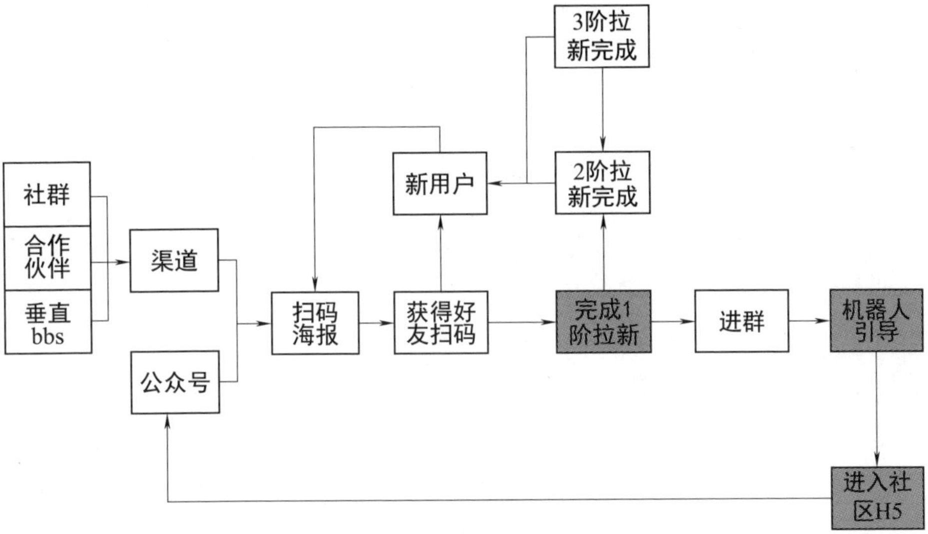

图 5.77　用户路径

然后我们围绕：竞品、运营、产品、365 天、增加紧迫感、突出内容拆解这六个关键词，做产品增长。

我们积累了产品经理、运营比较关注的热门产品 App 输出原型到初稿、次稿版本 UI，如图 5.78 是我们的海报原型设计。

通过对用户需求、产品自身特点的分析，我们总结出了文案。在知识付费领域下，常用的海报板式结构通常如图 5.78 左一。

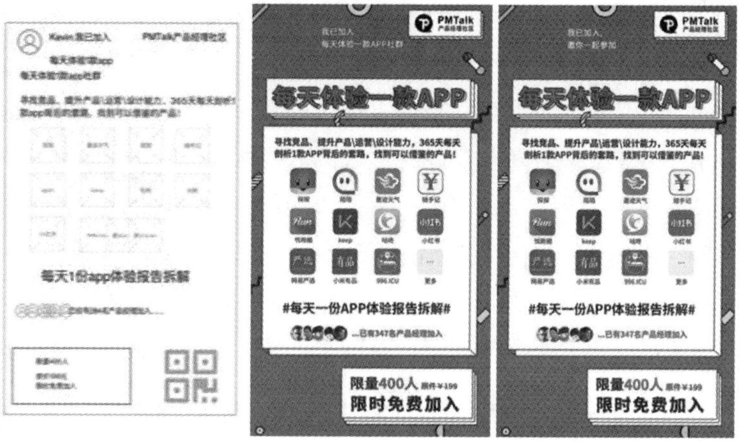

图 5.78　海报原型设计

需要特别强调的是，如果你的社交增长链路超过了 5 级，这次策划就属于一个正常的模型，说明在策划中找准了用户需求、拿住了用户的痛点。在这次社交增长中，我们冷启动的社群与渠道是垂直的互联网从业人员、产品人员、运营人员，当然也有 CEO 抱着好玩、有趣的心态加入，这些用户很快通过社交增长产生链路关系。链路关系可以用图 5.79 社交关系链理解。

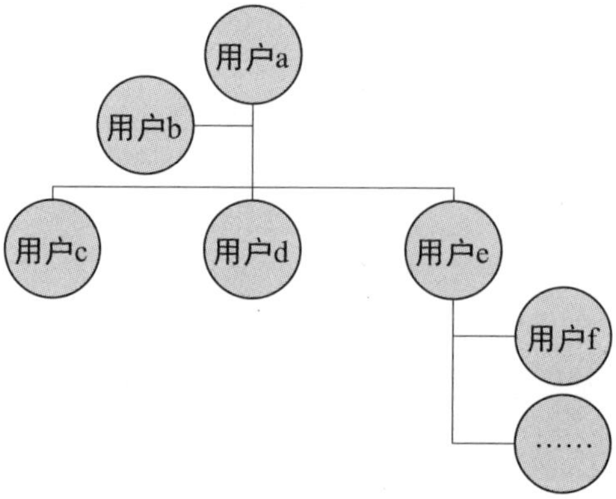

图 5.79　社交关系链

我们这次的社交增长的传播层级在第一天达到了 14 级，如图 5.80；在第四天达到了 21 级，如图 5.81。

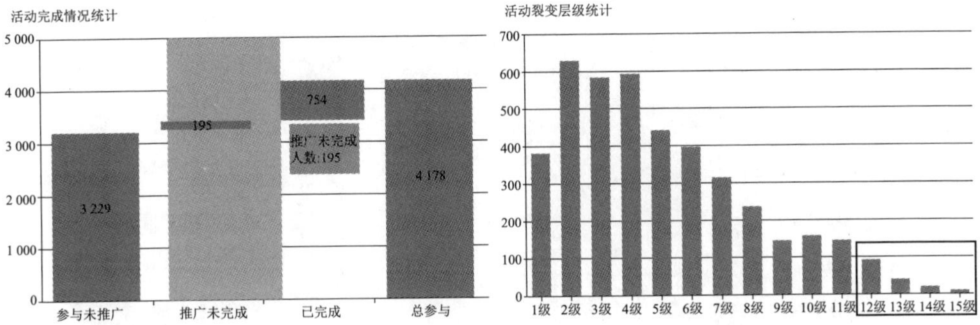

图 5.80　14 级传播层级

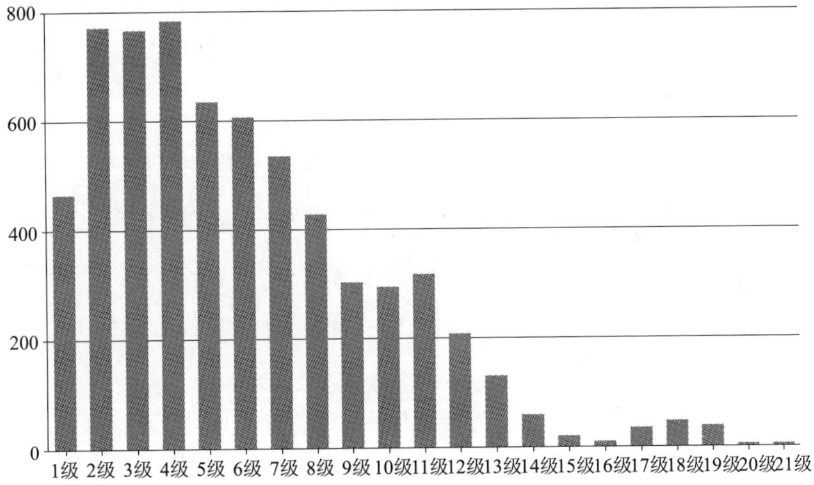

图 5.81　21 级传播层数

第四，风险控制。

因为用户不断地在社交关系链上传播，用户拉新越来越多，也出现了竞品的借鉴和流量截取的情况。但在检测下我们很快进行了屏蔽，恢复了流量路径。因为痛点的抓取比竞品更准确，用户还传播到其他同类型的产品社区。图 5.82 是竞品截取社交关系。

用户快速增加势必会带来服务成本的增加，PMTalk 所使用的服务器崩溃了两次，分别是第一天的早上 10 点和晚上 11 点。

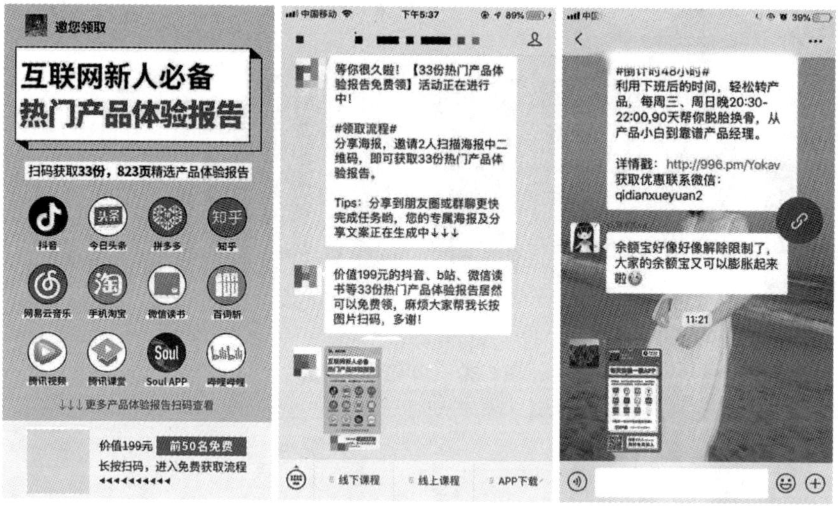

图 5.82　竞品截取社交关系

在第一天，体验报告的投放我们定在晚上 10 点，但由于没有考虑来自接近 100+ 个社群带来的上万用户高并发访问，我们的产品先是出现了偶尔的不稳定，最后直接挂掉（图 5.83 显示了产品服务期崩溃），许多用户成了“产品的测试”，焦虑、不满甚至是愤怒的情绪出现在社群中（图 5.84 显示了用户的负面情绪）。

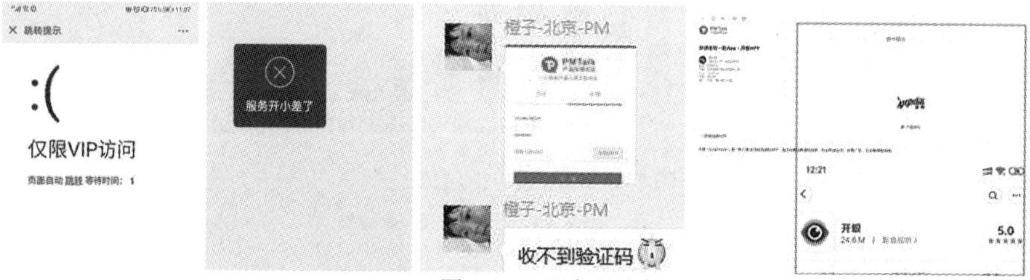

图 5.83　服务器宕机

第五，调整运营策略。

面对这种情况，我们紧急建立了需求池与运营开解，对用户的问题做了分类，用户的问题主要包含七种：

◎产品使用问题；

◎竞品潜入；

◎恶意诋毁；

◎广告内容；

◎社群规则；

◎内容问题；

◎产品 BUG。

图 5.84 用户负面情绪

紧急建立的需求池对产品 BUG 以及需要优化的内容进行记录，通过下面两方面切入：第一方面，在遇到产品无反馈等问题时，首先通过针对用户的问题进行安抚，其次让开发人员清楚优先级 BUG 与问题，尽可能地减少用户流失、退群或者是朋友圈吐槽；第二方面，我们加强了内容筛选机制，从快速体验 1 款 App 的体验报告过渡到深度体验 1 款 App，并且通过运营同学层层把关内容，即使是用户自主产生的体验报告内容，运营人员也需要包装、排班调整，保证展现给用户的是最好的内容。

同时，我们不再同时批量投放产品到社群中，而是分布式投放，第一批用户反馈后，再决定是否投放到第二批用户社群中，增加了风控机制，也减少了运营成本。

调整运营策略后第二天，产品问题得到了解决，用户的负面情绪减少，用户流失得到遏制，用户的反馈有了提升。更没想到的是用户开始主动为 PMTalk 产品经理社区站台，甚至给予优化建议。

在这次“社交增长 + 产品 = 黑客增长”的案例背后，我们知道了自己的产品在用户上的问题集中在什么模块、什么平台，也知道了运营人员需要调整策略增加用户在产品上留存。

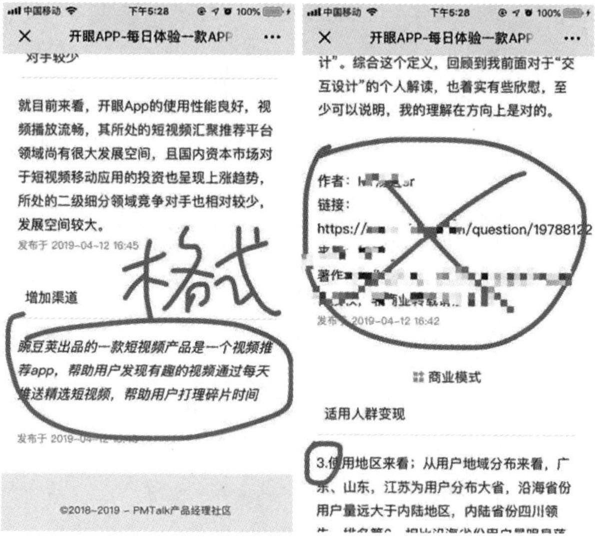

图 5.85　体验报告格式

在这个案例下，我们发现社区留住一个老用户的成本比拉住一个新用户的成本高3倍；当产品经过社交爆发式增长后，留住一个老用户的成本会达到拉新的5倍以上。

图 5.86　优化建议

因为产品不断进行BUG修复、运营，这都属于社交增长中的成本消费，所以我们在社交增长进入消退周期后，快速地排出项目管理计划，如图 5.87。

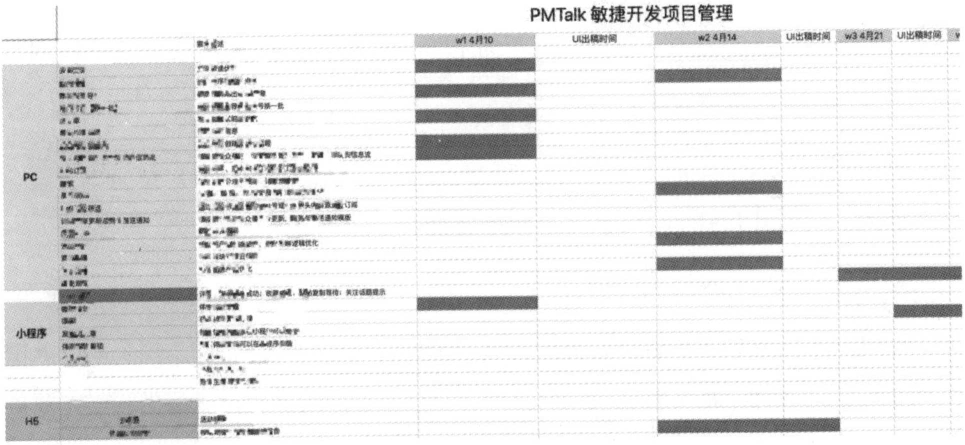

图 5.87　项目管理计划

用户的快速涌入，不仅让团队知道到产品的价值所在，也让我们知道产品给予用户的价值偏差有多大，即使调整不同模块的优先级甚至是调整产品方案，这样的偏差依然存在。

这次通过社交增长带动产品进入黑客增长，我们团队用了 6 天策划 +5 天运营维护总共 11 天。

从这个案例中，我们深刻感受到，产品上线后不仅有 BUG 问题，还要考虑运营成本。本次增长每个问题的发现和被吐槽，团队都是又哭又笑。哭的是：没有让用户得到好的体验，用户体验甚至比预期还差，流失了一批用户。笑的是：产品的核心价值与用户的认知是匹配的。

有了这样的成绩，开发人员即使晚上通宵码代码也是开心的。作为团队的开发领队，在这次增长中我也感悟到，当产品活了后，创业不再是工作，而是一个使命、一份责任。我们团队在结束后也做了如图 5.88 的总结。

图 5.88　团队总结

成员互相打气、互相加油，让这个创业团队充满了激情和前进的动力。从一切为了用户出发，两个运营同学连续4天维护上百个社群，每天到凌晨2点甚至是通宵；开发的同学一天（24小时）就完成了新优化功能的上线，付出的辛劳也能看得到。这些都是我们能成功的关键。

5.4 PMTalk 小程序增长案例

5.3.1 第三个案例是社群增长案例，这个案例是我们在运营启动下增长最快、增长最多的一个案例。整个模型我们没有用产品研发，只是采用第三方工具——任务宝的增长模型测试。用户A通过邀请用户B参加后， B即可获得对应奖励，同时还设置邀请总数增加排名机制。在这个案例中，我们利用第三方工具邀请提醒，如图5.89，有新用户加入后，老用户即可得到通知，获得成就感。下面我们从小程序增长的角度详解一下该案例。

图 5.89　邀请提醒

5.4.1 小程序的邀请页和分享

PMTalk通过第三方工具任务宝完成模型后，再结合前面提到的分销玩法，设计了邀请页的小程序，如图5.90。在下面的部分对这个小程序做一详细的说明。

在页面上突出已经被邀请的用户，把具体的头像、名称（可以拉取微信的）和使用规则承载在这个页面上，让用户知道邀请了多少人可以产生福利券，福利券的限制是什么。

小程序可以生成海报分享或直接分享到群组，这两个是不同的分享入口，用户可以根据喜好确定使用哪一种。生成海报是为了方便发送到朋友圈，普通分享入口是为了方便用户传播到社群，这两种传播的方式依靠的渠道是不同的。如图 5.91 是小程序的分享海报。

图 5.90 邀请页面

图 5.91 小程序分享海报

普通分享可以使用小程序在社群中提供的封面和文案，帮助提高用户点击率。

5.4.2 小程序社交增长本质

下面是本次案例的增长分析，社交增长本质如图 5.92 所示。

1. 驱动用户利益的锚点

小程序增长也是利用人性的锚点，但因为社交增长的用户画像和对应的产品形态不一样，挑起锚点的策略也是不同的。

图 5.92 社交增长本质

海报的文案、设计、传播路径是重点。在小程序增长前，我们先通过建群宝、任务宝的方式做出了产品增长模型，如图 5.93 是任务宝的增长路径图，图 5.94 是建群宝的增长路径图。

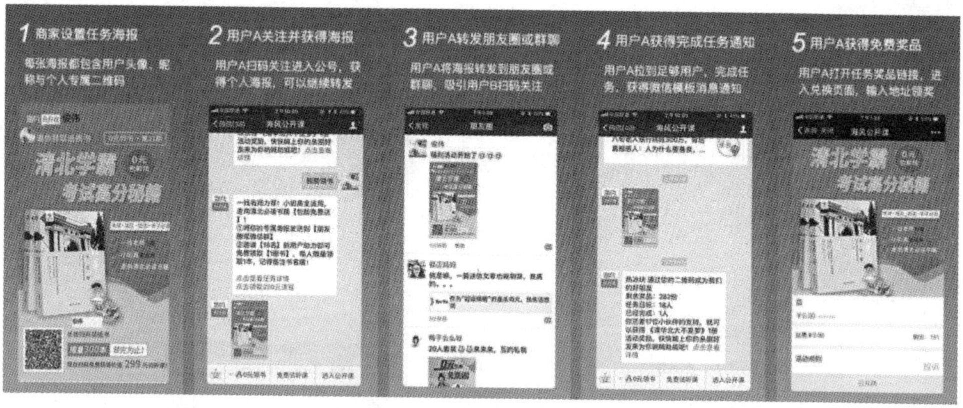

图 5.93 任务宝增长路径图

图 5.94 建群宝增长路径图

通过两套工具，很快抓住增长模型，选择用户能够接受的利益锚点推动，流量从 1 阶到 2 阶逐渐传播得更远……

2. 小程序账户体系

在做小程序前，我们首先要做的是打通 PC 端和小程序平台的用户账户体系，要保证一个微信用户是一个真实的用户，避免用户在两个端口产品下注册多个账户。图 5.96 是微信小程序注册流程和网站注册流程。

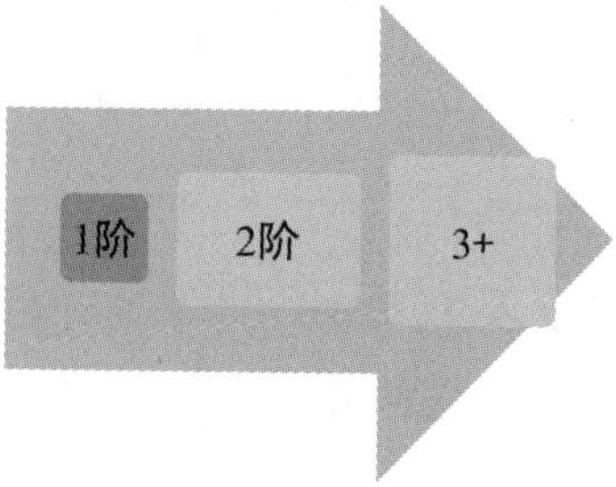

图 5.95 成长阶段

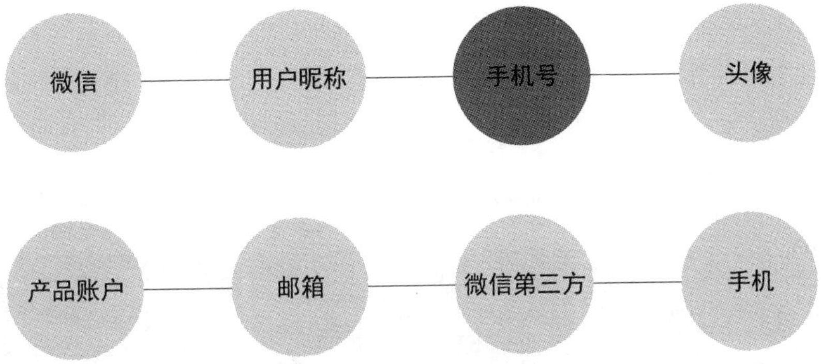

图 5.96 注册流程

调用微信接口，快速获取手机号、头像信息等，如图 5.97 是账户授权接口和 5.98 是手机授权接口。

图 5.97 账户授权

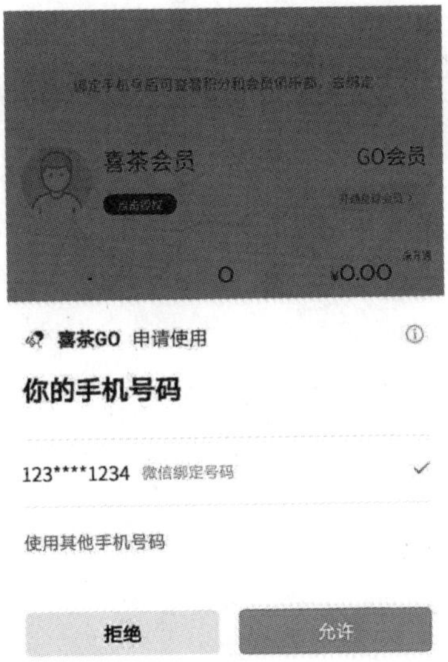

图 5.98 手机号授权

3. 小程序的获客路径

小程序最大的优势是用完即走。现在小程序是支持获取用户绑定微信手机号（需要小程序企业认证），也可以通过客服咨询消息机制获取用户注册，回复关键词“关注公众号”，可以返回二维码，用户在该接口下扫码，通过这类方法让小程序真正为产品导流。如图 5.99 是小程序扫码。

通过小程序引导用户扫码关注公众号（图 5.100）、订阅号、个人号，建立私域流量池。如图 5.101 小程序获客路径，展示了如何建立私域流量池。

图 5.99 小程序扫码

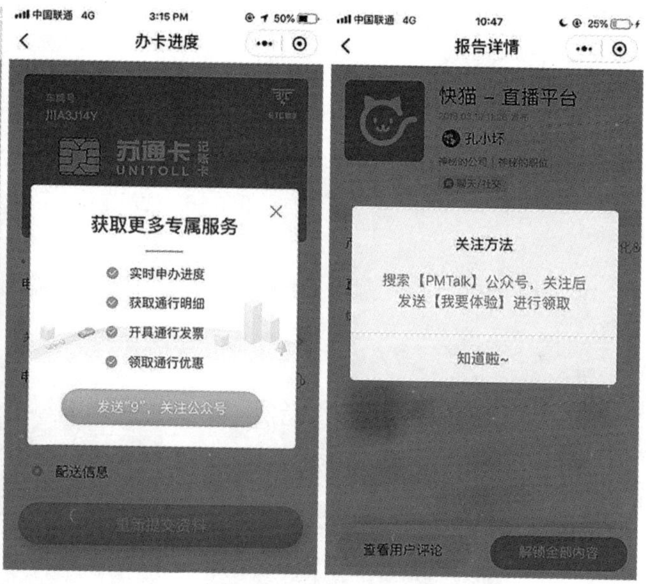

图 5.100 小程序关注公众号

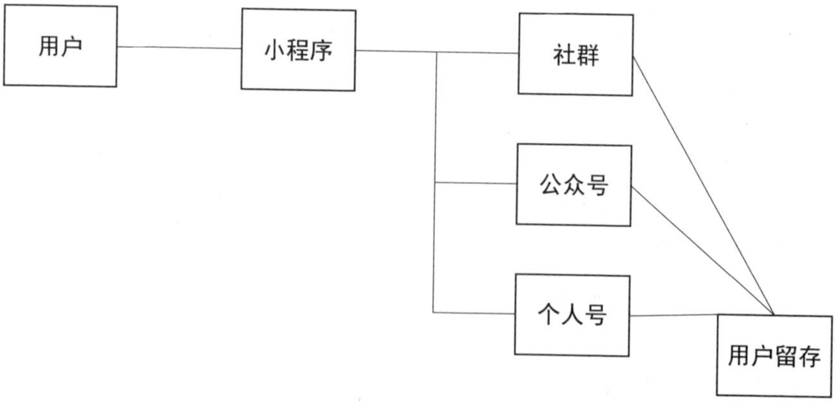

图 5.101 小程序路径

许多小程序增长案例，因为快速传播或涉嫌诱导分享被下架。比如我们在 5.1 说的几个常用玩法：解锁、测试类、红包增长等方式让用户拉取新用户，都有下架的案例。根本原因是这类小程序都是只注重用户拉新，却没有为用户提供核心服务，增长的诉求远远大于业务服务。所以设计 PMTalk 互联网产品经理社区小程序的时候，考虑到社区用户画像与特色功能，我们拆解小程序可以提供的价值，再经过头脑风暴，最终形成了如图 5.102 的结构。

图 5.102 头脑风暴结构

围绕着小程序微信生态的无感知、用完即走、账户体系等优势，我们将小程序定位为内容查看的平台。移动端输入的内容显然是短的、高频的，而 PC 端是长的、低频的，确定平台的场景不同后，我们开始设计自己小程序的增长黑客闭环，如图 5.103。

图 5.103 增长闭环是用户进入小程序后的传播，通过解锁的方式将用户群扩大，可以看出这本质是把任务包放在了产品中，避开了服务号、订阅号平台，让产品通过对应规则实现用户进出。

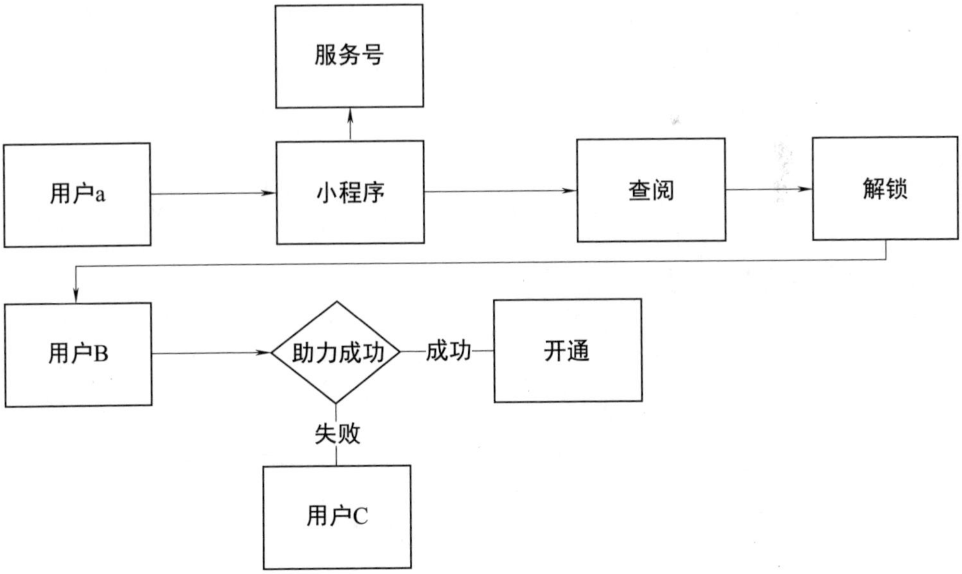

图 5.103 小程序增长闭环

要注意小程序提供的价值一定要满足用户分享门槛，如图 5.104 杠杆效应。举个例子，价值 3 元的苹果，如果你邀请 100 个人来这里买，你就可以免费拿。你愿意吗？所以超过了用户分享门槛，就没有人拿了。

图 5.104　杠杆效应

4. 阶梯传播

价值与社交增长传播要保持平衡是我们在前几次增长后得到的经验，这次我们的设计是借助两个助力实现价值与社交增长传播的平衡。通常社交增长传播要保持超过 15 级以上的传播，阶梯传播不要超过 3 人。

通过图 5.105 的体验报告分享、图 5.106 的体验报告详情、图 5.107 的体验报告解锁实现了将用户增长，让用户以好友列表（图 5.108 是产品列表设计方案）或朋友圈海报的传播。小程序的短板在于不能朋友圈传播，小程序生成传播海报是增加入口与传播级别的好的方式。我们还加上了公众号引导、社群引导，帮助唤醒用户，让小程序真正成了前端拉新的触点。

图 5.105　体验报告分享

图 5.106　体验报告详情

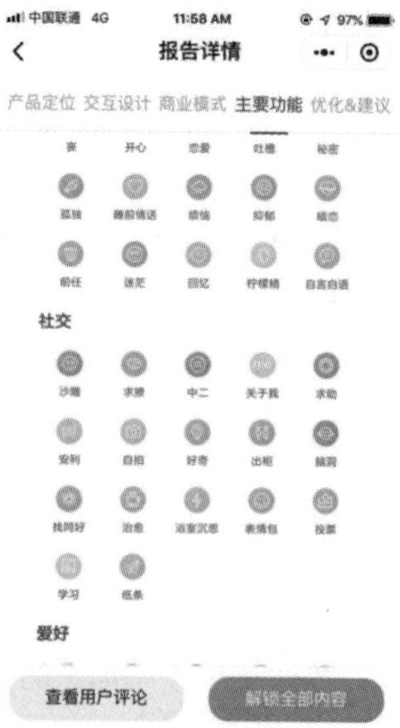

图 5.107　体验报告解锁

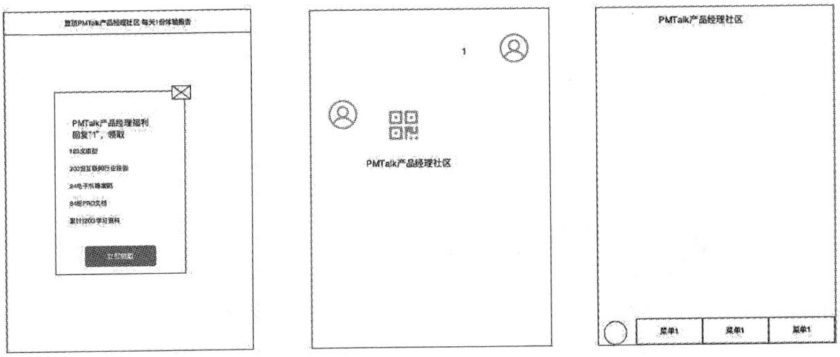

图 5.108 增长设计方案

PMTalk 互联网产品经理社区 1.0 版本是邀请码制，注册的用户都必须使用邀请码。为此，邀请码的获取就显得非常重要。如图 5.109 邀请注册。

图 5.109 邀请注册

PMTalk 产品经理社区在线下活动中，也会有付费门槛，付费用户使用后可以免费参加线下交流，还可以领取一些福利。基于付费门槛痛点，我们给予用户免费券兑换付费资格。流程如图 5.110。

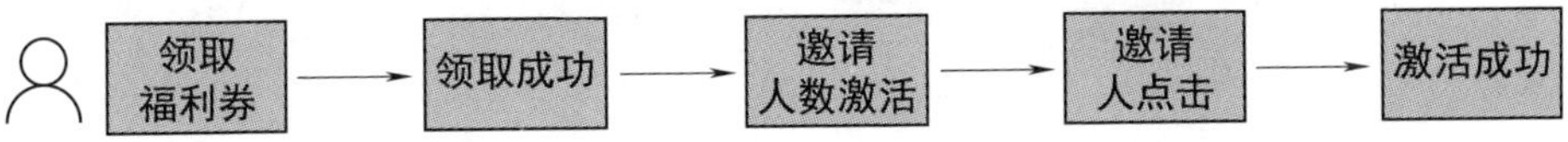

图 5.110 激励流程

需要注意：社交增长产品设计中，邀请人数不要超过 3 人。这是社交增长中最基本的平衡人数，如果超过 3 人，用户就会认为太难完成。当然若邀请的人数存在任务激励形式，邀请人数可以不做限制。

本次案例我们上线了 PMTalk 小程序 1.0。

5.4.3 小程序增长曲线与数据统计

PMTalk 小程序上线前 6 天为产品导入 8 000+ 精准用户，平均 DAU（Daily Active User，日活跃用户数量）日增长 1 000+，拉新 200+，如图 5.111。

图 5.111　增长曲线

运营成本、人力成本几乎为 0，产品化的拉新机制促使用户不断涌入。我们先秀秀成绩：上线不到 6 天拉新用户 8 000+，如图 5.112。

图 5.112　数据统计

通过产品来带动社交增长，而不是通过运营手段、热点跟踪去做增长，不再依靠一次性的刷屏朋友圈，而是持续地通过产品拉新，通过产品的自身机制让有生命力的用户源源不断地流入和转化。

一个优秀的产品，都应在产品形态做增长，而不是完全靠社交关系，只有解决了用户的痛点，产品本身有价值，用户才会来你这里。

本次案例，微信中的朋友圈、个人号、公众号成了三个流量传播衔接点。

5.5　失败的社交增长案例

很多成功是建立在失败的基础上的，失败——对强者来说是逗号，对弱者来说则是句号。对于 PMTalk 互联网创业者社区团队来说，发现失败就等于发现了更多的社交增长操盘机会。

在社交增长中，我们其实也走不过少弯路，也经历了不少失败。有的案例花费了接近 10 万元的总成本，整体资源耗费了不少，但用户增长很少，甚至还出现用户流失现象，正反增抵最终增长为 0。

这些失败的案例让我们反思：社交的增长，绝对不能依靠一模一样的抄袭。把一个案例做好，要思考的不是标准化步骤，而是你的用户是什么，根据用户再来做结合，不断打磨和积累，修正错误，才会成功。

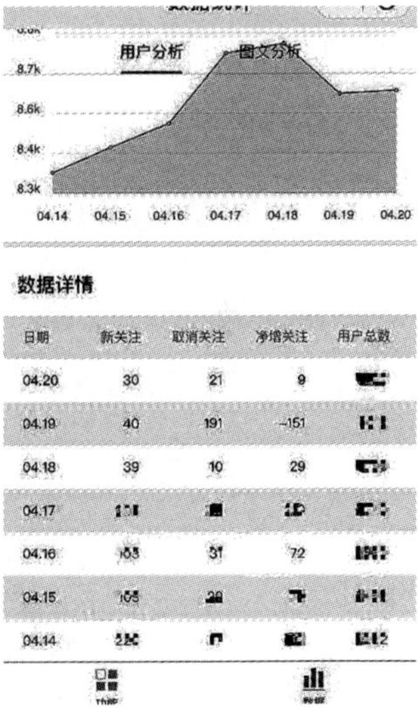

图 5.113　失败案例带来的负增长

5.5.1　没有搞清楚用户需求的失败案例

社交增长 + 产品 = 黑客增长，如果用这样的方式，核心是了解你的用户画像背后的需求。比如年龄层次、职业属性、兴趣喜好等。不同的产品因提供的业务不同，所得到的用户也是有差异的。

要想驱动用户社交增长，需要引导用户为自己的利益进行“社交增长操作”。用个不算恰当的比喻：就像正处于热恋的男女一样，为见男朋友/女朋友千里迢迢赶火车见面，或者做更耗费精力与财力的事情，只是为了让对方感到“幸福”。

1. 找错了痛点

抓住用户的弱点或者说痛点，有个很经典的说法：用户在炫耀什么，就说明需要什么。

我们通过观察发现，体验报告并不是人人都会，哪怕是千篇一律的体验报告，不同的人写都会有自己的风格。如何深度拆解一个产品，写出体验报告？如果有方法可以帮助用户快速的拆解，我们觉得用户会愿意去学习。

运营团队拍脑袋的认为这是一个痛点，于是围绕着“学习体验报告”我们开始了这样的活动策划……

借着刚成功实现社交增长的“每日一款 App 社群”，利用这批垂直用户群体，我们开始投放做二次社交增长。

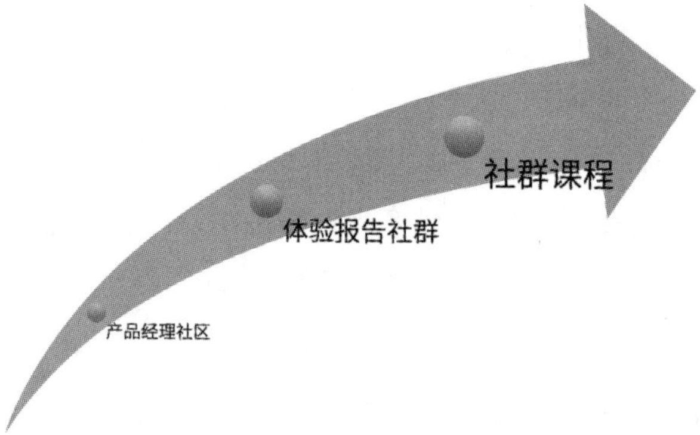

图 5.114　从产品经理社区到课程

2. 在衰退期启动活动

社交增长是有增长期与衰退期的，就如同任何一个用户增长周期函数都会有自己的衰减规律一样，这次失败的第二个原因是我们在上次增长的衰退期穿插启动了二次活动。

本次社交增长我们通过渠道 + 社群 + 新媒体 + 渠道启动，但进入了一个误区，误导了操盘者，以至于很难及时调整文案，也很难运用风控策略干预进度。

启动阶段、成长阶段、成熟阶段、衰退阶段本身就是互相排斥的周期，而本次增长中我们将衰退阶段插入启动阶段就是一个错误。

如何判断产品是处在增长阶段还是衰退阶段？可以通过曲线函数、幂函数（如图 5.116）的阶段流失 + 时间进度预估。通常一定要超过两周再启动第二次社交增长（10 万用户内），百万用户则需要三周左右。

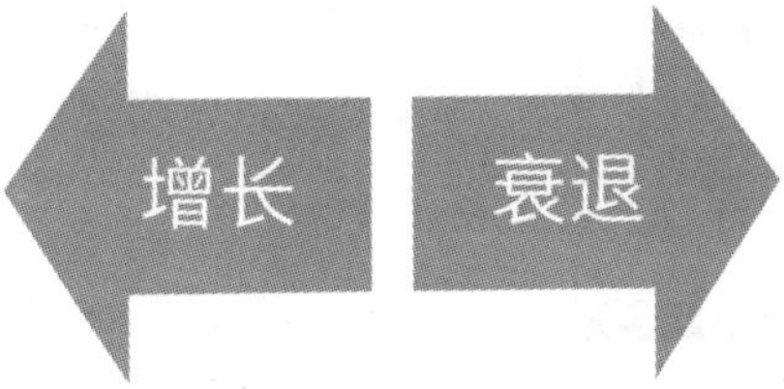

图 5.115　增长和衰退

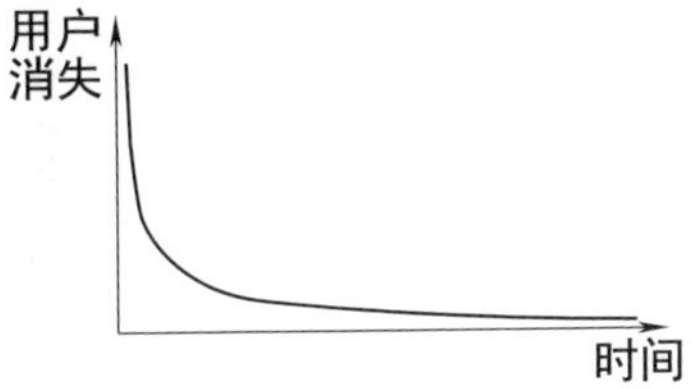

图 5.116　社交增长的数据函数

通过服务号可以快速感知社交增长的增长期与衰退期，如图 5.117 是服务号的模板消息与通知反馈。

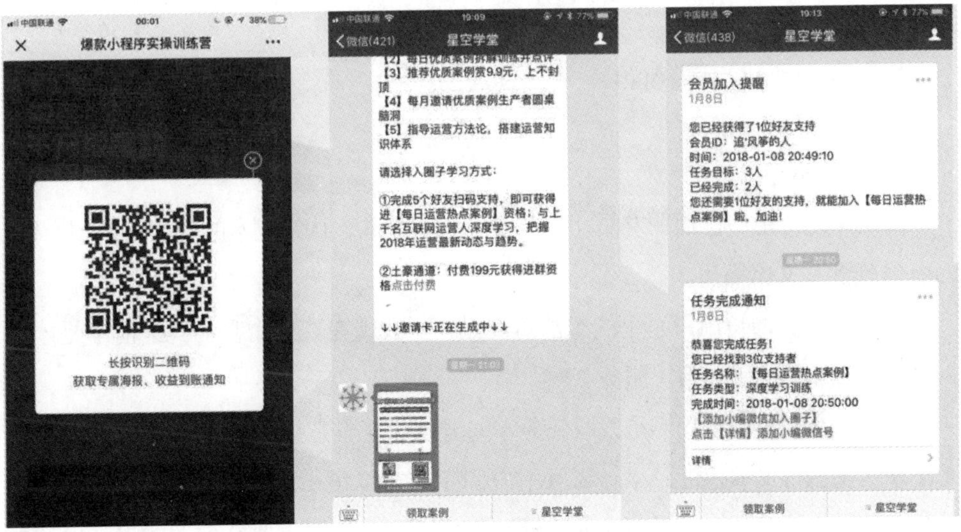

图 5.117　服务号增长模板与通知反馈

3. 同质化

我们在社交增长方案中给出的是体验报告课程教学，海报与文案的设计如图 5.118 所示，但是这款产品与上一款产品显示了高同质化。

图 5.118　社交体验报告

同质化主要表现在以下五点：

◎色彩设计；

◎文案设计；

◎主题——体验一款 App；

◎海报布局；

◎ App Icon。

同质化使得用户在刷朋友圈初期需要有认知成本，认知成本的门槛就是图 5.118 的海报风格 + 文案描述。

同质化社交增长用户心里的想法可能是：“我现在要这个吗？我之前不是才加入吗？加入后的体验如何（服务）？”

这次社交增长中，我们是采取任务宝 + 建群宝工具建立路径，如图 5.119。

本次案例推广渠道汇总累计 3 万用户，资源成本 10 万元。但在活动上线前我们的测试并没有考虑图 5.119 画圈处的路径，用户进入社群因路径配置错误，导致二维码失效。用户完成了社交增长，实时反馈的却是错误的路径，为后面用户流失埋下了祸根。

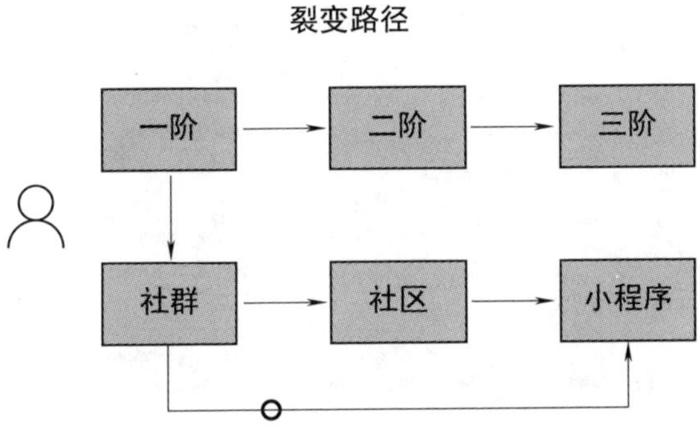

图 5.119 社交增长路径计划

当然，这个问题可以解决。时刻监测二维码与建群宝后台人数，可以知道该路径是否有效，社交增长活动带来的流量穿透能力如何。图 5.120 是流量穿透的说明。

常规社交增长下的流量穿透模型是：在微信生态中流量通过渠道、社群最终到产品转化。每个路径需要反复进行路径测试与压力测试，服务号涨粉 1 天不要超过 1 万，H5 页面同时访问用户不要超过 1 000，支付出口日流水不要超过 10 万。这都是路径通畅，让流量成功地进入衰退期的保证。

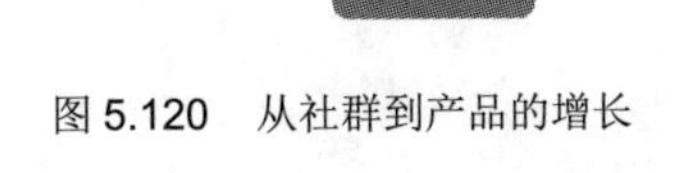

图 5.120 从社群到产品的增长

企业 VI 视觉设计是将 CI（ Corporate Identity ，企业识别）的非可视内容转化为静态的视觉识别符号。但在本次案例中 ,VI 不仅包含了海报，还包含了图文与说话方式，我们采取的说话文案部分，如图 5.121，将流量引导到产品 + 微信生态，产品通过 H5 的形式打通账户体系。

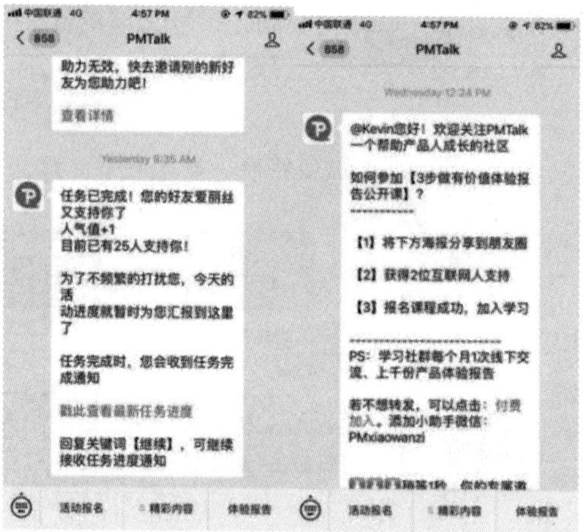

图 5.121　说话文案

因为采取了相同的说话方式与长文案介绍，让本次参与活动用户群体难以区分任务的流程与操作，直接导致用户看穿了套路。社交增长教训：用户不是傻瓜，把用户想得聪明一些。

设计还要考虑字体的风格，当然字体的风格在服务号里是可以选择模板消息与类型消息的。模板消息的好处是反馈灵活、跳转无缝隙。图 5.122 的反馈，是通过一级标题、二级标题、消息内容不同的 VI，让用户清楚每一次操作与反馈内容。

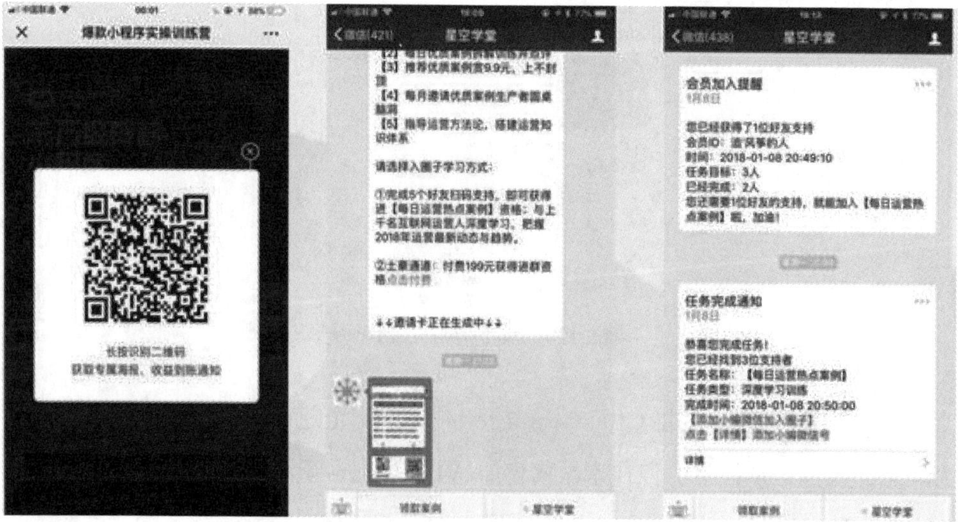

图 5.122　信息反馈

这次增长活动中，我们遇到了衰减导致用户流失的问题。在增长后，活动结束进入衰退期，开始了负增长，用户断崖下跌，最终导致了增长失败。

5.5.2 错过热点的社交增长失败案例

迭代的过程不仅会走弯路，也会经历失败。比如下面这个案例，当时团队看到数据结果后，内心是焦虑的。这个案例不仅耗费了团队资源与时间，最后还需要花费资源与时间找到方法来补救。

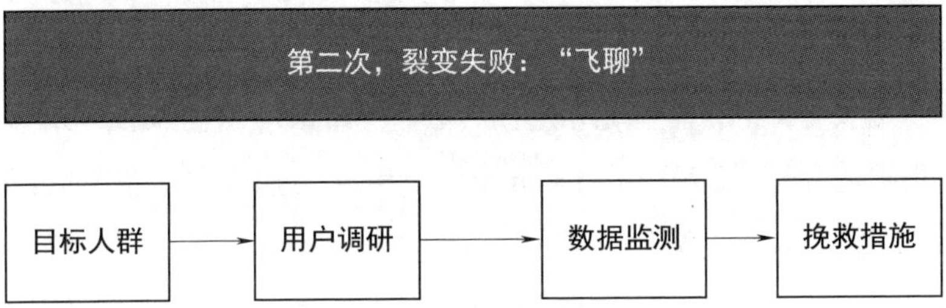

图 5.123 失败案例

我们先看一下这次社交增长失败的数据，图 5.124。

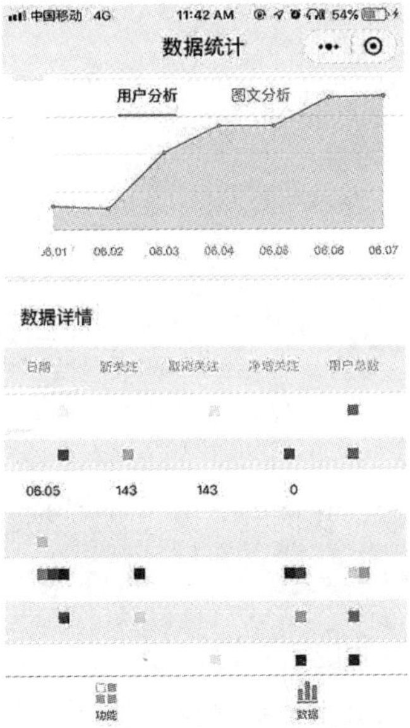

图 5.124 失败的增长数据

虽然只能看到结果，但从结果可以推知在社交增长投放、社交增长衰减、社交增长结束，整个数据的负增长、正向增长以及正负相抵。具体来说，在社交增长投放到私域流量后，内容源阅读量直线下降。社交增长只用了 3 个小时就消失了，覆盖人群级数不超过 3 级。下面我们找一下原因。

1. 目标用户的选择失策

在社交增长中，我们一直强调“利用利益锚点驱动价值”，可太多的社交增长反而会催着用户从产品中逃离。你的目标用户是谁？社交增长的案例能带给他们什么内容？弄清楚这两个问题非常重要。

飞聊是社交类产品，而互联网从业者都是飞聊的第一批尝鲜者，我们忘记了飞聊的目标用户首先是头条系产品的 KOL 和重度用户。这就导致了错误的第一步——选用飞聊做社交增长的主题。

飞聊作为社交产品，在刚上线后我们看了百度指数的热度、微信指数的热度，如图 5.125 和图 126。

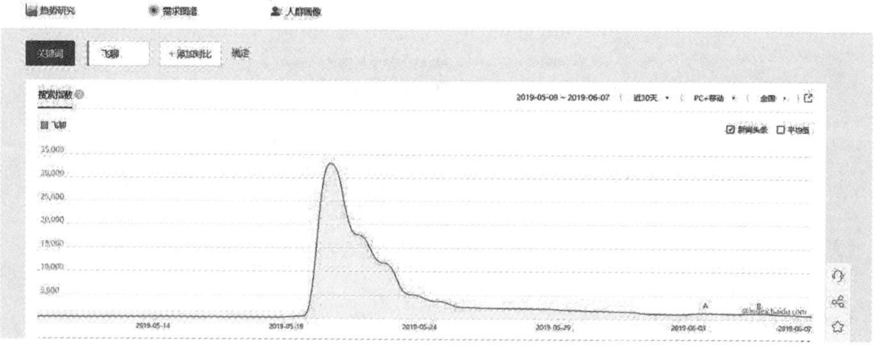

图 5.125 飞聊的热度指数

筛选社交增长主题的时候，我们没考虑飞聊的热度。团队一致认为互联网人是产品的第一批用户，在指数下降一半后“仍然”选择飞聊产品作为课程社交增长策划。选择一个冷门产品的策略，显然是错误的。

选择“飞聊”后，我们并没有搞清楚用户要什么，而是想当然地认为飞聊的用户都需要快速增长，误以为飞聊中的社交增长玩法是互联网创业者、运营等互联网从业者所喜欢的主题。图 5.127 是我们根据这次飞聊的社交增长主题做的社交海报。

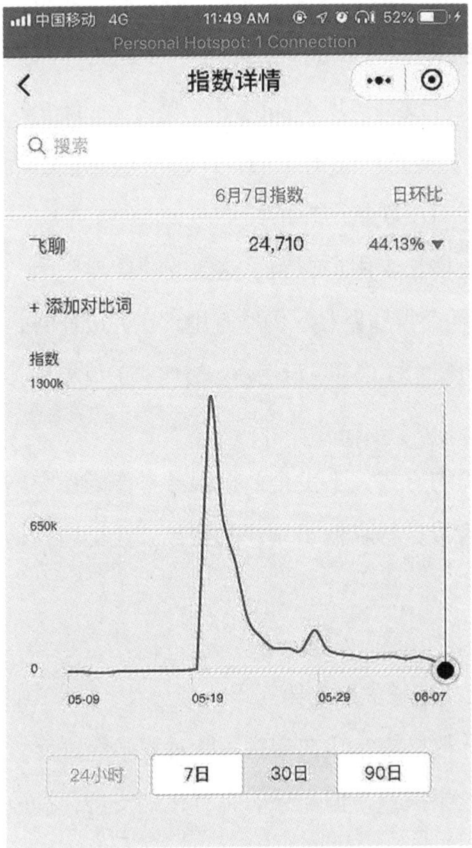

图 5.126　飞聊的微信搜索指数

图 5.127　飞聊社交海报

2. 给予用户不想要的主题

给予用户不想要的主题，也是我们这次社交增长失败的第二点原因。我们将增长、涨粉打造为社交增长的诱发点，这成了又一个失败点。

任何事物都应该服从二八法则，用户群体有愿意使用该产品的人，才会衍生出涨粉，进而会发展其他进阶需求。

飞聊这样的产品，用户群体还没有正式打开，也就是说基本用户不过千万，而高阶需求——涨粉到变现，使用人群就更少了。目前飞聊的大部分涨粉需求来自头条系的 KOL，这些 KOL 大多数不是互联网从业者，而是各个领域的精通于短视频的从业者。果然在社交增长因子投放后，社群中迅速有了用户的吐槽。

本次社交增长的投放仍然采取渠道 + 微信生态下的私域流量方式，整个数据的波动可谓“把用户洗了一遍又拉取新用户准备开始下一遍”。

这次社交增长的副作用是该轮社交增长并没有实现产品的用户增长。一般情况下，当社交增长的路径完成后，用户是会跳转到产品页上的，产品可以是自己的 App/Web 等形态，但在这次的社交增长中没有出现新用户增长。

具体来说，数据首先爆冷，快速进入负增长。用户看到了这类的社交增长因子迅速离开产品。不过在社群投放中，因为有社交增长路径，仍然有用户在完成任务，减缓了负增长的速度，随后又采取了挽救措施增加了一些新用户。最终，正负相抵，完成了“0 增长”。

现在，仍然有许多企业在探索社交增长的方式，不少企业把服务号作为社交增长前端触点，这其实也是一个小错误，因为服务号降低了用户的留存。社交增长切记要给用户提供价值，而不是反复利用用户。

3. 路径没有优化，操作行为一致

路径没有优化，操作行为一致是这次社交增长失败的第三点。

当遇到了“社交增长负增长”有什么补救措施？我在带领团队过程中经过反复的社交增长操盘后，发现即使社交增长的效果很差，但如果有工具化的支持，投放新渠道也是可以实现持续增长的。

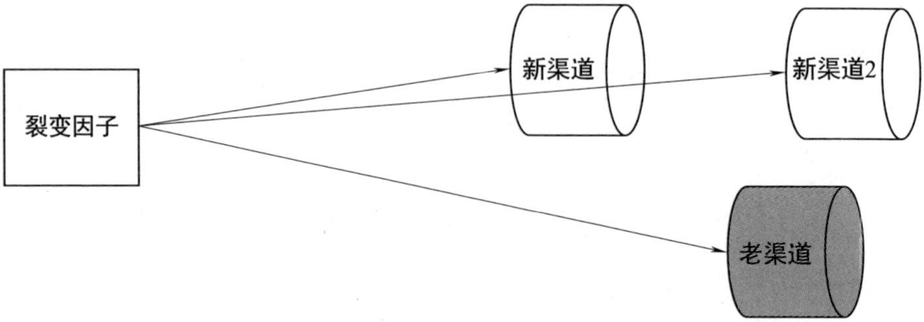

图 5.128　社交与渠道的关系

私域流量不如果能解决正向增长，那就投放到公域流量池，而方式是简单粗暴

的垂直社群挖掘，再加上系统化的第三方工具，因为这样可以快速降低社交增长的用户流失量。

本次社交增长活动上线，我们检测到社交增长峰值下降后，快速投放了 20 个垂直社群，挽救了这次社交增长活动导致的负增长，以新用户的加入补救了这次活动。

◎第 6 章

用 MVP 来做迭代

6.1　产品不同生命周期的营销策略

在现代社会，不论是去逛街消遣，还是宅在家里追剧、刷手机打发时间，都会被无处不在的广告包围着。你在路上看到的是吸引购买的灯箱广告、在视频网站上看到的是根据大数据定制推送过来的试图促成再次购买的图文 banner、玩手机的时候收到的是老用户唤醒的营销短信……我们每个人都是其他品牌眼中处在不同生命周期内的用户。

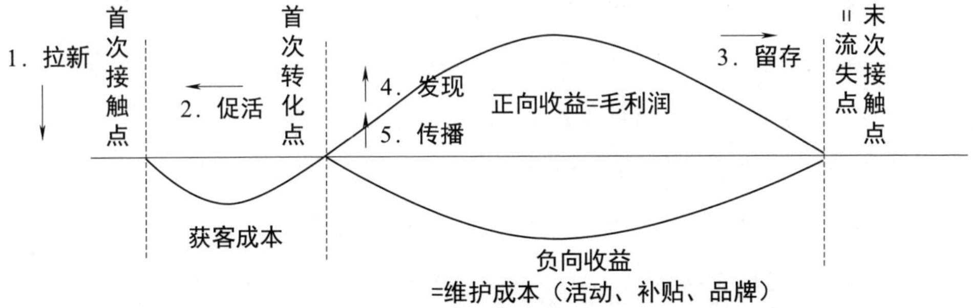

图 6.1　鱼模型

图 6.1 是一个鱼模型，从这个模型我们可以看出，运营要做的就是让用户“停留更长的时间、花更多的钱”，把这一思想扩展到企业，即企业要做的就是“把自

已的产品推销给用户、把用户的钱放进自己口袋”。在这里的核心是“时间/思想、消费”。

数据公式（LTV 与 CLV）

LTV（Life Time Value，用户生命周期价值）是我们的常用指标，这个指标也可以用 CLV（Customer Lifetime Value，客户生命周期价值）表示。

企业毛利润 =LTV−CAC−COC

说明：CAC（Customer Acquisition Cost，用户获取成本）可以通过增长管理来降低，COC（Customer Operation Cost，用户运营成本）则需要全公司的协调，在这里不做展开。

CLV =（某个客户每个月的投资频次 × 客单价 × 毛利率）×（1÷ 月流失率）= 用户生命周期内投资次数 × 客单价 × 毛利率，这是一个常规的公式模板，但是每个行业的情况并不一样，我将其简化为：“CLV= 停留时间 × 购买动机”。

例如，健身 App“Keep”，有千万用户百万活跃，在保证停留时间这一点上经过了 3 年无数个版本的更新迭代，已经做得十分优秀了，它目前最重要的工作是“增加盈利模式，激发购买动机，进而实现商业盈利”。

产品本身的属性决定了用户的使用强度，也导致了产品生命周期的不同。因为每个产品所处的情况和周期都是不一样的，严禁生搬硬套。

用户需求：一切策略和措施都要从满足用户的实际需求出发，严禁自嗨。

核心诉求：用户使用产品的核心诉求是唯一的，但是在每个生命周期阶段所关注的侧重点各不相同，我们既要从始至终坚持核心，又要时刻满足新需求。

上升格局：一定要提高自己的事业和格局，生命周期管理工作绝不是运营一个部门的事情，它牵涉到运营、品牌、市场、客服、产品等多个部门，协调内部资源形成组合拳才会更有成效。

互联网社区产品的用户生命周期分为：引入期、成长期、成熟期、休眠期、流失期，如图 6.2 所示。

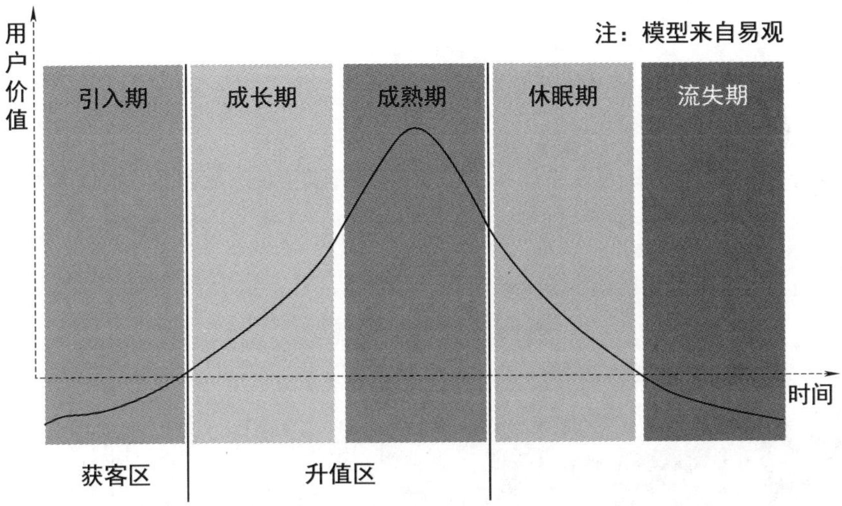

图 6.2 用户生命周期

6.1.1 引入期

用户特征：

刚接触平台，茫然或者挑剔。

用户行为：

◎浏览渠道推广页；

◎体验注册流程；

◎浏览首页相关信息。

核心诉求：

◎（小白）怎么操作？能赚多少？

◎（老手）什么背景？是否安全？

运营重点：

◎完成下载、注册；

◎广告 banner 点击量、注册转化率。

应对策略：

◎突出平台核心竞争力；

◎整体注册流程顺畅、用户体验佳；

◎加强舆情宣传，注重 SEO 的内容打造；

◎市场部不断测试渠道和页面质量。

参考案例（本章案例只是作为对产品生命周期的一个说明，不具有实际操作意义）：

案例 1：各类型 Banner 展示

（1）简单型

图 6.3　简单型

（2）伪装型（多用于信息流）

图 6.4　伪装型

（3）迂回含蓄型

图 6.5 迂回含蓄型（投资）

案例 2：桔子理财

图 6.6 桔子理财

桔子理财的最大优势在于其母公司乐信是“美股上市 + 知名风投”，这在整个行业都属于稀缺资源，桔子理财也在页面首尾很好地突出了这一点，介绍页面的最后是优质资产和平台历史，给了锦上添花的内容。

有的平台突出代言人，毕竟明星的影响力还是很可观的，用明星代言也代表了自身的实力；有的平台以数据说话，也是一个不错的选择。

也有的平台可能并无任何优势，因此只能将“活动高收益”作为最大卖点加以宣传。

引入期点评：

◎本阶段核心是“零成本 + 高诱惑”让用户去注册；

◎不论 banner 还是落地页，题材要一直更换、渠道要反复测试；

◎背景、历史、资产、风控、排名、收益……一定要找出自己的优势并突出强调；

◎广告形式多样，新闻、直播……提前收割第一波红利；

◎落地页只要求填手机号，尽快引导到首页，实名绑卡放到后面。

6.1.2 成长期

用户特征：

先投一笔体验一下。

用户行为：

◎完成实名绑卡、充值等操作；

◎浏览标的详情页，选择拟投资的项目。

核心诉求：

◎操作简单，整个投资流程的体验要好；

◎风控介绍、借款人信息披露要让人信服。

运营重点：

◎实名转化率、投资转化率；

◎促成首投；

◎促成 5 次投资。

应对策略：

◎ App 首页针对不同用户推送不同内容；

◎设计运营策略、引导用户投资；

◎标的资料信息透明；

◎注册后客服的及时跟进。

参考案例：

案例 1：红包或者规则引导

图 6.7　红包引导

整个引导工作在新手注册红包设计的时候就已经开始，一般都会根据投资金额和投资期限，以阶梯式的方式发放 5 ～ 7 个红包，并且要注意大额红包的有效期应适当延长（大于 30 天），确保新用户在使用小额红包体验完整个投资流程后，还能有时间使用大额红包。

	序号	奖励额度	有效期	获得途径	起投金额	可投资项目
邀请注册奖励100投资券	1	50投资券	30天	注册立刻发放	五千	零活宝T+0、零活宝T+14、货币基金以外任意项目
	2	50投资券	30天	银行卡认证即发放	五万	
绑定微服务公众号	3	5投资券	30天	绑定微服务公众号即发放	一万	零活宝T+0、基金、智能宝、富盈增长、大数金融、稳健理财、信托、零股交以外任意项目
零活宝-14日聚财奖励	4	50投资券	5天	投资零活宝-14日聚财满5万元，两个工作日内发放	一万	零活宝T+0[redacted]

图 6.8　不同投资金额对应的红包

任务规则系统的引导和红包的思路是一样的，将“实名绑卡、首投、累计投资额”

等条件作为任务指标，完成一个给予一定的奖励（红包、积分等）。

案例 2：借款人资料披露

对于有经验的老投资人，他们最关心的是资产，借款项目的信息披露一定要做到尽量公开、透明。

点评：

◎本阶段核心“千方百计也要买一单”；

◎在这个阶段，最主要的工作是“加强用户信任 + 促成用户投资”；

◎可以开始用户成长体系的规划。

6.1.3 成熟期

用户特征：

对平台已经建立了一定的信任度。

用户行为：

◎投资次数＞ 5 次的老用户；

◎关注平台活动，会自我分配投资时间和金额。

核心诉求：

◎投资一定要安全；

◎尊享的待遇；

◎希望能够获得更多的投资收益和额外福利。

运营重点：

◎复投率；

◎会员等级晋升率；

◎好友邀请活动。

应对策略：

◎持续不断的安全方面的包装；

◎大力度的营销活动（每 2 月）和有趣的小游戏（日常）；

◎配套服务措施。

参考案例：

案例 1：实用工具——回款日历 / 微信消息模板、收益计算器

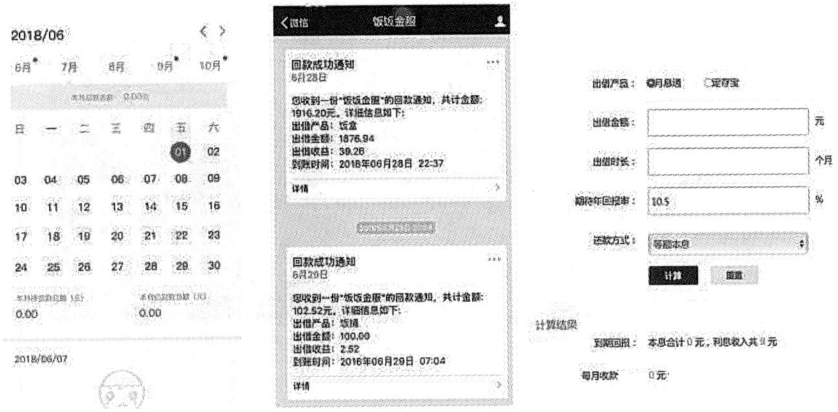

图 6.9 收益计算器

案例 2：增加黏性——积分商城 + 每日签到 + 免费抽奖

这些玩法成本可以由平台自由控制，会吸引一批活动粉。对于用户来说积分商城比较自由，可以自主兑换所需商品，比平时搞一些投资送商品更合算，毕竟积分可以慢慢累积，不需要一次性投入太多。

案例 3：额外收益——会员体系 + 好友邀请

会员体系对于 20% 的优质用户来说，是最有吸引力的，它是一个长期有效且能享受较大额外收益的机制，在设计的时候需要注意三点：

（1）要有降级机制；

（2）拉开差距，给予高级会员大力度的复利；

（3）增加预防刷分风险机制。

不要忽略口碑传播的力量和人们获利的积极性，老带新的策略是通用的、高效的获客手段，还要注重品牌包装。

案例 4：小创意——生日会、趣味漫画

和营销广告要不断有创意一样，平时的内容传播也要紧跟潮流、不落俗套，除非你是赤裸裸的撒钱游戏或者有 10 万 + 的煽情能力，不然必须得有点好玩的本事，比如，服务号“撒娇卖萌”、订阅号“装疯卖傻”，一定要有特色。

图 6.10 小创意漫画

点评：

本阶段核心是“培养感情”。

其实增强用户黏性最有效的还是优质内容，但不论是理财频道还是论坛，开发容易，运营困难（专栏怕鸡肋、论坛怕被黑）。

图 6.11 理财

有些用户就是胆大，收益少了就走，这样的用户只能靠偶尔的大力度活动去吸引，可以选择放弃这类用户，不能为了这类用户去提高整体运营成本，因为收益太高会吓跑其他谨慎的用户，若真有高额投资那就引导到会员体系。

6.1.4 休眠期

用户特征：

◎生活中要用钱或被别的平台 / 行业高收益吸引走，对平台印象良好；

◎平台或行业有负面消息，短暂撤离；

◎注册期间发生问题，直接流失。

用户行为：

◎最后一笔投资到期后即刻全部或部分提现；

◎渠道落地页注册后在后续流程中流失。

核心诉求：

◎针对负面风波有专门的说明及应对措施；

◎会员等级能够保留。

运营重点：

◎休眠用户唤醒率；

◎客户回访。

应对策略：

◎平时建立 VIP 专线及专人服务；

◎加强舆情监控，及时发现异动。

参考案例：

案例 1：营销短信

从图 6.12 可以看出，注册成功没有后续操作，平台就会阶段性地做唤醒召回的尝试，从“做任务拿积分”到“新手注册红包到期提醒”再到“最新免费抽奖活动”，虽然是不同的活动形式，但都是不需要花钱就能参与的，平台想尽办法要把用户拉回去看一眼。

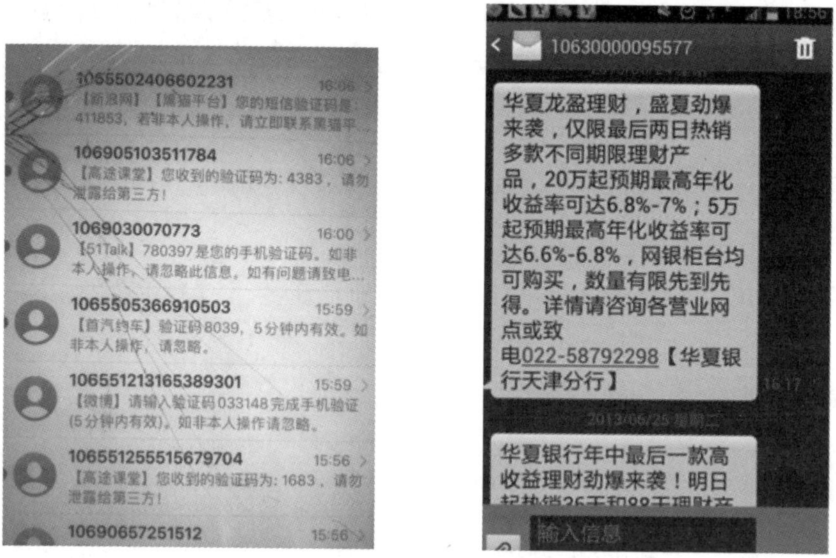

图 6.12 短信消息

案例 2：平台近况通知

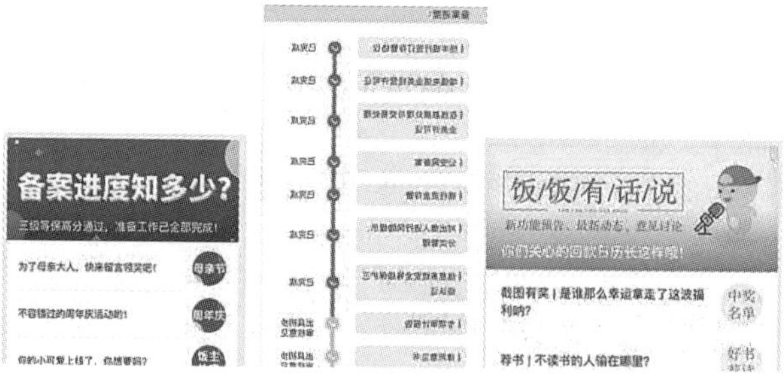

图 6.13 平台近况

可以挑选一些近期利好做成专门的页面推送（例如，平台获奖、备案进度、新功能上线、行业政策等），要持续不断地给用户安全的印象，这样再有活动推送，唤醒的概率也会大很多。

点评：

◎本阶段核心是“不停地敲锣打鼓张贴海报——传递好消息”；

◎平台一定要建立用户流失预警机制，并有一整套的运营措施。

6.1.5 流失期

用户特征：

长时间未登录或投资。

用户行为：

最后一笔投资回款后 60 天未投资且账户余额少于 100 元。

应对策略：

针对性的召回活动。

参考案例：

案例 1：日常活动中的特殊待遇

图 6.14 特殊待遇

在一些有重大意义的大力度活动中，给老用户特殊照顾。

案例 2：唤醒专享活动

这需要设计专门的活动页面推送，但也要避免在用户中自行传播，这样会让现有用户觉得不公平，这是一个双刃剑，要慎用。

点评：

休眠期和流失期有很多策略是共用的，拉住人心要趁早，毕竟除了一些特殊原因，流失期的召回率远低于休眠期。

6.2 产品的主要功能模块

第 2 章我们提到了最小化版本 MVP，可是并不是只有在产品规划的时候才会有 MVP 的概念，实际上互联网社区产品的主要功能模块都离不开 MVP。产品在不断成长，我们要不断输送营养助力这个“小树苗”长大成为参天大树，在这个过程中要不停地做 MVP 功能迭代和运营策略迭代。

如今互联网产业进入了移动端互联网下半场，PC 端产品形态渐渐地被许多创业者所轻视，甚至忘记。现在优秀的 PC 端产品越来越少了，在 PC 端上投入资源的产品也更少了，你可以看到好用的移动互联网产品，但很难看到优秀的 PC 端产品了。

当然，PC 产品也有做得非常好的，比如知乎。知乎作为内容社区产品的头部，以内容生态搭建为基础，在 PC 产品上得到了一次又一次的增长。

PMTalk 产品经理社区也是由 PC 端起步的，从业务调整到不停的产品迭代，我们也经历了这个过程，在这个过程中，PMTalk 的主要功能模块没有变，我把 PMTalk 的整个首页的布局拆解如下。

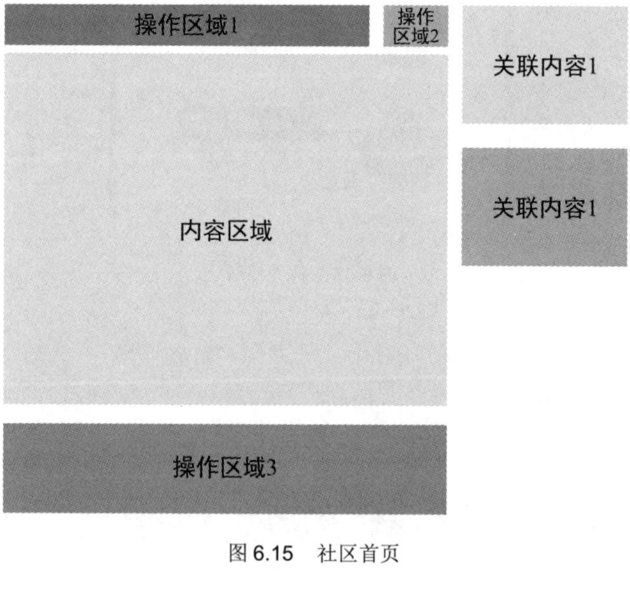

图 6.15　社区首页

社区产品在互联网产品中，已经是一个必不可少的模块。只要你的产品有用户，都需要“社区”模块来沉淀。对于一个互联网产品，社区可以承担包含不限以下内容：广告变现、电商转化、内容沉淀、用户链接等。

社区产品，最难的是给用户打造一个“舒适”的用户体验。舒适的定义是：要提供给用户：找你所需、阅你所学。简单来说，就是丰富的社区内容和良好的阅读体验。

大多数社区产品广告营收占比变现收入的大部分，甚至是超过70%。因此社区产品创业者就要考虑前面提到的广告产品设计的技巧。

一个社区产品，用户停留时长是核心数据之一。比如，发现页（首页）是用户的直面页，用户停留在此页的时长就关系着后续页面的转化高低。

社区产品有四个元素，分别是：

◎导航栏；

◎内容机制；

◎消息盒子；

◎个人中心。

不管是移动端还是Web端形态，社区的导航栏都会用Tab（导航栏）的方式切分，依据内容纬度从粗到细，犹如树干到树枝一样，在各类标签下内容变得越来越细、越来越精准。产品不同，内容的划分方式也不同。比如母婴类互联网产品，内容中常用的关键词有：哺乳、宝宝、怀孕等。

再如，PMTalk产品经理社区，从产品规划时候我们在每个版本阶段做当前的MVP，在第一阶段就规划了一个社区的四个基本功能，写文章、评论、消息停息、签到。这四个功能也是社区产品的主要功能模块。

6.2.1 编辑器：内容生产力

编辑器模块是涉及UGC的必备模块。每一个社区都会存在这样一个组件，没有经验的创业者会认为编辑器只是满足输入功能的工具。实际上，要做到提供给用户“舒适”体验的编辑器，就要完成交互、编辑器扩展功能两个维度。

1. 编辑器交互

编辑器是要使用鼠标、键盘，要考虑鼠标的状态：点击、滑动、悬浮；键盘的状态：快捷键、苹果键盘、Windows 的键盘，所以你能看到知乎的编辑器是支持快捷键的。而知乎编辑器会针对不同的系统有不同的点击状态展现，在移动端 App 上有针对苹果 iOS 和安卓的优化按钮。图 6.16 展示的是知乎编辑器状态点击图。

图 6.16　知乎编辑器状态

编辑器的交互要考虑跨平台使用，针对平台特点，设计编辑器的交互。我做产品体验时，就发现一些企业设计产品时，未考虑移动端操作区域和场景的限制，致使编辑器的输入交互不可兼容。

编辑器的交互还体现在按钮上，鼠标在按钮上的移动也要给予对应的状态标记比如点击关注按钮后，按钮区分深色和浅色状态。另外，在 CSS 上针对交互分类可以识别：未访问的链接、已访问的链接、鼠标移动到链接上、选定的链接四类效果。

2. 编辑器的扩展问题

提到编辑器，就要清楚编辑器是文本编辑器还是富文本编辑器，这是两个不同的内容生成工具。

文本编辑器是对文本的格式、排版的处理，比如可以看到加粗、斜体、居左居中右居中等。

图 6.17 文本编辑器

富文本编辑器则增加了字体的大小、图片、视频、超链接等。

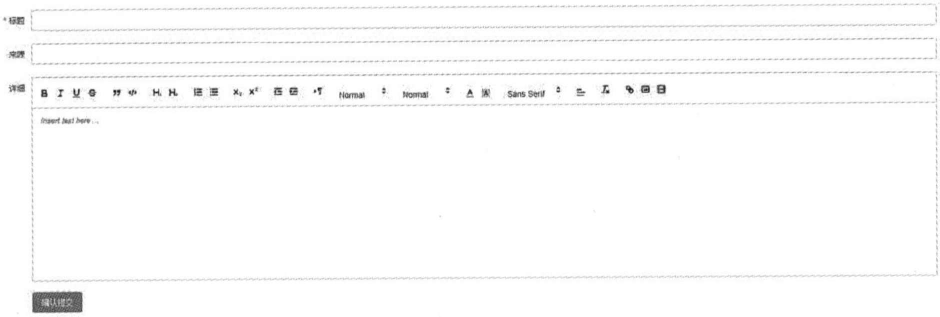

图 6.18 富文本编辑器

富文本编辑器不仅包含图片、排版、字体，为了业务需要可能还要支持插入特定的内容。比如 PMTalk 的富文本编辑器支持插入应用信息。

因使用角色的不同，对编辑器扩展能力的要求也不同。比如，对于客服来说，编辑器需要能提升回答效率；对于销售来说，编辑器需要快捷提供产品信息，帮助提升接单率。

因为使用角色的不同和厂家的不同，编辑器的发展就有如此大的差异，所以创业者一定要知道编辑器不只是“满足输入功能”的工具。

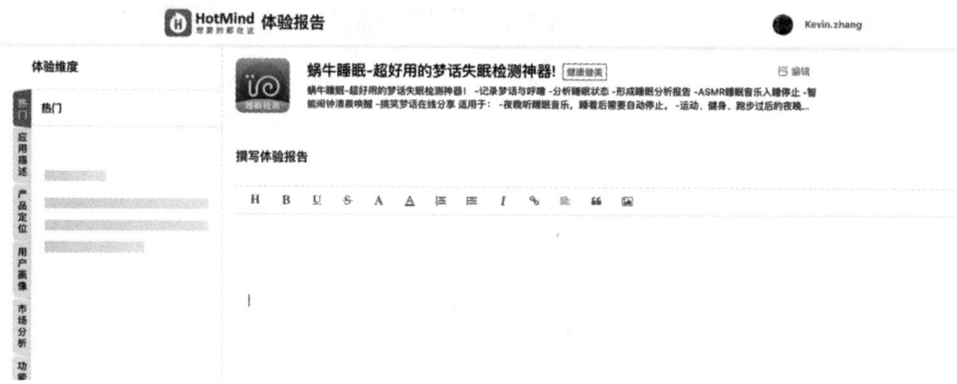

图 6.19　PMTalk 的富文本编辑器

3. 四个编辑器案例

（1）知乎编辑器

图 6.20　知乎编辑器

知乎的编辑器从上线到 2019 年更新了 4 个大的版本，从基础的输入内容文本、图片，发展到了个性化业务内容。在交互上可以拖动图片至任意位置再上传；增加上传的占位符号和提示状态，帮助知友们更明晰地了解上传位置和进度；可以选中图片调整尺寸大小，或用“图片注释”功能优雅地解释图片的背后故事。

图 6.21　知乎编辑器占位

（2）简书编辑器

图 6.22　简书编辑器

相比知乎，简书在编辑器的设计上增加了作者专栏的业务内容，用户每一篇文章都可以插入自己的专栏文件夹中。

（3）掘金编辑器

图 6.23　掘金的编辑器

掘金是前端社区的增长黑马，仅仅用了 4 年时间就超过了 CSDN（中国专业 IT 社区，Chinese Software Developer Network) 的用户活跃数。掘金社区因为面向的是前端开发者，所以编辑器上支持 Markdown（一种编辑语言），支持沉浸式的编辑交互。在掘金编辑器里，用户编辑好内容，必须填写标签才可发布。

（4）头条编辑器

头条提供的是富文本编辑器，但给出了标题长度的限制。另外，头条编辑器要求上传封面以及话题选中。每次产生内容，都会填充社区版块响应话题，增加了社区话题的丰富性。

图 6.24 头条编辑器

4. 编辑器的四个难点

编辑器在策划上，有四个典型的难点。

难点 1：编辑器测试

编辑器涵盖若干个小功能点，每个功能点的边界测试，新功能上线后的回归测试所耗费的时间较长。

具体来说，就是有各类内容测试，比如视频类、音频类、图文类等不同格式的内容上传测试，通过上传不同边界值尺寸的内容，测试编辑器的稳定性，这些都要耗费较长时间。

难点 2：草稿箱功能

编辑器 1.0 可以不用考虑草稿箱。1.0 的重点是冷启动社区，内容大部分是在外部或转载，原创作者的需求相对较少。

难点 3：编辑器跨平台

编辑器跨平台指的是编辑器在 Web 中的交互问题以及浏览器兼容问题。编辑器因为与系统有关联性，针对苹果、安卓、Windows 的系统要做不同的兼容处理，尤其要注意微信浏览器、苹果浏览器、谷歌浏览器中是否有编辑器功能失效等问题，需要验证测试。

难点 4：编辑器的内容分发

因为很多编辑器都停留在表面，当有特定的业务内容时，如何高效地编辑产品业务内容并帮助分发就会出问题，比如知乎的 live、掘金的开源代码，这也是创业者需要考虑的。

6.2.2 留言与评论：用户的互动入口

1. 留言与评论的内容

我们先从词义上看留言和评论。留言，离去时写下的书面语言。评论，对于人物或事理加以批评议论。单看释义，留言是指文本形式，评论是指文本目的；从内涵上看，留言是无引导的，而评论则是有所指的；而从时间性上看，留言预设了非实时的交流场景，而评论可以看作是弱化了时间概念。

用户的互动入口选择评论还是留言，可以从下面两个维度考虑。

◎产品有必要形成仪式感又或者是想让用户在发言之前斟酌一下，可以用留言。

◎若是以用户 UGC 内容为主去引导新用户发布内容，同时产品本身是由内容互动数据驱动的，可以用评论。

2. 留言与评论的区别

◎其一，内核上的主体不同

评论的主体是自己——我需要发表我的看法；评论虽然没有特定的受众，却有特定的表达者。

留言的主体是被留言者，基于被留言者的内容、被留言者的分享、被留言者的作品才有留言；留言除了特定表达者还有特定的受众：“我”需要对“你”说出“我”

的观点。

◎其二，内容生产的门槛不同

评论内容的生产可以非常便捷、快速，低门槛——想到就说了。

留言内容则需要斟酌一二，留言者要想清楚自己要表达的思想。

◎其三，社区的业务目的不同

带有评论功能的社区，业务目标上，更侧重于期望有更多的评论，也就是常说的日活。

带有留言功能的社区，业务目标上，更侧重于留言本身的质量，也就是内容的沉淀。

总体来说，评论是时刻互动，留言可能是某一天信息流的产生，二者虽然都是 UGC，显然在时间维度上评论优于留言，如图 6.25 是一个留言。

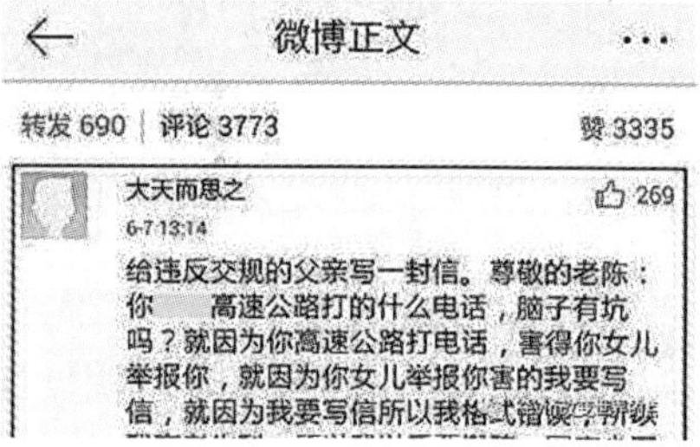

图 6.25 留言

◎其四，所针对的对象不同

由于留言是针对内容作者，评论是以内容为主题，二者所针对的对象不同，所以获得产品反馈机制不同。比如留言可以允许只回复一次，但评论可以允许多次评论回复甚至是互动。

◎其五，适合的场景不同

留言适合长篇或博客主体留言；而评论适合短小精美的内容。

图 6.26 问答的评论是一级评论，在评论下回复就产生了对应的二级评论，常规情况下二级评论后就不会产生三级评论，以保证内容阅读的高效性。

3. 问答

除了评论和留言，问答也是社区的内容形态。

相对于评论和留言，问答是一种新的内容形式。问答强调用户之间的互动，主要是围绕标题产生某一个特定主题的内容，约束性强、内容范围广。针对问答的产品设计，我们可以从它区别于评论或留言的特点入手，来帮助用户在社区产生高质量的问答内容。

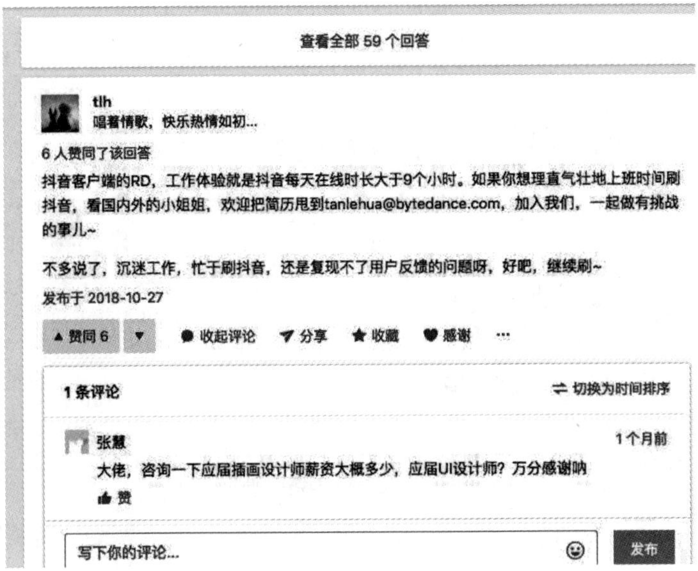

图 6.26　评论

在移动端中，问答的场景会相对零碎。伴随着零碎时间，用户的问答以短内容为主，长度、图文皆有的内容很少在移动端产生。

如果你的社区产品强调移动端，就要有支持移动端问答的编辑器，类似：图标、表情包、字体类型等。

如果你的社区产品用户主要停留在 Web 端，就要有支持 Web 端问答的编辑器。Web 端社区的问答内容质量会比移动端社区高，尤其是在垂直领域的深度方面，不管是娱乐还是知识付费，Web 端的内容产生场景帮助社区提高了内容有效性。

我见过一篇文章的评论末尾类似回答 1、回答 2 等讨论，如图 6.27 问答。

问答与留言与评论的不同在于，每一次问答都是类似的以问答为主题的对象信息流，每个问答都是独特信息流节点，一般评论是针对这一次问答内容来的。

如图 6.26 评论是问答内容与评论的结合的提问类型，以问答为内容展现轴，评论需要用户点击后才可阅读。

图 6.28 问答详情是天天问的问答设计，显然 UI 与产品模块的布局产生了两种不同的内容消费体验。可见如果在社区中搭建问答模块，UI 与交互的设计也要占较

重的地位。

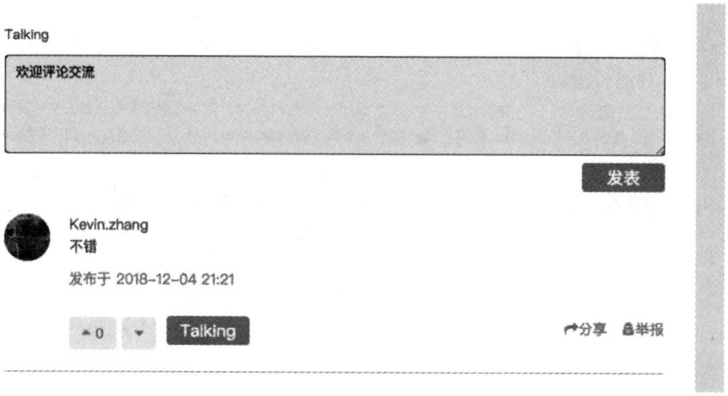

图 6.27　问答

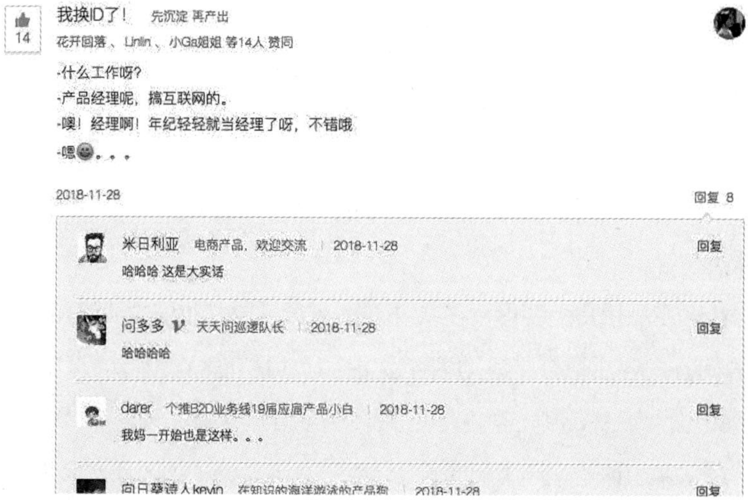

图 6.28　问答详情

一般情况下，问答很少产生高质量的内容，短、快成了问答模块的内容标签。如图 6.29 问题答案。

图 6.29 中，PMTalk 的问答内容几乎和评论一样，原因就是把评论当作回答。创业者要区分评论和问答不同场景，提高内容质量。

图 6.29 问题答案

6.2.3 导航栏：信息检索指示

导航栏是指位于页面顶部或者侧边区域的，在页眉横幅图片上面或下面的一排水平导航按钮，它起着链接站点或者软件内的各个页面的作用。我建议 Web 端导航栏不要超过 10 个，移动端导航栏同一屏幕下不要超过 4 个。导航栏也可以增加一些运营的策略。比如：限时、活动时间、节日等提示入口。图 6.30 是一个导航栏样式。

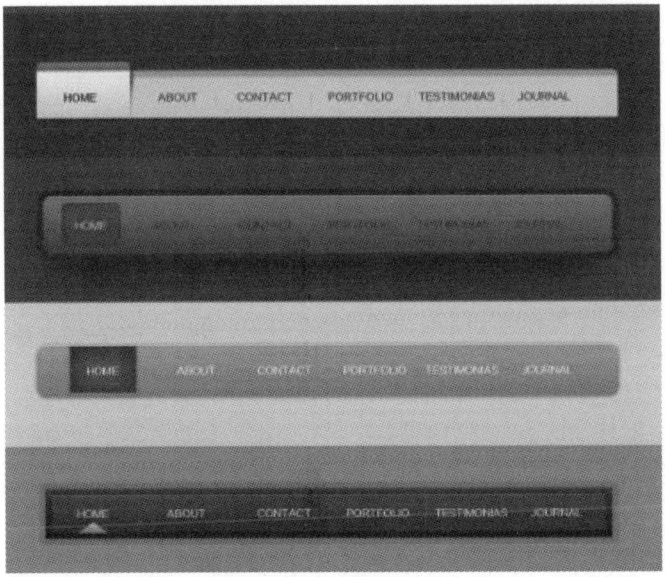

图 6.30 导航栏样式

一个健康的社区，要有内容生产数与用户停留时间的合理配比，以满足用户学习的时长，即，在对应的产品周期时间点，产生的内容符合用户的阅读数量需求。

社区内容除了含有自带的业务字段属性，还会有状态属性，比如针对文章存在已发表、发表中、待发表、热度等状态。状态属性也会影响内容与用户的黏性，比如在社区冷启动时期，需要运营侧以马甲的方式做内容填充，到达上面所说的满足新用户的内容消费需求。

除此之外还可驱动头部 KOL 填充内容，要求运营团队梳理出社区里频次高、内容产生短的用户行为画像；低频次、内容产生长的用户行为画像，逐渐达到社区平衡。

比如写文章显然是高门槛低频的行为，1 个作者 1 天不会超过 1 次，100 个用户里面可能才会有 1 个作者，甚至 1 000 个用户才会有 1 个作者。社区要鼓励内容原创，那么就要建立不同类型内容的权重。比如在 PMTalk 社区，原创权重是最高的。如何在产品中设计及时低门槛却高频的内容机制？这也是产品和运营团队需要结合业务考虑的。

6.2.4 消息盒子：建立用户连接

消息盒子的常规作用是触达用户、提升用户活跃度。从产品全局来看，消息盒子是运营侧必备的工具；从产品的功能结构上看，消息盒子是产品的主功能之一。由于互联网社区产品的消息类型相对标准，可以做的个性化少，所以即使是在不同行业、不同形态产品下，消息盒子的设计也会大同小异。

消息盒子提供给用户内容的交互行为：如点赞、评论、转发、举报，给用户产生消息信息。

消息盒子通知包含但不限于：官方消息、系统通知，消息盒子通知是用户通过产品来接受信息的途径之一。

如图 6.31 是某社区 PC 端口的消息盒子，所产生的内容不仅有时间维度，还可以知道用户是否已阅。

对于消息盒子，创业者需要针对社区内容分类进行消息文案设计，还要考虑触发的交互效果。在数据上，用户的打卡率、触达率、阅读量是消息盒子的标准。如图 6.32 是消息盒子的消息提醒。

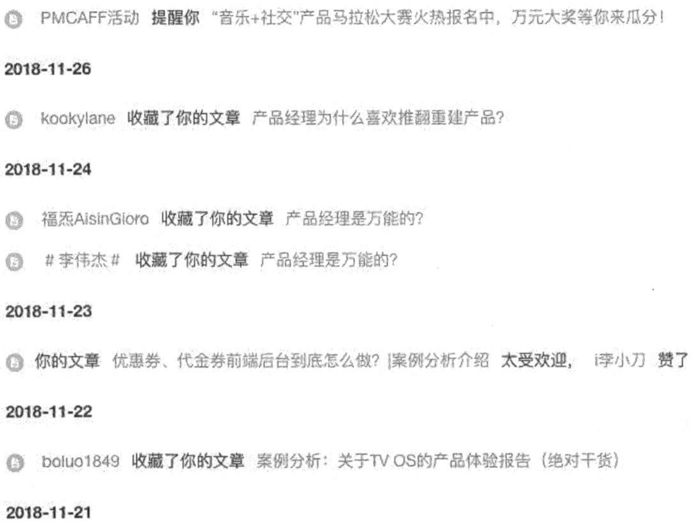

图 6.31 社区消息盒子

图 6.32 消息盒子

设计消息盒子时，可以取消消息提醒，因为给用户消息是好事，但过分干预用户，比如部分产品的消息盒子，小红点无法消除，有强迫症用户，就只有卸载……

6.2.5 签到打卡：促活利器

1. 签到打卡心理学：德西效应

德西效应是一个心理学名词，定义是：适度的奖励有利于巩固个体的内在动机，但过多的奖励却有可能降低个体对事情本身的兴趣，降低其内在动机。

签到容易产生德西效应，因为签到本身会引发积分体系、会员等级的联动。签到上线后，首先观察用户的签到分布，比如 1~3 天、3~10 天、10 天以上的分布，通过各个时间段用户的占比，推导出用户的签到连续时间段难度，再针对难度设计积分制，可以减少德西效应产生。

一般情况下，打卡签到的目的有四个方面：

◎拉新；

◎增加营收；

◎增加留存；

◎构建积分体系。

我们看到许多面向 C 端用户的产品都有“打卡”“签到”的功能，这两类功能都属于签到，是互联网产品提升用户日活、提升留存的工具，但打卡与签到在不同场景下，传播给用户的理念是不同的。

图 6.33　扇贝单词打卡

图 6.33 是扇贝单词的打卡。用户正常完成打卡任务，以绿色圆点表示，若超额完成了任务，还会有特别的五星标记。用户打卡后，通过分享入口可以产生有打卡天数、打卡称号、用户账户信息的海报内容，刺激新用户下载扇贝单词，增加了新

用户。

用户付出，就有回报——这是设计签到打卡的核心要点。

签到打卡在游戏类产品应用最普遍，这是因为游戏类产品用户的 DAU 非常重要，需要随时唤回用户，让用户养成签到习惯。比如，王者荣耀与 QQ 飞车，通过签到打卡，用户可以领取皮肤、汽车、限时套装，老用户回来后，可以通过签到打卡获得付费道具，感受最新版本的皮肤与道具，提升老用户的游戏体验。

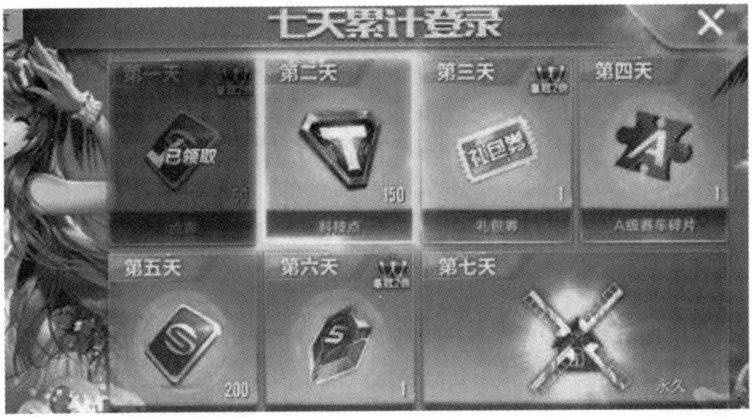

图 6.34　游戏类打卡

2. 签到与积分

签到和积分体系关联上后，签到产生的积分更像货币。签到帮助用户流转于积分的入口，签到就是积分的获得方式，也有可能是用户的会员成长方式。

通过签到、打卡，可以增加产品营收能力。比如天猫商城通过打卡累积积分兑换优惠或折扣购买产品，刺激用户在电商下单；天猫的积分，还可以兑换天猫购物券。

图 6.35　天猫积分打卡

天猫积分不同于每天的单词打卡积分，天猫积分是通过每次下单购物获得，是每笔交易后积累得到的。

图 6.36 是积分签到增长与签到的用户等级变化。

图 6.37 是知乎的个人成就页面，知乎社区因汇聚了人与人交往的内容，建立了人与人之间的关系。社区产品就像是把用户迁移到一个虚拟的世界，产品的等级体系、成就体系是可以帮助用户建立就像现实社会中个性化的人一样的虚拟个人。

图 6.36　签到累计

图 6.37　知乎的个人成就页面

用户的头像、说说、名称，是用户进入这样虚拟世界的 ID。随着进入社区的时间越来越长，用户会希望在社区获得荣誉与成就，因此一个抓住用户心理的个人信息展现是挽留用户的有效方式。

3. 签到中的自我价值满足

任何产品，都是要满足需求的，签到、打卡就是满足了用户的某一侧需求。根据第 1 章提及的马斯洛需求层次理论——需求越往上走，产品市场用户越少。你看到的微信、淘宝、百度能够有足够的市场占比，是因为这些产品本身解决了社交、信息检索等需求。

打卡、签到是用户在产品中自我价值需求的满足，通过“仪式感”，增加用户对产品的忠诚度。用户通过打卡养成习惯，进而可能会对产品产生感情。比如，百度贴吧（图 6.38）对签到的用户提供不同身份，“权威”“大神”称号也帮助用户产生正向满足感。

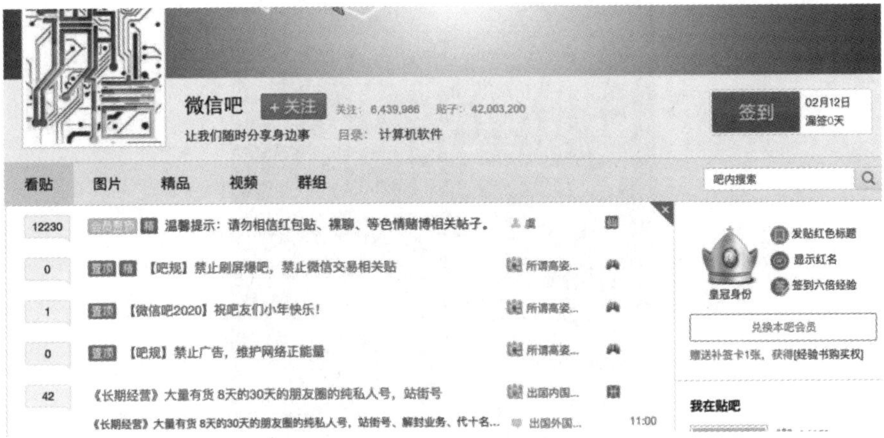

图 6.38　百度贴吧

签到、打卡同样是产品日流量的聚焦点，所以在签到、打卡时做好流量变现也是一个低成本变现技巧。比如网易云点击签到，会跳转到商城页，该页面也会有广告位，直接提升了广告位的曝光率。

签到一定要给予用户奖励，没有奖励的签到是无效的产品策划。“签到”是用户自我满足的方式，在现实场景中，工作的考勤打卡也有全勤奖，这个奖项的设置就是为了激发员工的积极性，使公司员工愿意为了这个奖励而努力做到全勤，签到也一样。

用户的奖励可以分物质奖励和精神奖励两种。物质奖励是实在的兑换卡、积分卡、现金券等；精神奖励是根据产品业务完成某个习惯养成，得到对应成长等级或获得了什么称号等。

换句话来说，签到、打卡这样的产品，就像我们上学时的报到、上班时的考勤，早就存在我们的生活中，只是通过互联网的产品形态换一种方式给到用户。因此我们在做一款产品的时候要挖掘生活的本质，如果能够连接上，这个需求一定有广阔的市场。

图 6.39　网易云打卡

6.3　产品运营策略

6.3.1　在产品 CLV 搭建内容生态

社区产品和其他产品一样，会经过探索期、成长期、成熟期、衰退期，对应这四个周期，运营商采取的策略为：数据分析、增长推广、用户促活、用户留存。每个互联网社区产品只有一直停留在增长期，才会有机会带来变现。图 6.40 是产品的生命周期。

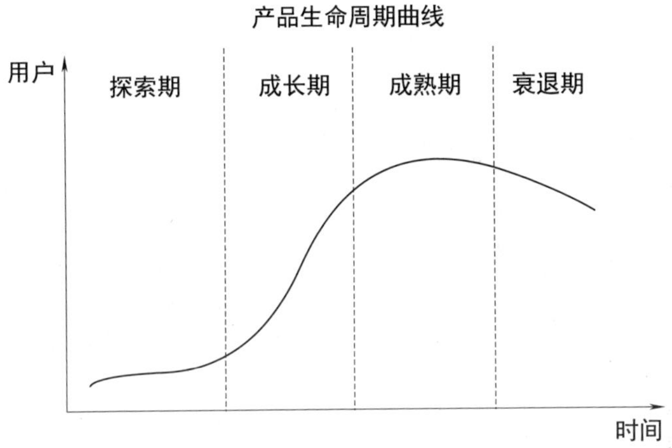

图 6.40 产品生命周期

开发一个社区的难度相对较低，可是要把一个社区做好则是非常难的。用户、内容、平台构建成了社区，创业者需要严格依靠不同的生命周期，做不同的运营策略迭代。

1. 探索期与内容生态建立

创业者在设计内容产品的模块或页面时候，都希望内容展现是全量的，展示到用户面前的是高质量的、有价值的产品。但站在用户角度，全量与高质量又是相对的。

如图 6.41，平台与 UGC 用户内容需要保持平衡。尽可能地克制平台内容，又要保证内容数量，使内容能为用户提供引导，保证平台的内容是围绕产品策略的。

从 PMTalk 互联网产品经理社区搭建到现在，我们经历过 3 次内容信息流重构，但直到现在我们仍然不满意给予用户的内容筛选机制和阅读效率。

作为一个社区产品，如何既让自己的优势内容、优势功能展现出来，又可以让用户高效的浏览，快速寻找自己感兴趣的内容？这是需要下一番苦功的。

如图 6.42，我们首先拆分自己的功能与特色内容，将功能与内容组合隔开，再考虑信息流设计。

对社区产品来说，探索期最重要的是内容冷启动，可以说内容冷启动是运营的重点环节。这一时期，产品处于用户与内容都少的时期，用户的阅读、评论、动态是内容冷启动的关键指标。

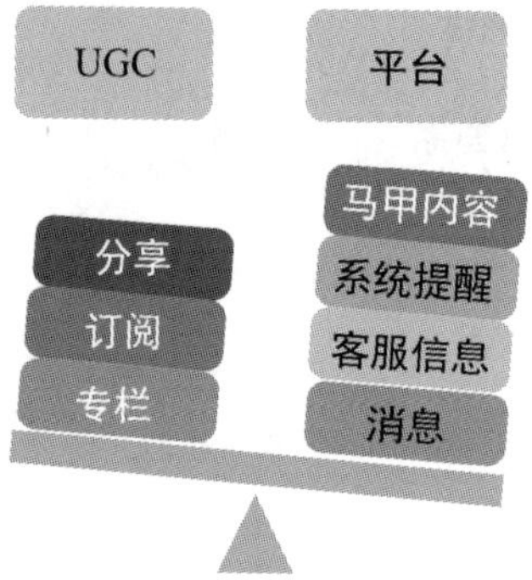

图 6.41　UGC 与平台关系

图 6.42　内容框架

我们最开始使用的算法是 10~20 的随机指数，每一次的交互行为都能保证产生几个用户的阅读、评论数。在社区运营一段时间后，将算法模型调整为 1 ~ 10 的阅读数，逐渐减少系统的干扰，让用户的交互数据真实。

社区产品侧需要知道的指标有：用户动态数、不同类型的数目、用户内容数（字数、文本数、表情类）等。

社区产品因产品形态不同，需要关注的指标又依靠平台，所以不同的平台关注的指标不同。移动端依靠 DAU、受力图、下载量、注册量、Top 应用商城、Top 应用、Top 搜索关键词等；Web 端依靠用户停留时长、注册量（环比）、页面热力图、Top 入口链接、Top 入口关键词、Top 搜索平台、广告位的广告点击等。

上面的数据指标还可以扩展，通过提出数据需求让开发埋点，并且利用第三方工具或自己的 Excel 分析做出一些数据模型。对比数据指标时一定要有环比的概念，并且要查看每周、每月、每季度的数据，通过对比在产品使用中出现的用户规律变化，制定运营策略。如果产品是定位娱乐化，显然周末或上下班前后是数据的波峰期；如果产品是学习类或知识类的，在周末或节假日数据就是最低的，常规工作日下午是数据的波峰期。

探索期还需要观察用户阅读信息流的规律。因为有不同的内容类型，诸如视频、提问、文章等，甚至多种商品类型会混合在同一个界面上，帮助用户高效地浏览内容，让用户轻松地找到自己需要的内容，是整个信息流的基础。在这个基础之上，还要建立良好的用户体验、交互效果，只有这样才会是一个好的信息流设计。

探索期要调整信息流背后的算法和管理好后台的支撑。社区冷启动期间很多是全局人工管理，随着用户与内容的增加，创业者需要思考未来如何结合算法或推荐系统甚至是 AI 能力进行机器管理，以减少人工。

信息流还要考虑如何让用户更快地输入内容。良好的信息流设计应该是既可以让用户快速、愉悦、高效的消费内容，也能起着推动内容产生的作用，因为社区产品是一个重内容的产品。

同样在产品探索期，创业者应该聚焦用户在产品上的主路径，通过主路径找到用户需要的主要内容。页面的点击热力图，可以很直观地了解到页面的热点区域，越红（点多）的区域说明点击率越高，通过采集页面点击图可以快速定位每个页面入口的主次。如图 6.43 是一个热力图。

找到主次后，可以直接看出用户喜欢的版块或内容。在用户关心的版块中聚焦内容运营，增加用户停留时间。热力图也可以测试新上线的功能。社区产品是内容驱动的产品，我们很难通过某个模块的上线去判断整个产品 UV 或停留时间的上升是不是本次迭代带来的。

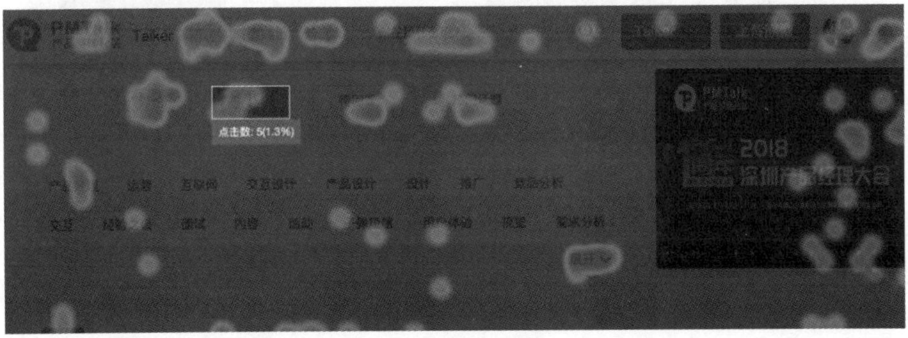

图 6.43 热力图

通过热力图寻找产品的主路径，找到增长路线，而不是依据创业者自己感觉——用户主路径好像就在这里，减少盲目性。

图 6.44 是一个针对 Web 端社区产品的热力图，可以很直观地看出导航栏是最主要的路径入口，其中原型与精选是点击频次最高的。

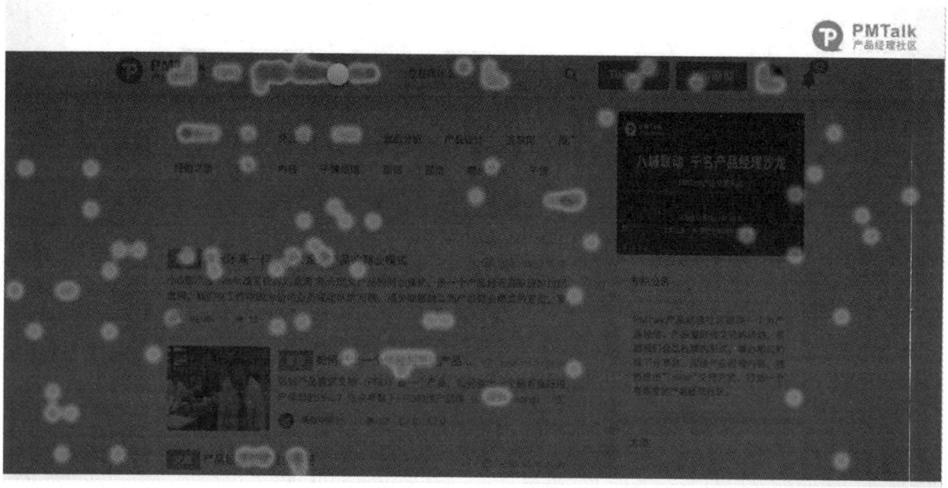

图 6.44　Web 端热力图

为了驱动更好的内容填充，可以利用第三方数据抓取每个域名的链接地址，调整内容策略，如图 6.45 是一个链接地址。

图 6.45　链接地址

社区产品内容产生者集中在 KOL 头部用户，了解 KOL 头部用户也非常重要。比如 PMTalk 产品经理社区的专栏作者希望在平台得到粉丝和曝光，平台就要尽可能地为作者提供曝光入口，可以通过增加 KOL 名称、职位、说说来曝光，当然曝光位置也是一个简单快捷的曝光方式。

社区产品探索期，头部用户在社区的内容阅读量、点赞数、评论数都可能为 0。要想吸引头部用户停留或使用，选择对应的算法与数量获取机制是非常必要的。比如，对应页面的阅读数可以通过 0 ～ 10 的随机数展现，而 PV 也有有效浏览与真实的浏览的说法。

◎真实浏览人数 / 显示浏览数 = 有效浏览率。

◎有效浏览率 = 这条内容的影响力范围。

2. 增长期的内容信息流

产品进入增长期后，运营团队策略还需要针对不同地域的用户区分人群和机型，比如一线城市与三线城市、安卓与苹果 iOS 的机型区分。如图 6.46 扇形图就显示了机型区分。

机型	用户数	
未知	2 410	
苹果iPhone 6S	545	4.7英寸
苹果iPhone 6	520	4.7英寸
苹果iPhone 7	362	4.7英寸
苹果iPhone 7 Plus	323	5.5英寸
苹果iPhone 6S Plus	260	5.5英寸
苹果iPhone 6Plus	254	5.5英寸
苹果iPhone 5s	118	4.0英寸
华为P9	78	5.2英寸

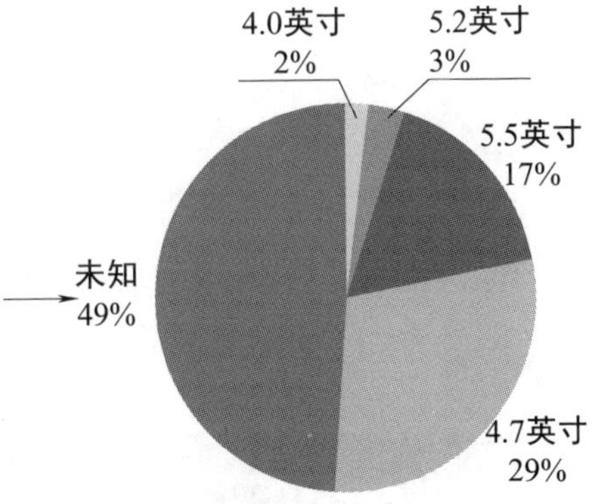

图 6.46　机型扇形图

如何让产品持续停留在增长期？这里以 Web 端和移动端的 PMTalk 产品为例讲解。因为两个产品所面临的场景是不同的，因此所满足的用户需求会有不同。

移动端社区产品：因包含用户移动操作场景，信息的高效浏览与内容交互成为该类社区产品策划的重点。

Web 端社区产品：承载着社区的介绍与信息流，信息的完整度、业务的功能入口、内容产生的路径是产品策划的重点。

两个产品的形态在 UGC 入口与 Feed 流（持续更新并呈现给用户内容的信息流）

设计上会有不同，移动端的 Feed 流是如何保证产生好的“流感”，刺激 UGC 内容的产生，减少低质量内容产生。图 6.47 是内容的产生。

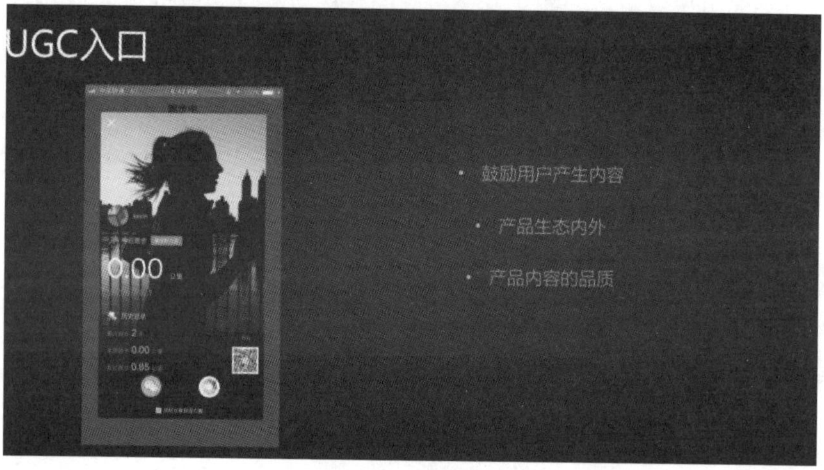

图 6.47　内容的产生

图 6.48 是用户行为结束后，当前行为对用户的意义。可以看到用户每次跑步后，数据结果是用户希望传播的内容，这些内容自动引导用户产生分享，并关联到社区中，增加了来自第三方生态的流量，也保证了内容产生在社区中。每一次结果分享后，都会产生一个【同步到活力圈】的选中入口。

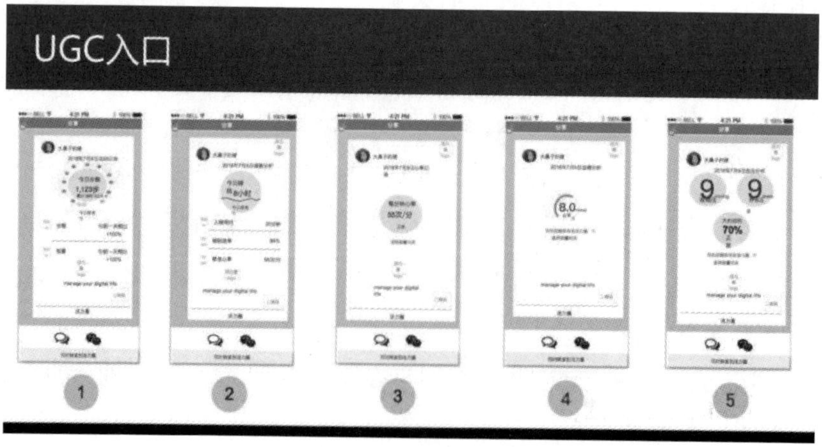

图 6.48　数据同步

围绕的 Feed 类型拆分，以运动、步数、心率、睡眠、基因检测结果、血压五个维度的类型数据为基础，打磨内容文案、UI 设计、核心数据，用户逐渐进入 UGC 入口。

Feed 类型拆分后，我们还要对不同类型的内容产生场景做设计。如日常行为、非日常行为、低频的数据生成什么样的结果，让 UGC 产生的 Feed 流保证哪一类内容成为主要的，哪一类为次要的？社区能提供用户想要的哪些内容？

图 6.49　Feed 流

进一步注意 Feed 流的动态分类和突出每个类型的核心内容、Feed 的详情内容与管理内容的链接、Feed 的点击效果与用户交互入口。

图 6.50　Feed 详情

Feed 详情中，有针对关联入口的设计，比如某个 Feed 类型是血压计结果数据，那应该增加血压测量入口。用户在 Feed 内容交互下，应该可以产生新的 Feed 流。当有较多 UGC 集合在 Feed 中，需要采取一些排序法突出重点 UGC, 比如评论的冒泡排序。

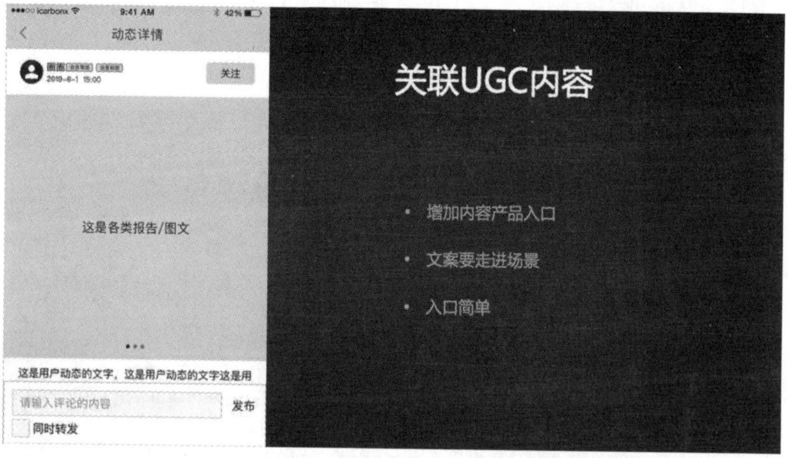

图 6.51　关联 UGC 内容

在点击评论某个内容中，给予用户转发的入口。但因评论的内容相对其他类型的 Feed 更高频，应该取消默认筛选，保证社区 Feed 流的内容方向，不干扰其他用户消费。

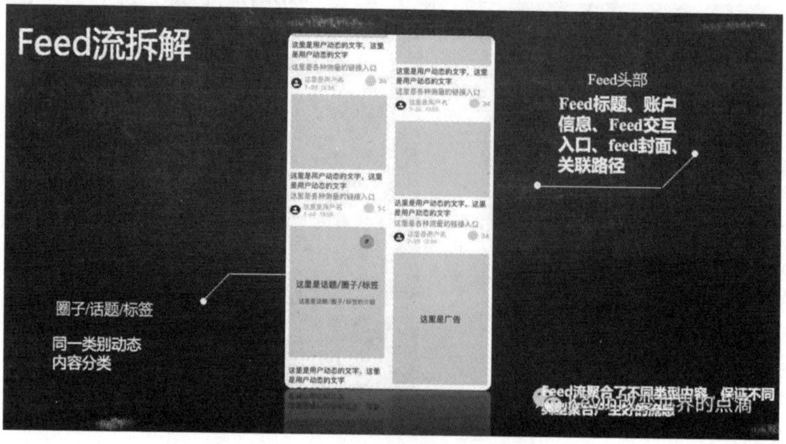

图 6.52　Feed 流拆解

一个 Feed 流中包含有广告、圈子、话题、业务内容、系统消息，针对不同类别的 Feed 策划，需要有一个大的前提框架，明确整体 Feed 流的流感是什么？如图 6.53 是一个 Feed 交互。

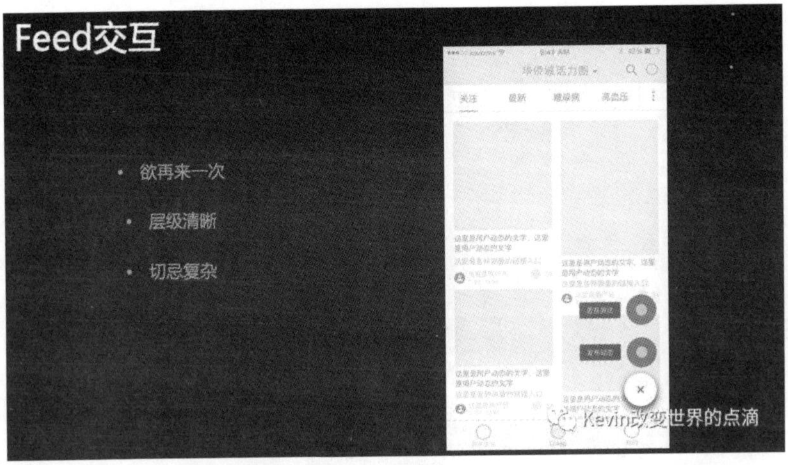

图 6.53 Feed 交互

保证 Feed 交互让用户欲罢不能，每一次的使用都是一次“爽”，除了酷炫的交互效果外，还要保证层级清晰，满足用户清楚“我在哪里，我要去哪儿”，建立收藏夹，如图 6.54 收藏夹。

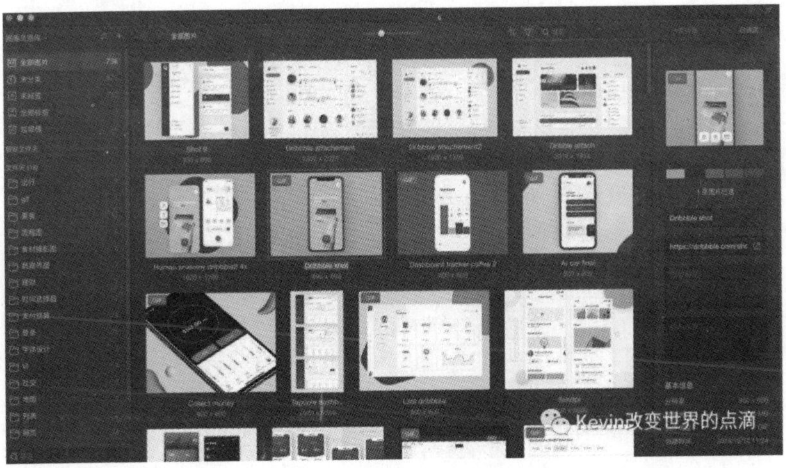

图 6.54 收藏夹

针对 Web 端产品，用户使用的场景以 PC 居多。在移动互联网时代，很多人都说做 PC 的社区已经落伍了，但不得不承认，这是最高性价比的方式。图 6.55 是 PC 产品注册入口。

图 6.55　PC 产品注册入口

关于 Feed 流的排序法，常用的是时间排序法、重力排序法、智能推荐，但要注意没有最好的算法，只有最适合这个场景的算法。

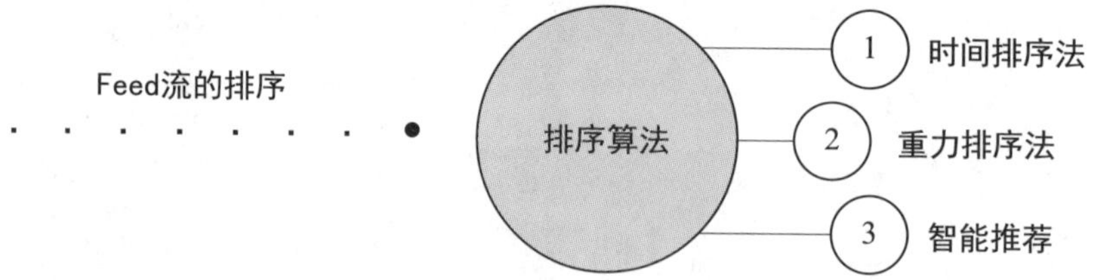

图 6.56　Feed 流排序

以重力排序法为例。重力排序法的重力为时间流，拉力为创业者关注的 Feed 类型。针对不同的 Feed 类型加上权重标签，保证高质量 UGC 被用户消费。

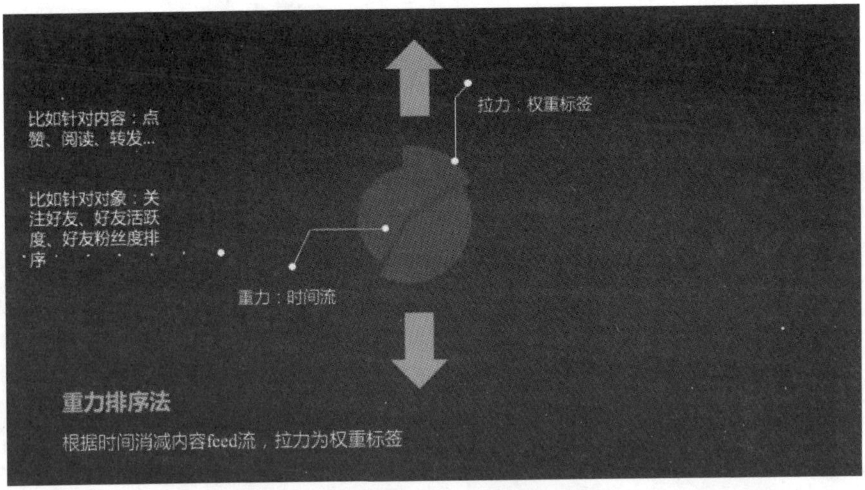

图 6.57 重力排序法

围绕的不同功能的模块产生的内容，我们有图 6.58 的两个方案。

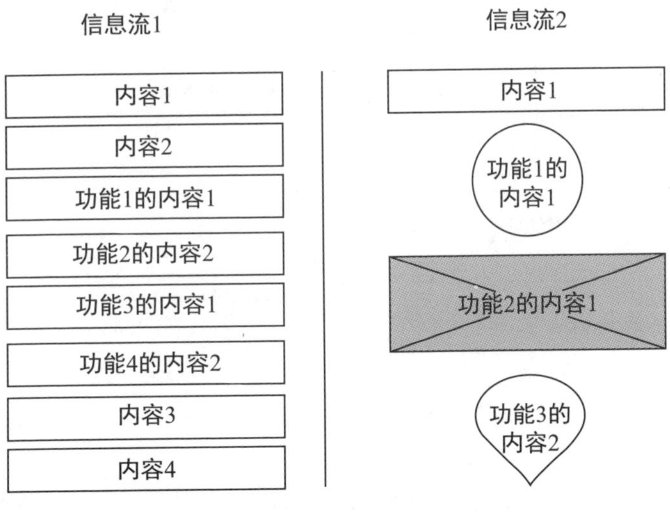

图 6.58 不同信息流方案

信息流 1 减少了信息流层面，也减少了内容的差异化，只是通过标题或封面内容吸引用户；而信息流 2 可以通过功能特定的 Feed 流产品形态吸引用户，但在用户体验与阅读上会比较糟糕。

我们也调研了市面上的信息流，发现有通过方案 1 夹杂着方案 2 的产品，有完全是方案 1 的产品设计方案，也有完全是方案 2 的产品策划方案。

站在用户角度，当产品处于从 1 到 10 的阶段，用户并不能发现你的新功能、特色内容，这时提供给用户最快找到内容有效信息、保证好的阅读体验是优先的。通过内容访问后，再给用户展现内容的特别或功能模块的新颖。

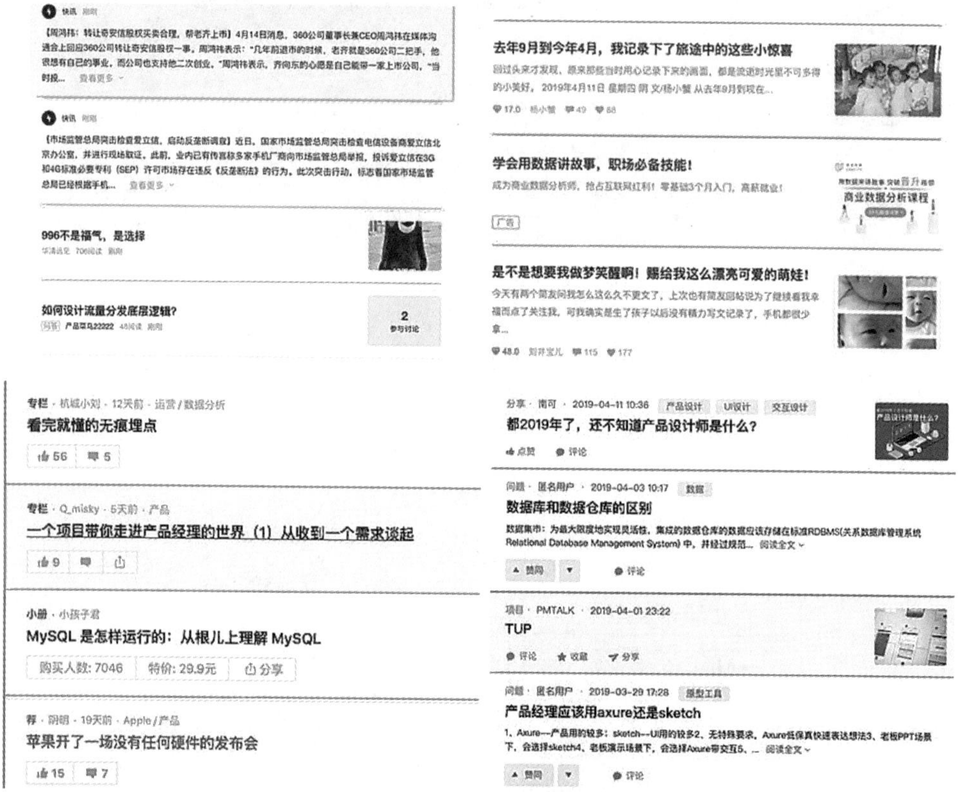

图 6.59　不同社区产品的信息流

老用户再次访问社区时，就会直接进入自己喜欢的模块，在信息流聚合处停留，因为查看每日更新的只有需要了解有什么热点的用户。

因此作为首页的信息流，我们拆解了五个核心产品设计方向关键词：

◎阅读体验；

◎全类型内容；

◎增加用户之间关系；

◎增加用户与内容关系；

◎内容筛选。

我们选择了通过相同的 Feed 流设计方案 1，解决了用户主要阅读的版块后，就接着考虑用户之间关系、用户与内容的关系、内容筛选等。针对内容与账户的关联性，标签仍是一个好用的工具。内容筛选，最好的方式仍然是通过标签将用户区分。有的创业者会用圈子、广场的方式，其本质也是将内容或用户分类。

◎相似用户画像，会产生同类型标签内容。

◎内容版块，会聚集相似用户，产生同类型标签。

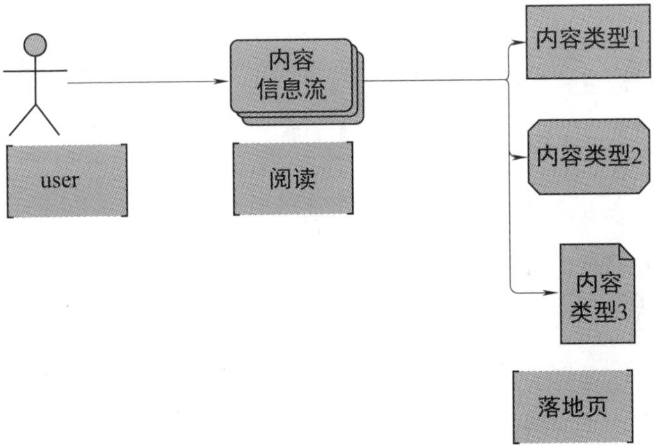

图 6.60 内容信息流

因为大部分产品从 0 到 1 期间是没有充足的用户的，这个时候就要靠冷启动内容，所以你会看到大部分的产品都以话题、圈子分类。

如图 6.61 是喜马拉雅、懂车帝王、雪球的冷启动。以内容分类打造圈子运营，可以帮助用户快速寻找内容，也能更方便热点内容的运营。通过产品用户拆解关键词，用关键词建立话题，查询后台话题的内容产生数、阅读数、用户交互行为数。

社区产品同时要增加用户社交关系的概念，增加用户留存，毕竟如果只是让用户与内容产生关系，绑定强度肯定不如有好友关系的链路强。社交功能模块有：版主、粉丝、关注、点赞、评论、转发、IM（Instant Messaging，即时通信）等。

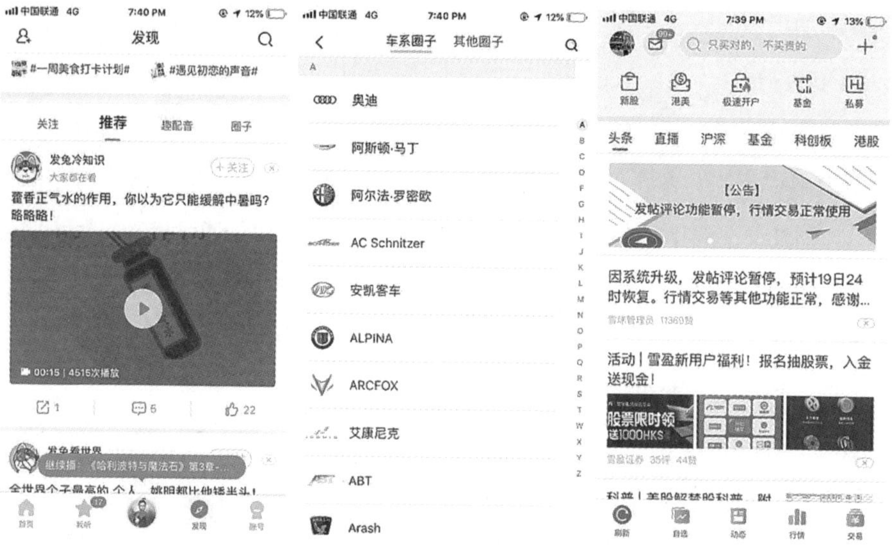

图 6.61　冷启动

◎让版主可以在产品中圈人；

◎可以管理自己的粉丝；

◎可以查看自己关注的人、关注的内容；

◎用户与用户之间支持评论、点赞、IM 等。

冷启动期间，运营种子用户这个环节特别重要，但当互联网创业者抛开运营，就要给用户上面四个入口。

6.3.2　产品的风控

我们在 PMTalk 社区中产生内容模块设有专栏、提问，专栏、提问对应后台专栏管理、问题管理。随着时间的推进，社区中内容发布数与沉淀数持续升高，这时候创业者就需要考虑风险控制了。

没有风控的社区产品是可怕的，随着用户数上升，产品面临各种各样的危险，产品的风险系数也在指数级增加。比如曾经火爆的内涵段子，因为没有做好风控，最终下架。可见风控对社区产品的重要性。

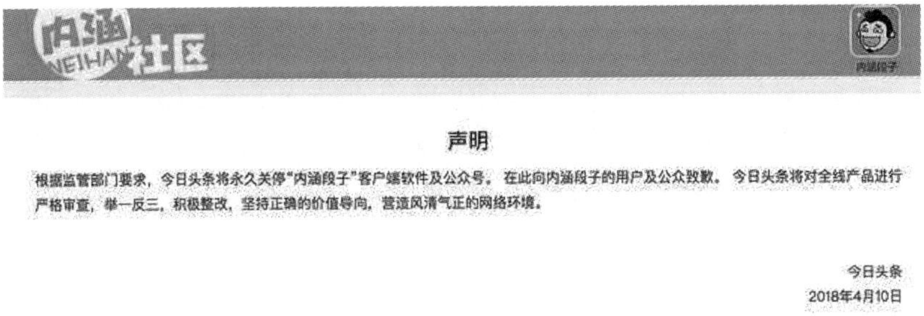

声明

根据监管部门要求，今日头条将永久关停"内涵段子"客户端软件及公众号。在此向内涵段子的用户及公众致歉。今日头条将对全线产品进行严格审查，举一反三，积极整改，坚持正确的价值导向，营造风清气正的网络环境。

今日头条
2018年4月10日

图 6.62　内涵段子下架

产品风控可以从三方面角度思考：

第一是人工审核的角度；

第二是内容数据流程节点；

第三是产品数据的删除、隐藏逻辑，系统无人工情况下产品保护机制。

产品进入增长期，风控需要投入巨大的资源和精力，创业者压力也会越来越大。一旦风控设计出现问题，产品就存在立刻下架的可能。

比如子弹短信 App。子弹短信 App 上架后，快速在 App Store 登顶，并连续 7 天排名第一，累积总用户数突破 400 万。可是到了后期因为产生了大量的违规信息，用户举报有黄色、赌博等违规信息，导致产品一度下架，不少用户因此流失。

同样案例还有马桶 MT。马桶 MT 高速增长后，同样因为产品设计的风控不足，产生违规信息，随后被下架。

图 6.63　子弹短信

图 6.64　马桶 MT

做好产品的风控除了依靠产品的系统干预机制，还要依靠上面提到的人工参与和内容流转。比如直播平台的通过系统和人工审核小组共同干预内容；再比如银行的网签，需要柜台远程人工验证，人工验证通过后才给予通过审批。

风控中的内容数据流转可以围绕两个问题：审核需要多长时间？审核的流程是什么？

1. 审核时间

审核时间决定了产品的使用门槛和用户体验，比如私人定制的高端产品或会员类型的产品，通过把审核时间与后续的审核服务打包，缩短时间、提升用户体验，体现出高端与定制产品的意义。

2. 审核流程

这一条关系了审核的效率与有效性。流程是审核部门、运营共同协商决定的，这里以房产公司客服系统的质检流程为例来简短说明。这个客服系统要知道：什么关键词、哪种说话套路是违规的？抽检出不符合规则的内容，以此为标准来判断对应 UGC 质量的高低。

随着审核内容的增加与业务的提升，我们再引入系统的审核能力。

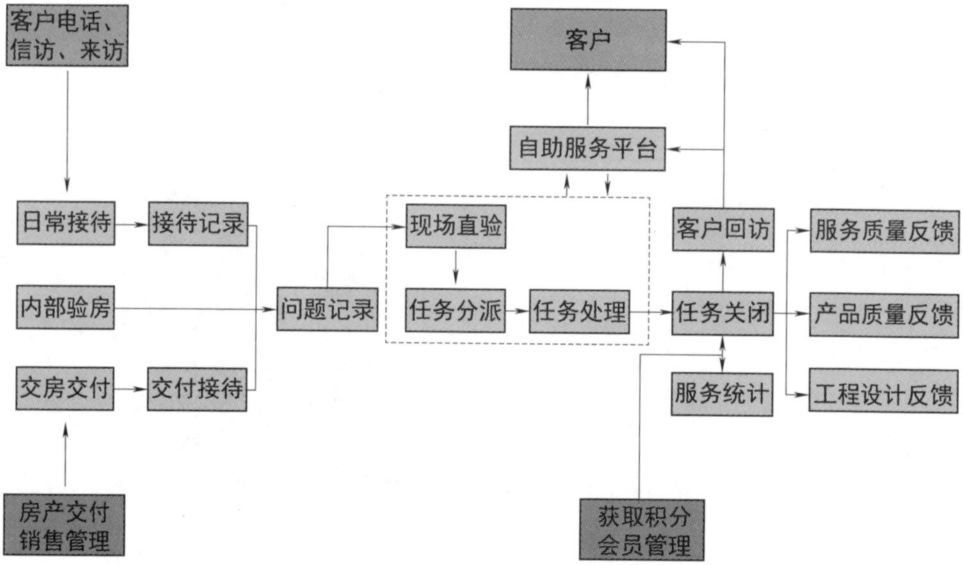

图 6.65　审核模型

通过对固定的说话套路与标签管理，建立分析模型，并引入系统化风控，减少人工风控资源的投入。

当然产品在接入系统之前，还需要用人工与系统协同出一套标准的业务流转流程，把风控中的业务模型关键节点完全融入系统中，这就类同于金融行业——风控有更严格的审查要求和深层次的背景原因。

建立内容生态，风控的好坏是衡量一个社区产品健康与否的关键指标。和风控不同的是，内容生态要从下面四点开始：

◎找到优质内容；

◎删除较差内容；

◎找到优质用户；

◎区分低质量用户。

6.3.3 用户关系链

2019 年，头条推出了第一款社交产品——多闪，多闪发布后 2 个月迅速累积了超过 100 万的用户，占领了 App Store 下载榜单榜首，在七麦数据中也是连续一周蝉联下载第一。

#	应用榜（免费）	摄影与录像榜（免费）	iOS10总榜（免费）
iPhone 实时排名	1 44秒前更新	1 12秒前更新	1 45秒前更新

图 6.66 iOS10 的排行榜

互联网社区产品要有熟人社交关系链。比如，多闪 App 新用户都会推荐自己的好友，通过获取用户手机通讯录，迅速找到注册多闪产品的用户，建立用户关系链。

如果你的社区产品在账户体系设计的时候没有支持微信登录，显然会让用户感觉不习惯。因为有了微信快捷登录，少了烦琐的信息输入，登录更快，体验会更好。另外，利用微信登录来做用户去重，可以减少一个用户拥有多个产品账户的情况出现，并且能缩减未来的账户数据维护成本。

许多刚入行的创业者，不重视让产品新用户导入熟人社交关系，不重视微信登录方式，只聚焦在手机号或邮箱注册的方式上。他们没明白，如果用微信登录，再通过通讯录导入，是可以读取好友注册产品的列表，用户关系链即可完成。这个完成路径的方式如图 6.67 所示。

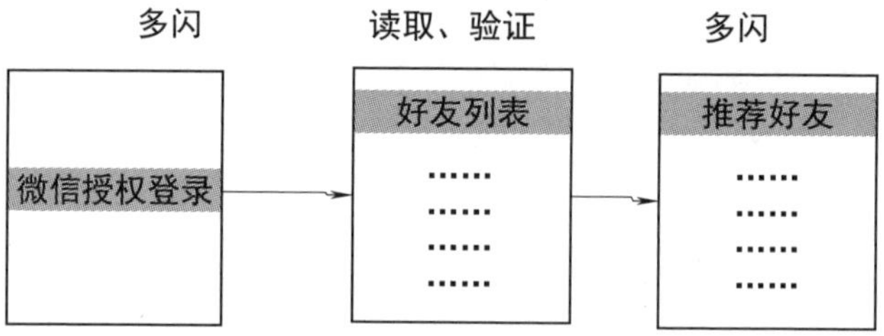

图 6.67　微信登录获取好友列表

例如，在多闪里，用户通过授权登录进入，新用户进入 App，多闪会读取用户通讯录列表（iOS 用户需要授权），同时验证这类手机号用户是否注册过多闪。如果是已经注册完的用户，则多闪会在产品中提示推荐好友。

图 6.68　多闪推荐关注好友

图 6.69　多闪聊天与随拍

图 6.70　多闪的社交关系

如果使用微信登录，创业者要提前安排开发者调研，开发者必须知道微信开放平台。比如图 6.71 通过查询微信开放平台，我们可以知道微信能给予的用户基本信息包括：性别、昵称、头像、地区。

功能服务	设备功能	设备功能接口	无上限	开启
	多客服	获取客服聊天记录	5000	
		客服管理	详情	
		会话控制	详情	
	网页帐号	网页授权获取用户基本信息	无上限	修改
	基础接口	判断当前客户端版本是否支持指定JS接口	无上限	
	分享接口	获取“分享到朋友圈”按钮点击状态及自定义分享内容接口	无上限	
		获取“分享给朋友”按钮点击状态及自定义分享内容接口	无上限	
		获取“分享到QQ”按钮点击状态及自定义分享内容接口	无上限	
		获取“分享到腾讯微博”按钮点击状态及自定义分享内容接口	无上限	
	图像接口	拍照或从手机相册中选图接口	无上限	
		预览图片接口	无上限	
		上传图片接口	无上限	

图 6.71　微信开放能力接口

上面四个字段，是可以构成新用户的账户信息，这就减少了用户注册的门槛。通过性别、地理位置、手机型号，我们还可以建立用户画像，但这个画像提供的信息非常有限，只能是地区、用户人群占比、性别分布等。

可见微信想要控制自己的能力授权，也在保护用户的隐私，但为了建立微信生态，不得不开放部分授权。所以创业者要想让自己的产品多获取用户关系链数据，除了用户与用户之间必须要有空间、时间外，还要有另一个重要因子：用户的交互行为。

我们把这样的交互所产生的数据交换叫交互池。

图 6.72　用户 A 与用户 B 数据交互

无数个成对的用户 A 与用户 B 组成的交互池，形成了 UGC 的积累，而微信，就是这个交互池的典型代表。

产品只需要推荐这个好友列表，而是否添加好友还是用户 B 来决定，当然还要经过用户 A 的同意。

那如何获得用户通过交互池建立的用户好友关系链路呢？下面以流程图分场景介绍。

假设 A 微信用户通过授权登录注册多闪。

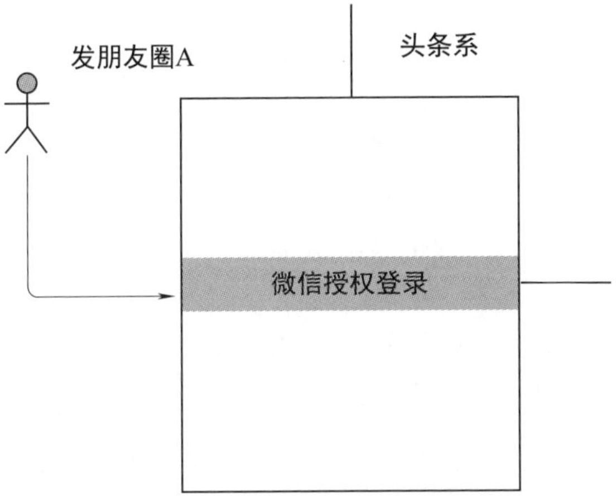

图 6.73 用户授权注册

该用户 A 成了头条系的新用户，当这个用户在头条产品中发现了好的内容，开始分享到朋友圈。

图 6.74 是用户分享内容到朋友圈，其实这些内容还可以分享给微信好友和分享到社区。B、C、D 是点击并查看用户 A 分享内容的微信好友。B、C、D 通过微信浏览器访问了 A 分享的 H5 内容，这样产品后台获得对应的三个微信标记，触发分享的帮助。

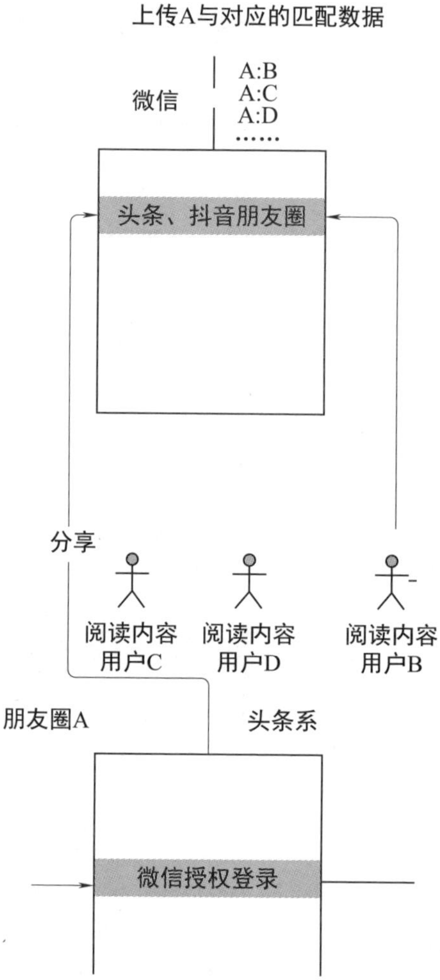

图 6.74　用户分享某条内容到微信朋友圈

◎第 7 章

产品商业策略迭代

7.1 短视频的商业经济

7.1.1 增长的“灰色”产业

微信公众号刚刚推出时,无数的线下商家采用“扫码关注”送礼、“优惠券”等方式,刺激用户扫码关注公众号。

2014 年，存在某宝商家专门提供增加僵尸粉服务，因为公众号粉丝可以提升公众号权限。如今已经很少有商家通过上述的方式让用户关注公众号了，某宝上提供增加公众号粉丝的商家也消失了。

2018 年，短视频开始爆发。用户拍摄不到 1 分钟的内容，即可生成一个好的生活日记，渐渐地以 Vlog（视频博客）为代表的视频玩法层出不穷。而流量资费下降、网速越来越快，更催生了用户视频消费的爆发。

因为短视频消费的爆发,企业、个人都逐渐把微信公众号的商品内容带到视频中。企业大多都有微信公众号，也都开通了官方短视频号。现在短视频的新生态，促使淘宝上开启了接近 2014 年的“红利”时代。

花 20 元，就可以在短视频上购买僵尸粉丝，这是基于短视频粉丝超过 1 000 后会提供开通 60 秒的视频权限，获得新内容类型发布的机会。这是不是公众号粉丝的翻版?

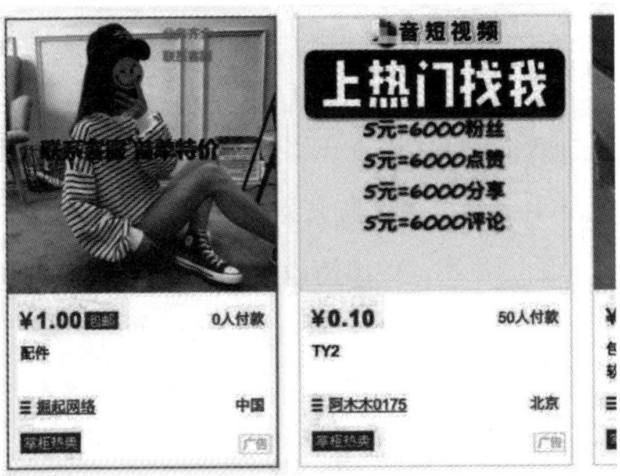

图 7.1　短视频涨僵尸粉

就像在 2020 微信公开课上，张小龙说，公众号在一开始设计的时候不是想用来发布文章的，错失了一些机会。但我认为这其实也是时代的选择，毕竟在 2012 年，智能手机刚上市，网速慢、流量资费贵，当时是不具备图文环境的。内容不同，产生的经济效益也就不同。毕竟图文才是移动互联网的最好展示，所以当环境适宜发展时，图文消费就爆发了。

7.1.2　让用户上瘾的零碎场景

短视频推出前，是直播的红海。当直播的战斗快要消失，头部玩家已成定局，我们都以为视频类的玩法就要结束了，短视频出来了。

起初用户主要聚焦在直播赛道，短视频的玩法和参与的厂家并不多。据不完全统计，从 2015 年到 2016 年，整个短视频用户规模从 1 000 多万上涨到 3 000 多万，到 2019 年达到了 8 亿。那么，短短几年，短视频是如何一步步从无到有、发展壮大的？

因为 4G 手机的广泛使用与流量降费，视频内容消费再也不是用户门槛。

人类的视觉在图片、视频上会比文章更容易聚焦。一个短视频时间长度在 5 分钟以内，看完一个又继续看下一个，时间就这样过去了。

15 秒、45 秒、60 秒不同类型的视频，为短视频建立了时间规范。短视频的时间，符合现在人们碎片化的生活方式。闲下来的时间可能不多，但是看一会儿短视频还是绰绰有余的。

还有人拿短视频和嗑瓜子对比："为什么人喜欢嗑瓜子，一个又一颗，乐此不疲？"

心理学上用正反馈效应来解释这一现象：一个人努力做出某种行为之后如果得到了积极的反馈，大脑就会释放多巴胺来激励，促使这个人重复这一行为。而得到正反馈的周期越短，大脑会觉得这件事情越简单，就越鼓励该行为的发生。

在嗑瓜子这件事情上，只需要花费几秒钟来嗑开瓜子，马上就能获得瓜子肉作为奖励。整个努力的周期非常短，正反馈又相当及时，大脑就会不断地催促你去拿下一颗瓜子，这样你对嗑瓜子就欲罢不能了。

同样刷抖音、看短视频也是这个正反馈促使人们在闲暇时间做这件事，而短视频集合推荐系统与用户画像标签，让用户增加停留时间。比如视频是一些景物、高建筑或其他奇特地域风情的内容，当某个用户日常播放视频的有该类型视频的停留时长或历史搜索关键词含有这类景点或特定类型，推荐系统就会发挥作用。

短视频爆发式增长的今天，不少创业者以在短视频中建立内容的方式，利用短视频机制能保持增长，获得商业机会。

内容建立三种方式较为突出：搬运、图文、个人出镜。

短视频要建立垂直化内容，假设有一个账户，若这个账户第一条拍摄风景、第二条拍摄美食，推荐系统就很难为该账户打标签，推荐的次数与范围就会受到限制。

也许两条内容的播放量都在万次左右，但引导用户关注率是截然不同的：其中一条内容的关注可以达到 2 000，另一条却只有几百。

上面这个例子就表达了我们在短视频内容建立中要做能解决问题的内容，即有价值的内容，内容也是产品。如果你的产品能够解决用户需求，用户才会关注你，你才会有垂直增长。

这也与当前公众号的自媒体作者运营一样，垂直的内容外还要提供"知识"，用户才会买单。

7.1.3 建立用户标签背后的商业策略

互联网从业者要去了解短视频背后的推荐系统，以及推荐系统背后的子标签体系、用户体系甚至是地域、贫富差距等，因为这些都在大数据系统中。

要想成为游戏的赢家，你就必须要了解游戏的规则。不同于微信生态，在短视频生态中的机制有多个角度，比如：操作行为、账户风控、标签体系、LBS（Location Based Services，基于位置的服务）……

恶意的点赞、恶意的评论、机器人账户粉丝、账户信息字段为空（不填写信息）、账户登录时间、内容阅读时间、内容阅读数，都是评判该用户是否是有价值用户的影响因素。

在产品策划与内容设计上，短视频内容生态中围绕两个话题：

◎如何打造高价值的内容作者？

◎如何引入忠诚的内容消费者？

用户不断生产内容，同时也消费内容，这构成了短视频的内容闭环，可以利用这个内容做广告、做电商、吸引付费会员等。

短视频有两个标准化观看入口：推荐和附近。通过用户上传视频，根据其他用户的点赞率、播放时长、评论的数据等维度，算出来这个视频的星级，如果评分还可以，就会推荐给更多类似的用户；如果数据没有衰减，会继续推荐，如果数据衰减了或者评级下降，就会减少推荐。

头条类产品中的文章也是这样，先推荐给垂直的用户，若用户没有点赞、评论等，则直接不进入推荐；若得到了更多的点赞、评论，就进入下一个推荐池。下图是网上的产品朋友分享的关于短视频的推荐池机制，“点赞超过 100”的不同点赞数下，短视频内容被播放的次数阶段。

播放数分段	样本数	点赞数分段统计				
		0-99	99-499	499-999	999-9999	大于1W
0-5000	1907	1796	49	13	7	0
5000-5W	91105	7811	26134	24964	31945	240
5W-10W	42726	1077	3031	5698	32193	722
10W-50W	67361	349	949	625	45045	20393
50W-100W	22824	31			3457	19336
>100W	35002	183				34808

图 7.2 短视频推荐池

短视频也与头条系的推荐系统类似——建立不同阶段的推荐池对视频内容划分阶段推荐。

因短视频是属于内容生态，以公众号为例，内容生态可以引导进入电商、社群、拉新、产品下载等。我曾经看到一个 App 在短视频中做广告投放，最终进入 App Store 排名前 20。短视频的推荐效果非常好，广告推荐转化也很高。另外，短视频和阿里的电商打通，可以通过配置商品进入下单，大大增加了内容电商的转化率。

图 7.3　短视频背后的购物

我们先看短视频的内容生态：20% 的用户生产 80% 的视频内容——这是所有生态中都有的二八规则。要知道有很多用户从来不发视频，他们只是观看视频。

我们再看看广告在短视频的投放情况。

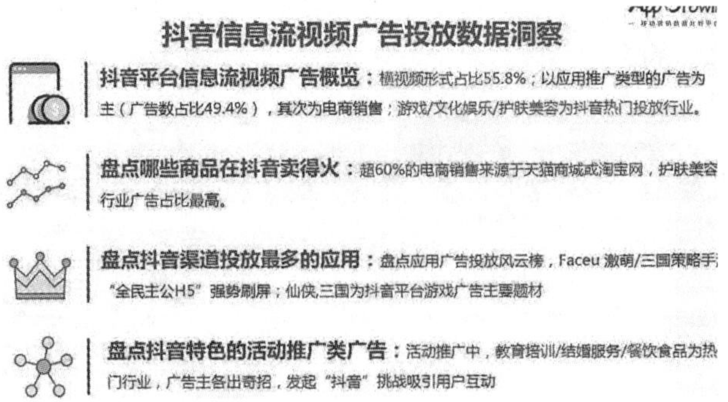

图 7.4　短视频的广告投放

App Growing 的报告显示，短视频中主要是以美妆电商、游戏 App 广告投放为主，并且因为短视频的内容生态，很多广告主会选择发起对应话题引导广告内容二次曝光。

短视频中有两点需要特别留意。

其一：竖屏与横屏内容化

一般来说，竖屏在内容上更容易获得点赞，沉浸式体验让用户在内容里有更高的消费意愿。沉浸式体验和非沉浸式体验的区别就如同你在家里看电影和在电影院看电影的区别。

其二：绕过机器人进入人工筛选

虽然上面说过短视频是利用不同阶段的流量池来推荐，但也有人工审核团队去删除低质量、算法没过滤的内容。在短视频中多用一些敏感词，通过算法过滤后再人工筛选，筛选的路径越长增加推荐时间可能就越长。如下，视频中加入“操”字，“操”字本身是敏感词，这个视频却没有内容违规。

图 7.5 短视频的广告融入

图 7.6 机器人审核

7.2 热点衍生商业化

当一件事成为热点，现代社会的媒体传播和宣传会使你不得不被动地接受轰炸。一个热点信息，当有几个人选择了观看，剩下的人就可能会跟风、会盲从，甚至可能是为了与人交流时有谈资、有共同话题而选择去接受。比如，你可能不太感兴趣的某个电影，在一波的剧透梗、票圈刷屏操作后，也会让你愿意掏钱买票，来满足好奇心或者是积累自己与人交流时的谈资。

1. 粉丝既是生产者，也是消费者

罗振宇说过：这是一个人人都是学渣，人人也都是学霸，同时人人都在寻找存在感的时代。人人都要“社交货币”，IP 将是商业交易世界洞开的第三个入口。

对比单一产品，品牌 IP 拥有大量粉丝群体，且粉丝购买欲望更明显。从某种程度上来说，品牌 IP 是一种生活方式和理念的象征，引领消费者的消费习惯，彻底从销售主导升级为用户忠诚度与参与感的情感共鸣。

在这一过程中，粉丝既是生产者，也是消费者。

2. 套路可以复制，但底层内容的品质才是持续的生命力

时间营销、推广、运气等因素影响产品的上线，底层内容的品质决定产品的下线。小说、漫画、游戏等内容形态只是 IP 的载体，通过 IP 的载体，折射出它的内核，它所传递的是世界观、人生观、价值观，甚至是某种哲学层面的内涵。

因此 IP 的载体形态可以一代一代的替换，从古代的说书、纸质书、京剧，到现代的动漫、电影、电视剧，但是只要它所传递的精神内核和底层内容还被广泛认同，那么它就不会消亡。

7.2.1 夸夸群背后的跨界迭代

生活中因为场景需要我们会建立各类的社群。比如：为了“捡漏儿”的拼团群、家庭交流的家族群、职场工作的同事群……这些群都是每个人生活中常用的，因为这些场景在我们生活中是强存在的。

存在即有合理，可能你不是长期在上面这些社群，但一定加入或发起过这样的社群。

社群存在的背后，其实是用户需求的映射，有了同样的需求才会抱团，组成社群。微信中催生过一类有趣的社群——“夸夸群”。夸夸群一度席卷了年轻的 90 后、95 后。我发现这类群是在 2019 年，在一次会议上，我偶然看见一个实习生的微信社群中，有一个命名为：×× 夸夸群。调研才知道，夸夸群来自豆瓣的相互表扬玩法，豆瓣用户通过发起一个话题 + 求夸的组合，跟帖用户就必须按照规则“夸”，用户互相安慰、互相支持。豆瓣的帖子是这样介绍这个玩法的：“一句好话，可以挽救一条生命；一句伤人话，可能倒霉一阵子。”夸夸群是从豆瓣贴吧催生出的社群新玩法，只是因用户产生特定的社群内容、产生夸夸群的社群管理规则，就诞生了一款特别的产品：夸夸社群。

夸夸群的背后是一套面向用户的内容机制，社群的规则成了产品规则、内容形态成了产品形态。

在生活中因为某件事想得到别人鼓励或安慰，不仅没有人给出，甚至会有人给了责备与批评（图 7.8）。

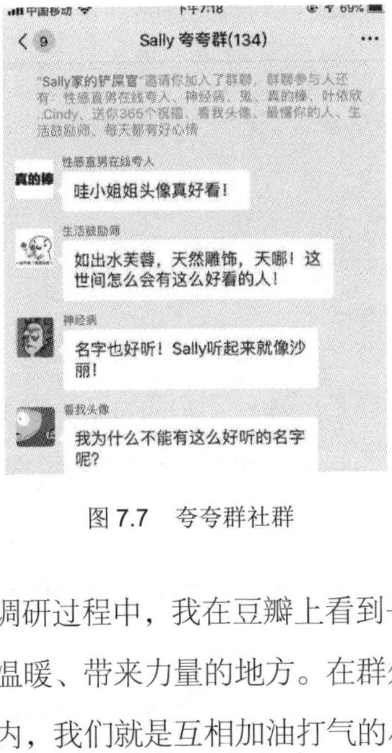

图 7.7　夸夸群社群

图 7.8　夸夸群的消息文案

在调研过程中，我在豆瓣上看到一个网友对于夸夸群的看法：“夸夸群是一个能带来温暖、带来力量的地方。在群外，我们素不相识，见了面也无法认出彼此，但在群内，我们就是互相加油打气的小伙伴，成为支撑生活的勇气。现在的社会充满着冷漠，陌生的人相互取暖也是一种安慰。”

正是基于此，夸夸群才能从豆瓣用户发展到学校，再传播给刚毕业工作的职场人员。有了热点，就有流量。

在热点的刺激下，快速地开发和做前面第 2 章提的 MVP 设计思考是最重要的，所以，后来逐渐有小程序提供了社群入口甚至生成了夸夸对话（图 7.9）。

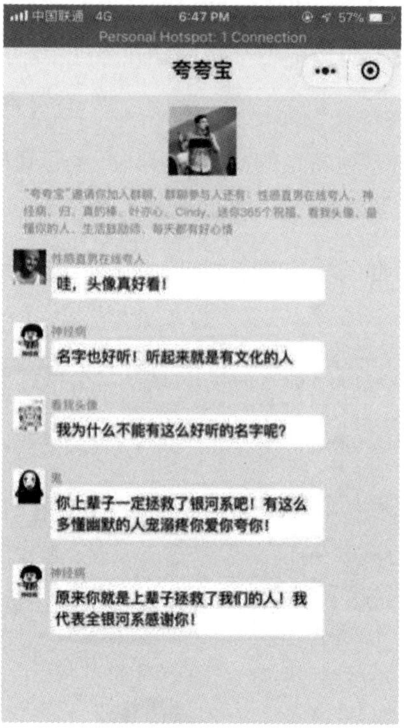

图 7.9　夸夸群小程序

小程序还可以提供夸夸群的创建和加入，实现了 95 后用户的拉新。有了社群，加上后面的运营，再加入一系列官方激励方式——我们在第 6 章中提到的扇贝单词的英语打卡、Keep 健身打卡，在群里坚持打卡学英语几天的、坚持健身的，受到一波夸赞等，这都可以融入夸夸群里。同时这个群也承载打卡和不同学习类 App 入口和拉新的功能。

夸夸群所衍生的产品，解决了用户需要激励、需要支持的痛点。用户是需要这类内容的，每一个人一生中需要面对各种各样的问题，有人曾说过：“我们出生在世界上，就是解决问题的。”有问题就一定有能解决的问题和解决不了的问题之分。因此，当有解决不了或解决有困难的问题时，用户就需要夸夸群了。夸夸群的生态就像我们看奥运会、篮球赛都会为自己喜欢的团队和国家队打气一样，夸夸群是一种另类的打气。

从豆瓣跨越到微信社群，整个夸夸群的玩法同样也经历了前面提到的 CLV 周期，探索期发现规律、总结规律，增长期大量推广和建群，稳定期增长量与退群量逐渐趋于平衡，最后衰退期用户逐渐离开热点。夸夸群活跃了 5 个月后，就逐渐消失了。夸夸群这么快消失，最大原因是夸夸群的玩法难以在社群中迭代出新的玩法和形式。用户加入社群、了解玩法，过了尝鲜期后，夸夸群没有新的玩法和形式，用户感觉无趣就退出了。

夸夸群消退的原因之一是，群内容有一个非常强的指向性，群内容一定是要面向个体用户。如图 7.10，用户 A 可以得到 a\b\c\d……夸夸内容，但对应用户 B，这样的夸夸内容就没有效果了。

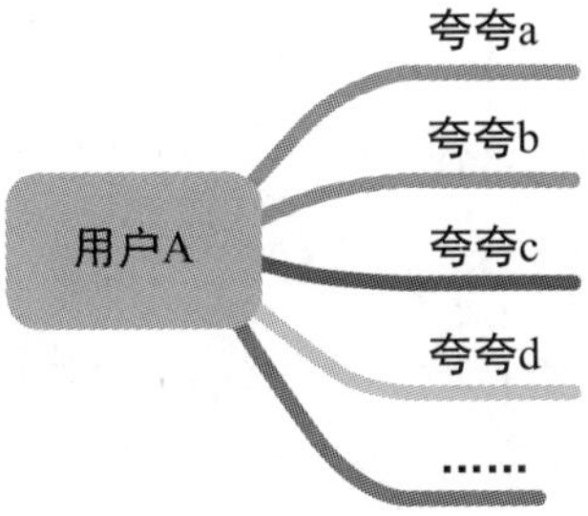

图 7.10 夸夸群内容产生

用户 B 进入该类群，因为内容没有指向，无法满足他需要的慰藉、需要的“夸”，在用户 B 看来，群里的夸夸内容只是一个搞笑的段子或无聊的消息。

虽然夸夸群最终消失了，但是不代表这种产品生态是错误的。与夸夸群的产品生态类似的还有不少，效果也不错。比如，从微信课程诞生出来的荔枝微课、千聊等，都是先有社群的玩法，再产品化。产品业务本身就已经先行验证了商业模式的可行性后再产品化，不仅让用户得到了更好的体验，也可以大大降低产品的失败率。

一个好的需求，一定是发现生活的新规律，并不一定是关注 App 才会有机会。

7.2.2 热点催生的新物种

2019 年的春节期间，出现了一款热门红包小程序产品：包你唱。

图 7.11 包你唱拆解

在这款产品中，用户通过小程序码进入，依靠完成好友的唱歌任务后拆解红包，还可以选择发起与转发给好友红包。红包额度最低 1 元，平台收取服务费。

整个产品核心的功能是唱歌的验收：平台利用 OCR（声音识别）软件对声音进行匹配。声音录制后，给予用户 S、SS、SSS 三个等级评级，所有参与领取红包的用户声音，生成对应的 UGC 内容，展示在红包下方的领取列表中。

用户通过去获得好友的声音——这个声音可能是给予好友的“恶搞”任务而录制的有趣的音频文案——才可拆解红包。用户完成红包领取后，需要在【钱包】功能中提现，提现中给予用户 0~5 天的文案预期，实际是秒到账。

产品功能本身并不复杂：声音技术支持来自第三方平台，用户通过平台自愿派发红包，信任该平台进行现金充值。小程序在设计上通过搭建矩阵，即使某个小程序被封，核心功能仍然可以被调用。

如图 7.12，包你唱有几款小程序搭建的矩阵，用户不管是进入其中哪一个小程序，都可以在小程序中唤起【包你唱】页面。

这类产品在策划之前就需要调研平台的审核机制、平台可以提供的接口。比如在微信小程序中，有支持调用零钱的能力吗？每个功能需要企业提供什么资质？会不会被认为是诱导分享？这些都需要创业者做前期调研。

图 7.12 包你唱矩阵

除了新颖的红包与声音的玩法以外，包你唱还应用了三个小技巧。

◎超过用户预期：秒到账，没有任何门槛。

◎ UGC 的趣味性：通过音频的集合，让即时的文本消息内容产生了不同的声音。

◎产品的调侃性：音频本身就带有调侃场景。

用户在小程序生成红包后，接下来的行为是分享。在第 2 章我们说过，用社交增长可能会违规或被判为诱导分享，但这款小程序没有提供邀请好友助力或大红包，所以该类分享入口一般不会被定义为诱导机制或违规入口。

虽然这款产品在策划中避免了引导分享、引诱分享、强制分享，但最终还是下架了，原因就是高速增长的所需要的风控越来越高，产品设计的风控与之不匹配。我们在前面提到过。

遇到节假日热点做产品的迭代，或许会把一个产品做成新物种。当然这个新物种不一定是之前没有存在过的，可能只是把某一件商品或服务从内部完全替换了就成了新物种。比如包你唱红包，虽然仍然是红包，但里面的玩法和小程序矩阵与微信红包其实是完全不同的，这就是新物种。

互联网创业者既要赶热点也要挖掘热点背后的真实需求，要根据点子马上落地产品策划方案、UI 设计，进入开发流程。找到合适的上线时间点推广，就像这款产品在春节期间刷朋友圈，靠的是节假日的加速。

7.3 迭代的新物种

前面我们介绍了包你唱红包的热点迭代方式，需要强调的是，即使没有热点，产品也需要不断的迭代，从 1.0 到 2.0 甚至到 10.0。在迭代的过程中我们逐渐发现需要有新产品出现，从迭代中衍生出的新产品，可能就是新物种。

达尔文生物进化论指出了种群里的遗传性状在世代之间的变化，所谓性状是指基因的表现。种群在繁殖过程中，基因会经复制并传递到子代，基因的突变可使性状改变，进而造成个体之间的遗传变异。新性状又会因物种迁徙或是物种间的水平基因转移而随着基因在种群中传递。当这些遗传变异受到非随机的自然选择或随机的遗传漂变影响，在种群中变得较为普遍或不再稀有时，就表示发生了进化。

就像 QQ 之后出现了微信一样，微信新物种是对 QQ 反复不断迭代产生的进化。每次版本的 UI 设计、功能更改，都产生了“遗传和变异”，最终，使用微信的人群认为 QQ 和微信完全不是一个产品的时候，微信就完成了进化。

再举个例子，多闪推出后，头条的第二款社交产品“飞聊”，就属于新物种了。因为今日头条和抖音两款产品的需求累积，老的产品框架和形态已经不能满足新的需求，才会有第二款产品——飞聊的诞生。因为竞争关系，头条与微信的分享是隔离的，可是头条本身的 KOL 用户存在着不能管理自己“头条系产品粉丝”的痛点，在没有飞聊前，你可以看到许多头条的 KOL 只能通过在内容中插播或简介中增加微信公众号，把粉丝引流到微信。因为头条不支持微信二维码、微信内容在视频或文章中传播的，所以引流也不是很方便。

飞聊出现后，通过小组、社群、头条号建立了 KOL 在头条中的闭环。 头条号作者可以通过小组的方式为自己沉淀粉丝，在飞聊社群中转化。从飞聊社群 100 人的限制可以看出，飞聊的产品团队并不喜欢用户大部分集中在社群，而是希望他们集中在小组。小组的内容沉淀与用户加入门槛，都增加了 KOL 用户的粉丝经济转化效率。

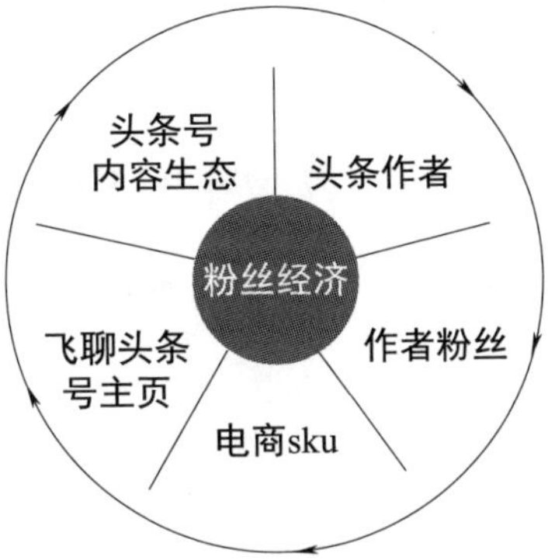

图 7.13　粉丝经济结构

飞聊小组上线后，头条号作者们可以快速在头条系（头条也在推 KOL）建立自己的粉丝小组。通过运营推动 KOL+ 粉丝的小组方案，增加飞聊的产品黏性与拉新。

“多闪”推出的前半年，以平均 9 天一个版本的时间周期迭代。多闪和其他 App 流量拉新一样，以个人二维码扩散在朋友圈与微信社群，用户扫码后跳转到 URL 下载。

飞聊在距离多闪推出第一个版本 4 个月后推出，不同于多闪的拉新途径，飞聊采用了一个特别的路径（图 7.14）。

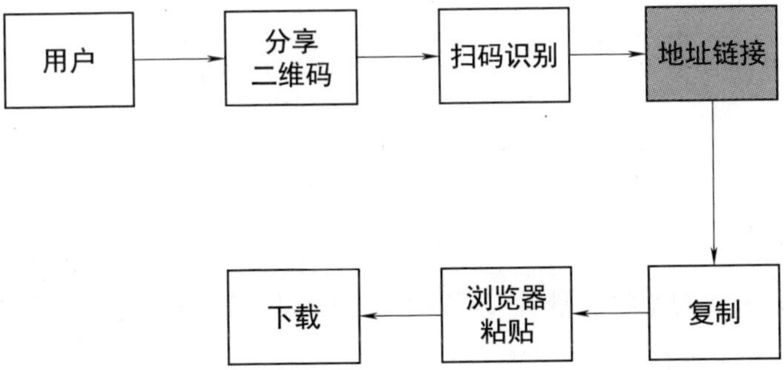

7.14　飞聊增长路径

二维码识别后是链接地址，并没有自动转到下载地址，而是以不同的 URL 展示，引导用户复制。

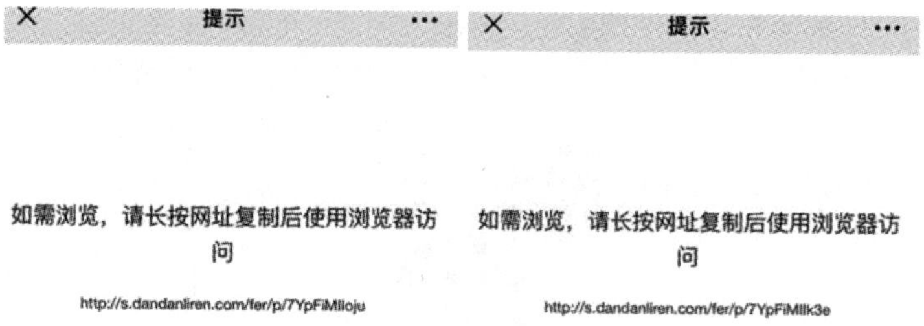

图 7.15　以 URL 的方式分享地址

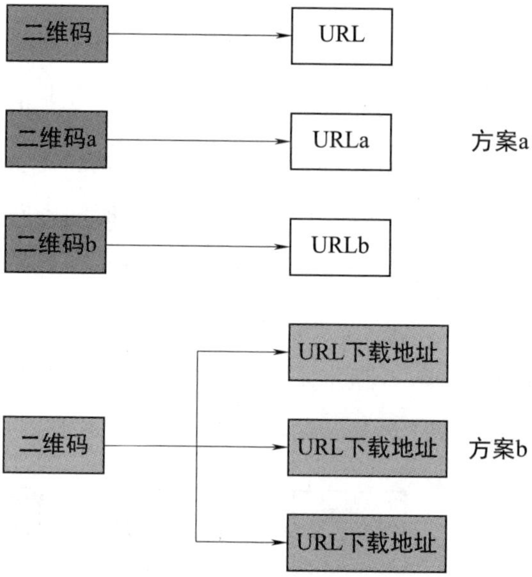

图 7.16　分享扫码识别方式

方案 a 采取了用户与 URL 一一对应的方式，每一个新用户都产生新的 URL 地址。方案 b 采取的是将流量引入相同的下载地址，用户可以看到飞聊的社交二维码刷屏，并且可在微信中访问下载。

飞聊也在不停地迭代，刚上线的“秒建组”“秒加好友”“搜索小组”因为用户不买账，很快下线，在小组中，经过迭代，搜索只出现群、用户、公共主页。

图 7.17　朋友圈分享二维码

版本概括

近一年更新次数	平均更新生命周期	历史更新次数	最早版本日期	最近更新距今
1次	2天	1次	2019-05-19	1天

版本记录

图 7.18　版本记录

飞聊保持社交第一的排名，有了日 10 万下载量。

虽然是头条系产品，飞聊在内容整合中却没有采取“视频”的展示方式，而是采取了圈子 + 推荐 +IM+ 社群 + 头条号整合的产品方案。

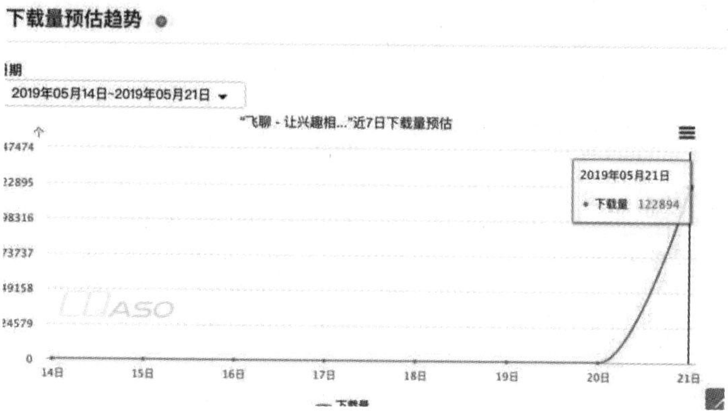

图 7.19　飞聊冷启动下载量预估

7.3.1　变革不是从头再来

飞聊上线不到 1 周，就有头条作者写出飞聊的社交增长流量玩法内容，鼓励用户尝试用飞聊做社交增长。

图 7.20　头条飞聊

社交产品难成功，因为复杂、庞大的个人社交关系有迁移和建造成本，在没有出现新的设备终端或技术变革下，只要社交场景在移动端手机，微信就有优势。这也是当年 PC 端的 QQ 用户能够越过复杂的社交关系迁移到微信的重要理由之一。QQ 和微信刚同时存在的时候，用户都会困扰为什么会有两个聊天工具。

微信从 2011 年到现在，已经有 9 年有余，这 9 年时间，互联网的变化可谓翻天覆地：用户从互联网到移动互联网；微信公众号催生了一批又一批的自媒体，自媒体与粉丝链接又催生了“知识付费”“社交电商”等新经济；流量从共有池到了私域，这都是因为“粉丝经济”。

现在，很少有人再困扰有几个聊天工具了，每个用户都有自己关注的行业头部，可能是产品知识技能，可能是健康知识，也可能是理财知识。

在微信里，头部用户有“社群”“公众号留言”“公众号消息”，这样的产品可以解决社交增长，但社群由于人数的限制、内容无法沉淀，存在弊端，微信也一直不能给拥有“粉丝经济”的头部用户群体一个好的解决方案。

在飞聊出现以前，头条更没有这样的产品了，除了粉丝关注列表外，头条头部用户想要和粉丝互动是难上加难，所以催生了类似“知识星球”等内容管理工具与产品的诞生。而飞聊产生以后，这个问题逐渐得到了解决。

飞聊的圈子不同于社群，它采取了“贴吧”的信息流产品方案，将内容聚合。在第 6 章我们知道了信息流的搭建方式，所以飞聊采用的是类似“知识星球”的信息流方式。

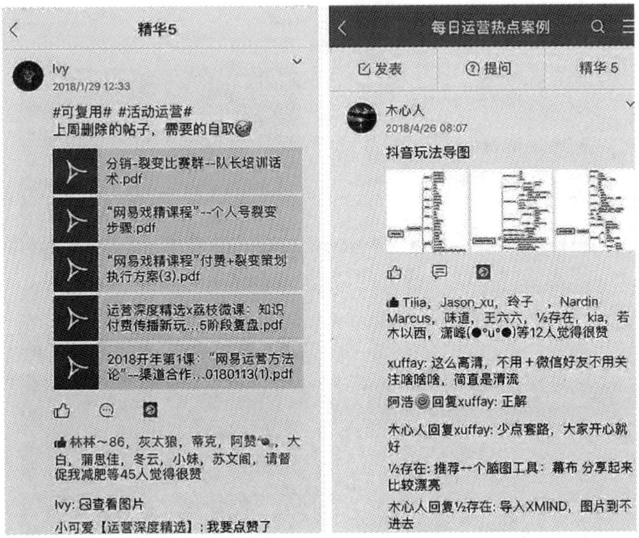

图 7.21 知识星球

圈子以成员展示，圈子的群主有：置顶、删除权限，加入圈子用户只有投诉和分享的权限。

图 7.22 飞聊的圈子和知识星球

头条系的产品以算法起家，通过来自头条系圈子的推荐，用户得到相应标签后，用户与内容、用户与用户产生匹配的社交关系，帮助用户找到自己的社交对象。

图 7.23 聊天功能

上线圈子后，支持好友推荐。飞聊的“圈子”功能与产品“即刻 App”很像，以用户组成的社群产生“UGC 内容”，吸引用户加入和下载。

在飞聊小组中，淘宝的链接跳转是无痕迹的，通过分享淘宝链接即可点击到商品入口。

图 7.24　QQ 群同样也产生内容

图 7.25　圈子详情

飞聊公共主页与微信公众号的区别是：微信公众号一直以微信为社群与用户的入口，微信并没有提供公众号与社群的直接入口，需要作者自己制作二维码或用菜单方式引流；在飞聊中，以邀请的方式成为飞聊公共主页，用户可以在主页中添加作者的粉丝群。

飞聊在头条号主页打通了用户与圈子的入口，解决了头条 KOL 作者的粉丝管理需求，吸引了头条号作者的加入。考虑用户风控与社群运营成本，目前社群支持的上线是 100 人。

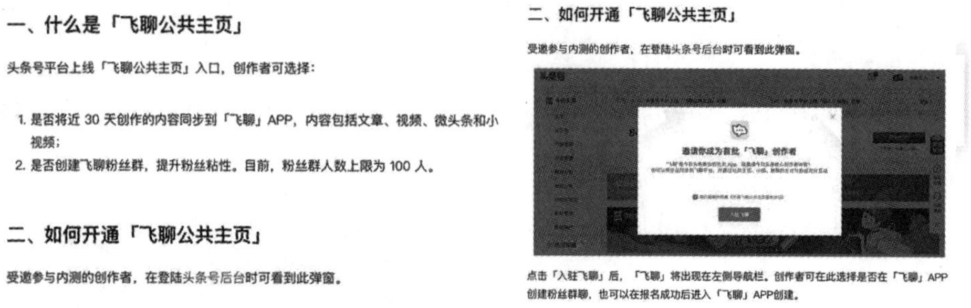

图 7.26　开通飞聊主页

点击飞聊公共主页后，可以查看作者的历史文章、作者的简介，同时也可以加入粉丝群。飞聊公共主页支持一端发文多端同步，降低了 KOL 内容产生门槛，用户在头条发布内容会同步在飞聊中。

图 7.27　头条与飞聊内容打通

7.3.2　敌人的敌人是朋友

飞聊上线的第一个版本就支持红包与支付功能。与支付宝打通后，用户可以直接提现或存款在支付宝余额中。未来飞聊如果持续增长，在线下场景与线上场景中，一定会更多的与阿里生态打通，比如头条号小程序、阿里的线下零售等。

图 7.28　支付宝支持飞聊

图 7.29　飞聊支持语音输入

飞聊支持语音输入，支持语音切换为文本，支持文本编辑与任意语音阅读。这类需求已经在聊天宝中实现，微信开始并没有采用这类工具方案，虽然这类方案会增加语音输入操作门槛，却更高效。

飞聊在产品策划中站在了 KOL 的角度；在运营上，飞聊利用了 KOL 社交关系拉取新用户策略。

如今飞聊这款产品还在持续服务头条 KOL 用户，继多闪、抖音后，飞聊以新产品的形式满足了老产品不能支持的需求，同时也成了和第三方合作的一个新物种。

图 7.30　飞聊圈子详情

◎第 8 章

互联网人的天花板

30 岁，是互联网从业者的一个分水岭。男人三十而立，女人在 30 岁也有成家的需求。

互联网从业者 30 岁以前在用户习惯和思考方式上有优势，30 岁之后更知道用户的规律。一个互联网产品增长与变现是根基，不管是在企业还是塑造个人 IP。只有通过不断地增长，你的产品才会有资源进来，做变现才会有资金帮助迭代，企业业务的 T 型发展才有可能。显然互联网公司更需要在用户习惯和思考方式上有优势的人，所以它们淘汰团队的老成员，不断为团队融入新鲜血液。可以想象不再年轻的互联网人的焦虑感是非常强的。

35 岁是互联网从业者的中年危机，在没有实现财富自由前，互联网创业者还是要注意自己的年龄的。这是我在这个行业的一点看法。

8.1 互联网从业者到创业者的瓶颈

每个互联网人一般会经历三个瓶颈。

第一个瓶颈：我们从外行人、一个“-2”岁、“0”岁的新人转型到互联网从业者，在这个阶段学习技能和掌握职业知识是刚性需求，而不少人在学习阶段就放弃了。

第二个瓶颈：从互联网从业者转型为建立自己知识体系的互联网工作者，工作的领域由原型技能转变为数据模型融入，不少人没能掌握这一技能。会出现第二次瓶颈是因为知识体系不完善，或有可能是增长不达标或 KPI 不达标。

第三个瓶颈：不能缓解工作带来的焦虑感。重复无变化的功能策划工作让互联网人怀疑：自己还应该继续做互联网工作吗？是不是应该开始选择创业，找创业或者自己带团队发展的机会？这个瓶颈是 35 岁的职业危机。

瓶颈并不等于天花板，有瓶颈代表有一种内驱力存在，就好像有的人希望朝九晚五，有的人即使 007 工作也会很愉快。

二八原则让在互联网企业的工作人员只有 20% 的人能在未来公司业务变化时留下来，按二八原则，这些留下来的人只有极少数可以成为合伙人与企业一起做到“独角兽”甚至是上市。

比如我是产品经理的创业者，专注于从需求到商业模式的变现，因为从事的工作，养成了产品经理的思维和工作方式，具有了把需求收集从抽象到产品化的一个底层能力。这种产品经理的能力对应关系可以用以下问题来说明。

◎原型怎么画？对应创业的业务形式是什么样子？

◎需求文档怎么写？对应业务的具体规则是什么？

◎业务流程是什么？对应业务的运营策略是什么？

◎开发实现的难度有多大？对应业务的运转成本有多少？

……

角色转变过程其实是打破瓶颈的过程。创业后我可以和很久见不到面的同学交流和展开合作，我决定自己投入的资源，再让对方评估等价或溢价的交换。

打破瓶颈，实现角色转变的前提是，你知道自己的优劣势，清楚自己能够提供的资源有多少。企业初创时，资源比成熟的公司会弱一些，但初创公司带来的价值是切实可落地的，在这一点上比成熟的公司效率会提升许多。

在产品研发里，需求调研期间，产品经理常与交互设计师、开发争论：到底用不用某个页面、某个文案？甚至对一个图标的表达都可能产生大的分歧。但这都是站在产品功能角度上的，是有局限性的。这种局限性使得大部分产品经理的工作时间都花费在上述环节的准备前和准备中，最后项目迟迟不能发布或上线。而作为创业者是站在上游战略规划上，避免了这个问题，当然我们也要清楚自己的能力局限。

互联网是一个“站在风口上，猪都会飞”的行业。虽说运营、产品并不分家，但如今有免费的第三方平台，任何热点在借助微信指数、百度指数验证后，在没有开发支持下，用一个 H5、小程序、公众号，也能搭建产品，迅速完成商业验证业务模式。从运营的角度来说，核心的业务线——外部运营能力与内部运营能力不可或缺，比如销售、客服、市场、财务之间的流转、分发，其他业务都可以借助外力。

互联网创业者要掌握各种形态产品的运营规律，比如头条系产品的运营与微信生态的运营就是两种方式，在前面我们也说过飞聊、微信的社交红利增长方式。掌握了这些规律，站在战略规划的角度，才能突破瓶颈，有所收获。

8.2　互联网创业的四点误区

一般情况下，1.0 版本是问题最多的版本，没有哪个产品能够在 1.0 版本上线后完全稳定、没有 BUG，产品出现问题就要建立解决机制。互联网创业者在创业之初，也会有不少问题，也要有应对措施。

1. 团队技术的短板

许多互联网创业者是从其他行业跨界转型的，因为不懂产品开发，走了不少弯路。虽然互联网是一个包容性行业，但从技术转型的互联网创业者，会少走开发方面的弯路。比如产品的接口能力、前端后台模块分工，有开发基础的互联网创业者会更清楚技术的选择方案。

技术方案会影响产品的使用体验和开发时间，比如技术缺陷会让用户页面跳转报错或内容为空；比如需要用户操作的后台管理系统，稍有不注意就会把功能开发得极度复杂。这些都是以技术为基础的。

2. 产品研发中沟通失真

解决产品研发中沟通失真，需要增加有效的沟通和提升评审的严谨性。在产品研发会议里我用下面四点技巧：

◎保证项目组成员参加；

◎确认业务人员、开发评估是否是关联人员；

◎重复的不说；

◎会议记录及时更新。

部分公司在评审后没有记会议记录的习惯，在我认为，会议记录很有必要，因为需求变更、需求二次讨论都需要通过会议记录来展现。

3. 产品 1.0 的“原则问题”

互联网创业工作本质是洞察人与人之间的相处规律。解决问题的时候，除了冷静地分析问题原因和提出可以解决的方案外，还要坚持用户立场的需求原则，尽可能的在这方面强势一些。

比如，用户的隐私数据是否可以公开给内部人员、用户退费机制如何建立等，这类问题就不是技术问题了，这是需要创业者站在“道德”“遵纪守法”的角度去考虑的风控问题。因为产品一旦上线，风控没有做好，可能比推翻重做的损失还要大。

4. 不善于用数据

前面我们提过用体验报告的方式思考是开发互联网产品的基础，除了基础，创业者还要按照产品研发流程开发设计，处理完这些，最后的问题是上线的验证了。

产品上线后，若没有可观的留存率、增长数，那表明初期产品的需求收集就是有问题的，因为在产品上线前，迭代的方案就会开始同步进行。要注意，在没有数据和值得期待的成绩下做产品迭代通常不可避免地会在团队中产生一系列的争论。

80% 以上的创业者希望通过“数据驱动”的方式验证产品上线的好坏，不管数据是来自上一个版本还是来自用户调研。他们认为只要有数据作为依据，一切决定都会变得非常合理和有据可依。但大多数情况是，我们的产品还没有正式推广，只有少部分不真实的数据或可能一点数据都没有，也没有足够多的资源和时间做用户调研，这个选项“看似丰满，现实却骨感”。因此在开发中注意用 MVP 做 1.0 或许是互联网团队的最佳选择。

同时建立数据大盘，比如，分析停留在入口页面、操作页面、按钮的时间以及分享传播数据等关键功能，通过比对北极星指标后再决定团队是否要做资源和精力投入。

举一个简单的例子，开发一个 App，产品的研发会经过需求评审、需求调研、原型设计、文档撰写等步骤。如果创业者只是用权力去推动需求研发流程，一旦产品效果不好或上线数据差，团队的资源浪费是非常可怕的，尤其是在公司初创时期，每一份资源都是十分宝贵的。所以创业者既要站在满足业务方、用户需求的利益点上，也要站在团队技术人员的角度，减少不必要或者当前的工作量，避免出现业务都没有跑起来就做若干功能 A、B、C 这种没有收益的浪费。

善于用数据去推动需求任务，能帮助创业者和团队打成一片，一起扛紧急的任务，这是站在开发角度、设计角度减少低效果工作的策略。

比如，我一个朋友所在的团队，每次产品需求评审完后，领导都会习惯上来总结与安排任务，可发言的内容与需求几乎没有关系，大多是给团队打气、给团队说产品上线后的愿景……一个原本需要 15 分钟的需求评审会议被拖到 50 分钟。这不仅会浪费时间，还会影响团队的氛围。

创业后，我在团队中一直是倡导：“有数据、影响较大的问题优先。”当参与会议的同学解决了问题，这个会议就算结束了。为了方便团队成员理解，也会尽可能地做图表展示。

举一个有数据的需求案例：图 8.1 是产品的弹窗原型。

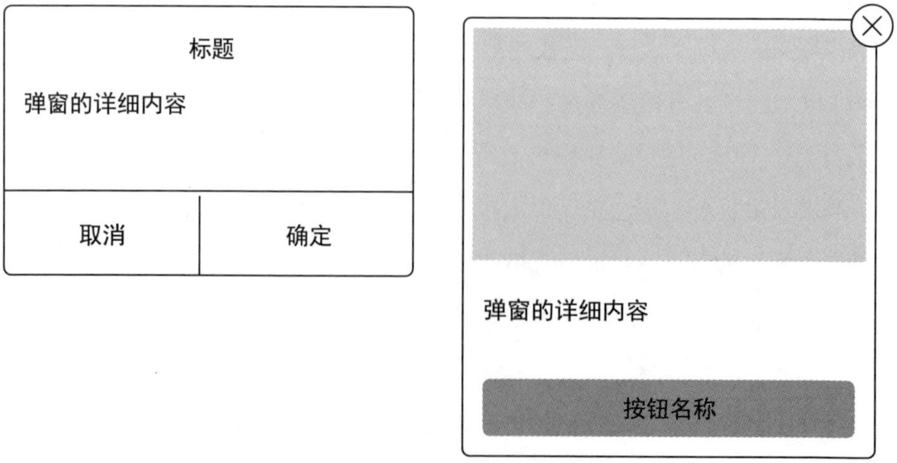

图 8.1　弹窗原型标识

介绍产品弹窗就要做上图，直观简洁：左边为只有文案的主功能弹窗，右边为有封面图 + 跳转集合的弹窗，右边的方案既满足了主功能弹窗的选择，也增强了用户流转增加了转化率。

不做拍脑袋的需求，跟寻用户需求的背后也要有据可依是互联网创业者和互联网从业人员都要做到的。

8.3　结束语

《35 岁的中年》危机这一文章，曾经刷爆了互联网从业者的朋友圈。阅读完这篇爆红的文章，不仅仅是我，我身边的很多互联网从业者、创业者都在反思，因为我们这个行业的确存在如文章所说的：35 岁，会是一条分水岭甚至是鸿沟。

想跳槽很难，因为你太老了。

想离职很难，因为你背负着房贷与车贷。

想稳定很难，因为又有一批新的年轻人入职。

想 ××……都很难，因为……

先别提 35 岁，看看现在的你，你有没有为自己职业规划过，以避免 35 岁这样的中年危机出现？

在反思自己做产品几年后的职业生涯后，我也在反问自己，没有工作，还有办法月入上万吗？

答案是：我做到了。

如何定义“除了工作外？”“除工作”指的是去做自己的复业而不是副业：在领取每个月工作后的薪水，或在企业中所派发的各种福利，这些是工作带给你的。

副业指的是下班后做如滴滴、做美团外卖等第二职业。

复业指的是在公司里面我是一名员工，在外面我是一个作家，在抖音里我是一个主播。

副业与复业的区别在于一个是用自己的时间做其他事情，一个是为自己多元化角色赋能。

“工作让你快乐、工作让你爱觉不累”是我们下班后在朋友圈打卡发出的高频率文字。

“刻苦上班，就会带来好的回报”，是每个人都知道的，但这一条路最容易做到，也最难做到。

想想每天你给自己留了多少时间？假如一个人能活 82 岁，换算到天，只能活 30 000 天。抛开老去和长大的各 10 000 天，剩余的 10 000 天才是属于我们。而你每天的决定和选择，是这 10 000 天背后带来的价值。

Kevin 每天工作后，都会花 1 个小时左右的时间整理近期工作的案例或做有趣的热点分析。不长不短的 1 小时，到现在已经做了 3 年，几乎坚持了每一天。

除了工作后整理案例与分析热点，我在生活上也会有一些习惯，比如每日健身、每周游泳，尽可能将时间饼图化。对于我来说，逐渐的做到 1 天 24 小时不留遗憾。

每年我会给自己定 1 ~ 3 个小目标，每天 24 小时的时间安排，可以算是小目标的拆解。

这是我给自己做的时间安排，你呢？每天工作后你给自己留了多少时间去完成自己的“小世界”？

有的同学可能会说，我下班会给自己留下写日记的时间，留下弹琴的时间等。我想要强调的是，这个“小世界”要让你产生一种踏实感，只有这样，未来“小世界”才会产生价值，才可能让你摆脱现实生活中的生理需求压力。

对于我来说，一周除坚持两篇原创分享外，平均每天还会花 1 小时的时间在这样的产品圈子上。那对于你来说，你的工作外的“小世界”是什么呢？如果还没有，不妨找找，借着自己能够做的技术或工作，花点时间，你也可以月入过万。

不管是在企业里上班，还是在自己的“小世界”上班，我们都需要工作，和企业一样，互联网人群的工具是具体的产品设计、运营、开发等，不同于上班的是，这里的工作是你主动去做的。

如果你是做运营的，可以学学运营圈子最为著名的深度运营精选、三节课、起点学院等，他们都是靠运营起家的平台。运营同学总能找到一些热点去撬动无数的用户，加上广告收入、运营知识技能教学，月入上万是可以做到的。我认识的几个运营都全职在做自己的运营内容。

曾经有人说："站在风口上，猪都会飞。"不管是自媒体还是内容广告，内容平台与知识付费的风口，让第一批、第二批内容运营人员尝鲜、尝甜。

只要你的内容有价值、你有足够案例拿出来，最终会撼动有需求的人，在内容平台的链接下，你不仅能够帮助他们更快的拿到工作外的第一桶金，还能影响他们，让他们传播给更多的人。

再以我的经历来说，在工作之余我建立了自己产品案例分享小圈子，在做产品分享期间，我发现很多产品新人一直在寻找"靠谱"的案例与"真正"的产品老师。而我恰巧可以提供给他们工作中一些问题的答案和帮助他们选择。我分享的内容与互联网创业者的上下游合作商也链接在一起，帮助互联网创业者的上下游工具在全国落地了产品沙龙。

截至本书出版，我的第一本书《产品之光》已经累计卖出 3 000 多本，全网课程内容也累计 1 000 学员付费观看。

你也可以看看近几年互联网创业者的代表人物：张小龙、乔布斯、罗永浩……因为 C 端互联网创业者的情怀相对较重，你会有不少启发。

C 端互联网创业者几乎都在想，会不会这个产品就成爆款了？除了自带背书效果，未来的跳槽 C 端的互联网创业者外，大多数 C 端互联网创业者考虑的内容应该是"狭义"的用户需求，产品设计点更能反馈用户痛点。对互联网热点敏感度的把握使得互联网创业者能够发挥的价值更大。

现在，一些企业在进入互联网 +，一些企业在进行互联网转型，你会发现，每次跳槽都有各行各业的龙头企业在挖掘互联网人才，包括富士康、×× 工厂等，所以互联网人的空间还很大。

作为互联网创业者，前 1 ～ 3 年需要的是产品工作时间与案例经验，3 年之后，行业的经验则成为互联网创业者更重要的价值。

我对互联网人的建议是，行业的选择要建立自己的兴趣上。我身边就有一位产品朋友，之前是金融行业，工作 1 年后发现他对金融行业并不感兴趣，为此换到了医疗行业，后面因为企业管理问题，他选择跳槽，当然还是在医疗行业。整体职业发展保证在医疗行业，最终求职机会就会逐渐靠拢医疗行业的独角兽或顶级企业。

面向 B 端的互联网创业者，或后台互联网创业者（SASS、ERP、OA）业务的要求会相对高，不同行业的业务流程差别很大，比如金融行业的风控体系、医疗行业的专家端、物料行业的物流管理流程。因此 B 端互联网创业者能够在某个行业中深耕是最好的。

互联网企业的招聘存在着 80% 的人想去 20% 的企业，80% 的企业想招的人只能在 20% 的人才中选拔，因为他们无法吸引 20% 之外的人才。

在跳槽前，考虑一下自己加入新公司后会发展多久？未来是否还会跳槽？除了待遇外，企业能不能给自己其他的加成？比如管理团队机会、从 0 到 1 经验、增加大牛结识的机会、出国深造等，让自己尽可能的成为 20% 的企业所需要的人才。

这本书汇聚了我在创业过程中搭建 PMTalk 团队、创立产品、商业变现的思考，希望可以帮助你走进互联网创业。相信你会通过我们七步节点，快速构建自己的商业蓝图和优秀产品案例。